· 现代供应链管理与创新丛书 ·

秦 璐 ◎ 著

供应链网络
设计与优化

U0734455

人 民 邮 电 出 版 社

北 京

图书在版编目（CIP）数据

供应链网络设计与优化 / 秦璐著. -- 北京 ：人民
邮电出版社，2024.1
　　（现代供应链管理与创新丛书）
　　ISBN 978-7-115-62143-6

　　Ⅰ．①供… Ⅱ．①秦… Ⅲ．①供应链管理 Ⅳ.
①F252.1

　　中国国家版本馆CIP数据核字(2023)第119621号

内 容 提 要

供应链网络作为供应链运营的基础结构，在很长一段时间内都是供应链战略的一部分，一次设计长期实施。随着信息技术的发展，供应链各环节的运营数据更易被采集，支撑大规模计算的供应链网络优化软件被广泛应用，二者均为实施短周期、高频、动态供应链网络设计与优化提供了可能。

供应链网络设计与优化，需要将供应链运营管理理论和实践与数理优化方法相结合。本书定位于供应链网络设计与优化入门指导书，通过系统整理和构建相关知识体系和研究方法，重点介绍了供应链网络设计与优化内涵、基本模型，多场景下设计与优化模型，现状分析的数据准备和诊断方法。本书结合案例分析，把理论学习与实战训练相结合，帮助读者掌握供应链网络设计与优化的基本原理、基本分析框架和基本分析方法，并学会运用先进的供应链网络优化建模工具，搭建供应链网络设计与优化建模逻辑，从而得出解决方案。

本书适合物流和供应链管理专业的本科生和研究生，以及实施供应链网络设计与优化的企业管理人员学习。

　◆　著　　　　秦　璐
　　　责任编辑　李士振
　　　责任印制　周昇亮

　◆　人民邮电出版社出版发行　　北京市丰台区成寿寺路 11 号
　　　邮编　100164　　电子邮件　315@ptpress.com.cn
　　　网址　https://www.ptpress.com.cn
　　　天津翔远印刷有限公司印刷

　◆　开本：700×1000　1/16
　　　印张：15.75　　　　　　　　2024 年 1 月第 1 版
　　　字数：268 千字　　　　　　 2024 年 1 月天津第 1 次印刷

　　　　　　　　　　定价：89.80 元

读者服务热线：(010)81055296　印装质量热线：(010)81055316
反盗版热线：(010)81055315
广告经营许可证：京东市监广登字 20170147 号

序

21 世纪 20 年代以来，企业在与日俱增的不确定性中艰难维护其供应链网络生态的稳定性。供应链网络是企业的生存空间，良好的供应链网络运营能力彰显企业借以赢得市场竞争的生存技巧，可以帮助企业提升运营效率、降低成本、提升客户满意度。

企业在进行供应链网络设计与优化时面临许多挑战。比如，不同企业的供应链网络相互交织、相互渗透、相互影响，越是复杂的供应链网络，其可见性越差，企业在权衡影响供应链网络的各因素时难度也就越大。同时，供应链网络设计与优化涉及的知识领域广泛，涵盖多个学科，供应链网络极其复杂且处于动态变化中，因此供应链网络设计与优化需要系统的跨学科的理论、技术与方法。

本书作者长期从事物流和供应链优化方向的研究，为众多企业提供战略咨询和供应链优化设计方案，同时在高校开设了多门供应链优化设计类课程。这本书是她对企业实践和理论教学相互结合的成果的提炼和思考，以及基于她深度参与将全球首个供应链网络优化、库存优化和模拟仿真软件 Supply Chain Guru 从企业版改造成教学版的工作，并参与"全球供应链建模设计大赛"设计与指导的实践。该书反映出作者在供应链设计与优化理论方面具有深厚功底，在实践方面具有丰富经验。

这本书介绍了供应链网络设计与优化理论基础、供应链网络设计与优化基本模型及技术、基于运输距离最小化的供应链网络设计、基于固定服务水平的供应链网络设计、基于物流成本最小化的供应链网络设计、考虑供应和产能约束的供应链网络设计、多产品供应链网络设计、多级供应链网络设计、引入

BOM 的多级供应链网络设计、多场景供应链网络设计综合案例、建模数据准备、供应链网络现状模拟与评价等内容。全书内容理论与实际相结合，定量方法与定性分析相结合，内容新颖，逻辑清晰，可读性强，适合物流和供应链管理相关专业的本科生和研究生，以及实施供应链网络设计和优化的企业管理人员学习。

　　面对企业需求，大学应该培养学生对供应链网络设计与优化的理解和应用能力，让学生掌握供应链网络设计与优化技术和方法。这就增加了大学课程的教学难度，对教师教学能力、实践案例归纳水平和学校实践训练条件建设提出了挑战。本书不仅对企业供应链设计与优化实践具有重要的指导意义，也非常适合作为我国高校供应链网络设计与优化相关课程教材指导课程和实践教学。

何明珂

北京工商大学电商与物流学院教授

教育部高等学校物流管理与工程类专业教学指导委员会副主任

2023 年 7 月 6 日

前言

　　企业面临具有挑战性的环境，常常需要对业务和交付方式进行重构，以应对来自政策变化、商业模式变革、市场竞争等方面的强烈冲击。供应链网络架构是企业在做出重大战略调整时首先要确定的内容，它几乎支撑了供应链交付的所有运营业务。供应链网络的实体表现形式是物流网络，因此供应链网络设计与优化涉及企业大量基础设施资源的配置，对企业投资收益有重要影响，所以这项工作具有很强的战略导向性。

　　通过多次为企业提供这类咨询服务，我发现绝大多数企业还把供应链网络设计与优化作为一次性交付的咨询项目，有一些普遍但很重要的问题还未被充分重视。

　　首先，一次性交付方案难以应对未来发展的不确定性。大部分供应链网络设计与优化项目会在企业业务重组或战略架构发生重大调整时启动，常见的情况是项目研究过程与企业战略调整过程重合。供应链网络设计与优化工作会基于当时企业认为最可能的战略调整方向对未来做出预测。但在某些情形下，方案交付后不久，有时甚至是项目快结束时，企业最初认为最可能的发展方向已经被否定，或者企业对预测结果彻底动摇，这必将对未来的业务重点、业务范围和业务量产生根本性影响，方案形成的未来业务前提不复存在。那么方案应被继续执行，还是重新设计？这是让研究人员和企业都感到两难的问题。企业是否还有足够的经费预算投入新设计？短期研究成果如何才能覆盖更长时间的不确定性而依然具有价值？这些问题都让人感到很棘手。

　　其次，企业还未充分认识到供应链网络设计与优化带来的持续经营价值。如前所述，大部分企业还把供应链网络设计与优化的价值定位在基础设施投资层面，对供应链网络为运营过程中产品流分配带来的盈利价值理解不足。企业并未充分意识到供应链网络设计与优化是一个系统动态过程，所以在这方面的研究投入大多是散点式的，看似进行了不少项目，但这些项目难以整合为一个能持续改进的、有价值的系统分析平台。而那些意识到供应链设计与优化的重要性的企业，会投入大量资金、人员和时间，持续开发自己的供应链优化平台，从而为各种不确定性提供快速优化决策方案。这本书提到的顺丰为一家医药企业制定产品流分配方案的案例就是这类供应链优化平台快速决策功能的应用之一。

最后，我国供应链优化专业人才极度匮乏。供应链优化包括库存优化、网络优化、运输优化等，无论进行哪种优化，相关人员都不仅需要深入理解供应链运营过程和逻辑原理，还需要理解优化模型算法设计原理，这样才能建立一个有效的供应链优化模型。但现实是，具有丰富供应链运营经验的人大都不懂优化模型算法，熟悉优化模型算法的研究人员大多不了解供应链运营逻辑，常常给出很多与现实相差甚远的模型假设，目的是让算法更容易得出结果。这就如同两个想要合作的人云山雾罩式地交谈，各自沉迷于自己的故事，又理解不了对方的故事。我们迫切需要一个能听懂双方故事，并能将二者的结合点清晰描述的人，他还能将结合点准确嵌入双方故事框架中各自能理解的部分，然后双方在此基础上书写共同故事。这类人凤毛麟角，过去需要在长时间的工作实践里逐步培养和锻炼出来。可如今供应链变革无处不在，对这类人才的需求越来越大，市场已经不能长时间静待花开，而是迫切需要快速培养供应链优化人才。

作为长期从事企业供应链规划工作的专业咨询人员和高校教师，我感到非常有必要为此做一些工作，把供应链设计与优化的系统化思想与方法教授给学生和迫切需要掌握这些知识的从业人员。2018 年，LLamasoft 智模软件公司（2020 年被 Coupa 公司收购）因在中国的业务受到供应链建模工程师无处寻觅的困扰，决定授权北京络捷斯特科技发展股份有限公司（以下简称"北京络捷斯特公司"）以 LLamasoft 智模软件为学习工具在教育端开展供应链建模工程师培养工作。我有幸全程参与了这项工作，负责将完全在企业端应用的 Supply Chain Guru 软件转化为可以被广大高校学生学习的课程。以前对于复杂供应链问题，学生缺乏系统优化平台检验自己提出的解决方案的可行性，从而很难获得对解决方案有价值的反馈，在全面理解供应链问题复杂性方面也没有有效工具。Supply Chain Guru 作为全球第一款集供应链网络优化、库存优化和模拟仿真功能于一体的软件，提供了较为完整的供应链系统分析框架和分析工具，彻底打破了学生只能应用少量数据和方法对供应链进行研究的局限。

与其他优秀的商业级系统软件一样，昂贵的 Supply Chain Guru 也仅属于懂它的人。作为软件的使用者，我们可以看到软件的框架，但框架背后的逻辑和算法不可见。优秀的供应链建模工程师需要具有跨越现实与软件之间的巨大数字鸿沟的能力，而不是单纯将一些数据填入相应的软件输入模块，等着软件运算出结果。不难理解，不同水平的供应链优化工程师使用软件的效果差异巨大。为此，LLamasoft 智模软件公司、北京络捷斯特公司和我的研究团队一起开展了对该软件不同模块和不同参数的反复测试和研究工作，旨在探索软件背后搭建的系统逻辑。2019 年 6 月，我们首次在北京交通大学物流工程专业综合实验中引入 Supply Chain Guru 的供应链网络优化模块，取得了良好效果，这也标志着供应链优化正式进入我国物流与供应链专业人才培养序列，拉开了我国供应链建模工程师培养的大幕。

2019 年，美国供应链管理专业协会中国圆桌会主办了第一届全球供应链建模设计大赛，当时参赛的国内高校绝大多数还没有设立以供应链优化的规范体系和方法为主题的课程。随后我们团队和北京络捷斯特公司一起推出了供应链网络设计与优化、供应链库存优化课程，供全国高校相关专业学生学习。

2022年，第二届全球供应链建模设计大赛中参赛的高校数量远超第一届，各支队伍均表现出对供应链优化过程和方法较为深入的理解，方案整体质量较高。特别值得一提的是，提供优秀方案的团队并非都来自国内一流高校，一些普通本科院校学生在认真学习了课程和案例模拟实验后展现出了非凡的能力，脱颖而出，这让我们感到十分欣慰。

除课程之外，大家非常盼望能有相应的学习和参考书籍，为此，我们将陆续出版供应链设计与优化方面的图书供更多读者学习。本书是系列图书的第一本，选择它作为第一本书的原因是相较于其他模块，供应链网络设计与优化更直观，更易于理解。我们从全球供应链建模设计大赛的选题上也能看出这种倾向，供应链网络设计与优化方向的参赛作品约占总参赛作品的70%。没有供应链网络设计与优化经验的读者，选择从这本书入门相对更容易。

供应链网络设计与优化涉及的场景非常多，也是理论界研究的热点，特别是供应链风险与日俱增，供应链网络安全和稳定性备受关注。不过，我们将本书定位于入门书，期望在做更深入和细致的研究之前，先建立供应链网络设计与优化的整体逻辑和方法框架。供应链优化方案如果仅仅在理论层面探索，就会失去应用价值和意义，构建优化方案的目的是指导实践并被实践检验。我们希望读者能够通过案例实践训练不断加深对供应链网络优化问题的认识，因此我们通过一系列场景设计由浅入深地解释优化思路和方法，针对每个场景均在实际项目的基础上编写了配套案例，这些案例均可用于实践训练。我们推荐读者采用边练边学的方法，先了解理论知识，然后通过训练获得感性认识。实践训练中一定会产生各种困惑，此时不要着急，回到理论知识，此前被忽略的部分在这时可能会变得格外清晰。完成基本训练后，爱思考的读者经常能看到案例的局限性，或提出更多可能的策略，或想探究案例本身的数据逻辑。如果读者能走到这一步，我们将感到十分欣慰，让本书帮助读者徐徐推开供应链网络设计与优化的大门，这正是我们希望看到的。章内的案例是为该章知识点量身定做的，很多前提和数据都将作为已知条件出现。然而实施一个真实的供应链网络设计与优化项目时，相关已知条件和假设均需要团队自己提炼，有些读者学习后的困惑可能就来源于此。本书专门安排了第 4 篇内容，就是针对这些困惑提供基础解答。这一篇内容没有专门案例，却又服务于所有案例，读者在学习的过程中可以根据需要随时翻阅。不过如果没有任何供应链网络设计与优化实践经验，或没有经历过一个完整的案例训练，不建议读者直接阅读这一篇。

供应链网络是高度地理化的，每一个方案都需要以可视化方式呈现。由于地图规范化要求较高，本书未使用标准地图，而是用抽象方式绘制供应链网络设计与优化方案可视化图，希望读者能够理解。本书各章的优化模型也是提示性的，其主要作用是建立场景条件与模型约束之间的联系，以提示读者场景变化对建模的影响。对任何一个优化项目，读者都应该根据项目特点和建模逻辑建立完整的优化模型，而不能直接照搬书中模型。本书采用的优化软件也不是供应链网络设计与优化能采用的唯一软件，我们鼓励有数理基础和编程能力的读者根据优化思想自己开发优化软件。

本书是集体智慧的结晶。在此要特别感谢北京络捷斯特公司副总经理苏兆河，正是他长期、持续、坚定地倡导供应链建模课程在全国高校落地；感谢供应链事业部原总监魏志宏、解决方案顾问李明和李蔼倩，他们在案例实操方面做了大量工作。还要感谢 LLamasoft 智模软件公司大中华区原总经理余立滔、原解决方案总监丁平前瞻性地将该软件引入教育界，为供应链优化人才培养提供了优秀的平台工具，至今已有几万名学生受益。非常感谢我的研究团队凭借严谨而卓有成效的工作，成功完成了供应链设计与优化系列课程的开发，他们的名字值得在这里闪耀：杨倩倩、赵祎、聂晓倩、彭婉莹、车葛格、任晓萌、韩宇翔、冯杨晴、何红、刁承平。感谢中物协（北京）物流工程设计院项目经理刘莉，她把一些来自企业实践的优化项目提炼成了更便于理解的案例。还要感谢北京交通大学物流工程专业的同学们，他们是供应链设计与优化课程的第一批参与者、改进者，他们刻苦好学的精神、扎实的专业基础、强烈的好奇心从一开始就为该课程奠定了高起点。最后要感谢人民邮电出版社的约稿和信任，特别感谢马霞编辑的耐心和督促。没有大家的帮助，本书很难问世。

期待读者反馈宝贵意见，让我们一起为中国供应链优化与发展贡献一点力量。读者交流邮箱：sc@cledi.org.cn。

秦璐

2023.10

目录

第 1 篇 供应链网络设计与优化基础

第 1 章 供应链网络设计与优化概述 ……………… 003

1.1 供应链网络设计与优化现实应用 ………………004

1.2 供应链网络设计与优化的范畴与价值 ………………010

1.3 供应链网络设计与优化的发展趋势 ………………015

1.4 本书的内容框架和学习方法 ………………017

第 2 章 供应链网络设计与优化理论基础 ………… 019

2.1 供应链网络组成与结构 ………………020

2.2 供应链网络设计与优化层次框架与内容 ………………024

第 3 章 供应链网络设计与优化基本模型及技术 …… 029

3.1 供应链网络设计与优化系统化设计框架 ………………030

3.2 供应链网络优化建模方法 ………………034

3.3 优化算法 ………………039

3.4 模型求解软件 ………………041

第 2 篇 供应链网络设计基础

第 4 章 基于运输距离最小化的供应链网络设计 …… 045

4.1 运输距离最小化计算模型 ………………048

4.2 案例：MX 公司以运输距离最小化为目标时的

供应链网络设计 ·· 053

第 5 章　基于固定服务水平的供应链网络设计 ········ 057

5.1 服务水平定义 ··· 058

5.2 服务水平对供应链网络设计的影响 ··············· 059

5.3 以服务水平为目标的供应链网络设计模型 ·············· 061

5.4 案例：MX 公司以服务水平为目标时的

供应链网络设计 ·· 063

5.5 案例：MX 公司以运输距离最小化为目标时的

决策方法 ·· 067

第 6 章　基于物流成本最小化的供应链网络设计 ······· 071

6.1 物流成本 ··· 073

6.2 运输成本 ··· 073

6.3 设施成本 ··· 079

6.4 权衡服务水平和物流成本 ······························· 081

6.5 案例：MX 公司权衡成本和服务水平的

供应链网络设计 ·· 083

第 3 篇　不同场景下的供应链网络设计

第 7 章　考虑供应和产能约束的供应链网络设计 ······· 097

7.1 产能约束 ··· 098

7.2 供应约束 ··· 102

7.3 基于供应和产能约束的供应链网络设计模型 ……………… 104

7.4 案例：CL 公司供应链网络设计 ……………………………… 110

7.5 拓展及总结 …………………………………………………… 117

第 8 章 多产品供应链网络设计 ………………………… 119

8.1 产品特性对供应链网络的影响 ……………………………… 120

8.2 基于多产品的供应链网络设计模型 ………………………… 122

8.3 案例：ZB 公司多产品供应链网络设计 …………………… 124

第 9 章 多级供应链网络设计 …………………………… 133

9.1 多级供应链定义 ……………………………………………… 135

9.2 多级供应链网络需拓展的主要因素 ………………………… 136

9.3 多级供应链网络设计模型 …………………………………… 140

9.4 案例：ZB 公司多级供应链网络设计 ……………………… 144

第 10 章 引入 BOM 的多级供应链网络设计 ………… 149

10.1 BOM 的概念 ………………………………………………… 152

10.2 BOM 对供应链网络设计的影响 …………………………… 156

10.3 如何搭建模型中的 BOM …………………………………… 158

10.4 引入 BOM 和供应商的网络优化场景组合 ……………… 161

10.5 引入 BOM 的单产品网络设计 …………………………… 161

10.6 引入 BOM 的多产品网络设计 …………………………… 163

10.7 案例：GF 制衣公司考虑 BOM 的产品流优化及

供应商选择 ………………………………………………… 164

第11章　多场景供应链网络设计综合案例 ·············· 175

11.1　案例背景及场景设计··············176

11.2　复杂供应链网络优化数学模型··············178

11.3　服务水平优化和约束逻辑··············180

11.4　案例优化方案分析··············181

第4篇　供应链网络优化数据准备与现状诊断

第12章　建模数据准备 ··················· 193

12.1　输入基础数据结构··············195

12.2　输入规则参数结构··············203

12.3　输出数据结构··············208

12.4　基础数据来源··············215

12.5　数据处理··············217

第13章　供应链网络现状模拟与评价 ·············· 221

13.1　供应链网络现状模拟··············222

13.2　供应链网络现状评价··············235

参考文献··················238

第 1 篇

供应链网络设计与优化基础

第 **1** 章

供应链网络设计与优化概述

1.1　供应链网络设计与优化现实应用

供应链网络设计与优化是当今社会经济发展过程中一个非常普遍的问题，不仅广泛存在于企业经营领域，也存在于宏观区域产业规划中。目前中国处于加快构建现代供应链的新阶段，其中供应链网络是构建高效运转的供应链体系最基础的环节。新冠肺炎疫情向全世界展示了供应链网络的极端重要性，那些拥有结构良好的供应链网络的企业，如顺丰和京东，都展现了更可靠的服务能力。同样，在全球经济中，在疫情中唯一不能停摆的是物流体系，那些拥有更多物流枢纽的国家/地区，在物资供应中也显示出更强的控制力。因此，供应链网络设计与优化问题作为跨越战略层面和战术层面的基本问题，被越来越多的政府和企业重视。

黄奇帆曾回顾重庆市人民政府对电子产品生产企业成功招商引资的过程，那是一个很生动的供应链网络设计案例。2008 年，我国电子产品生产企业几乎都分布在沿海地区，并且以"两头在外，大进大出"的加工贸易为主，高昂的物流成本和时间成本，导致像重庆这样的内陆城市对电子产品生产企业无太大吸引力。因此黄奇帆认为，地处内陆地区的重庆要想发展电子产品，就要把零部件、原材料本地化，实现企业上中下游产业链集群一体化。

于是黄奇帆先找到惠普董事长，向其承诺如果惠普把 3000 万台电脑的生产订单转移到重庆，就保证两年内在对方厂址 1h 路程之内配套 1000 家电脑零部件厂商，共同形成最强产业链集群。随后他又到中国台湾地区与富士康郭台铭达成协议，如果富士康引入具有 1000 万台电脑零部件产能的生产企业，就给富士康千万台电脑零部件的生产订单。在那之后的两年内，重庆兑现了当时的承诺，拥有了 1000 多家电脑零部件厂商，并相继吸引了除惠普外其他六七家世界知名品牌的电脑厂商，每年生产 6000 万台电脑，电脑产量多年保持稳定，约占全球电脑总产量的 1/3。随后，重庆又形成了 2 亿部手机的产能，开通了"渝新欧"国际运输通道。黄奇帆认为，重庆成功打造了一整条齐全的产业链，相应物流成本大幅降低，品牌商和产业链相互配合，零部件生产企业和供应链纽带无缝对接，成为一大核心竞争力。

重庆成功打造电子产品产业链的过程，就是一个对电子产品供应链网络设计与优化的过程。2008 年的电子产品供应链网络布局，零部件生产主要在中国台湾地区，组装主要在中国大陆沿海地区，市场主要在欧洲、北美洲和亚洲。形成该供应链网络布局形态的主要原因是物流成本，台湾地区靠近大陆沿海地区，物流距离短，有利于零部件供应成本控制。大陆沿海地区生产的产成品通过海运可以低成本分销到三大洲市场。在 2008 年电子产品供应链网络布局版图上，作为内陆城市的重庆无论从哪一方面来看，物流成本都十分高昂，所以重庆不在任何电子产品生产企业选址落位的备选集里。

既然物流是短板，重庆就从物流入手改变自身在供应链网络中的区位劣势。重庆的思路是，电子产品产业链中的物流成本主要来自电子产品全球化生产网络布局带来的上下游之间大量货物远距离运输需求，如果能够最大幅度地减少这种上下游之间远距离运输需求，那么重庆就有可能使企业大幅度缩减物流成本，从而规避在该产业供应链网络中的区位劣势。

对惠普和富士康而言，由于在同一个地理空间能够获得规模巨大的零部件资源和客户订单资源，并可以极大地减少企业供应链的物流成本，因此生产设施就倾向于选在同一区域。于是，重庆成功实施了全产业链引入，在本地打造了电子产品的产业集群，以电脑产量占全球电脑总产量 1/3 的骄人战绩成为全球最大的笔记本电脑生产基地，在电子产品供应链网络中举足轻重。而惠普和富士康获得了稳定的订单和供应源，由于产业集群的溢出效应，更多的同类企业倾向于选址于此。重庆通过对电子产品全产业链模式的设计，成功改变了全球电子产品的供应链网络布局。

解决了电子产品生产网络上下游的物流成本问题，重庆还需要降低电子产品制造基地和市场之间的物流成本。电子产品市场约 40% 在欧洲，30% 在北美洲，30% 在亚洲，如果采用常规的海运，地处内陆的重庆依然面临远距离跨洋运输成本高的问题。于是重庆另辟蹊径，一方面大力发展中欧班列，开通"渝新欧"国际运输通道，从而缩短了运输距离，减少了运输费用；另一方面大力发展国际航空货运，电子产品附加价值高，贬值速度快，对物流时效要求高，很适合国际航空货运。2010年，重庆江北国际机场国际航空货邮量仅1万吨；2012年增长到8.9万吨，增幅居全国十大机场之首，国际航空货运巨头纷纷落户江北国际机场，开通覆盖全球多个地区的货运直达航线；到2021年，每天国际航空货邮量近500吨，其中一半都是运往欧洲的笔记本电脑产品。通过"一带一路"横跨欧亚大陆的快速低成本铁路运输以及高效便捷的国际航空运输，重庆缩短了产成品分销距离，降低了分销成本，优化了分销时效。

一个完整的电子产品产业链引入计划，从补齐重庆在电子产品供应链网络中物流成本过高、缺乏优势的短板入手，重构了全球笔记本电脑产业从生产制造到全球分销的经济、高效、快捷的供应链网络，形成了重庆、零部件供应商、产品制造商、产品分销商、物流企业多赢的局面。黄奇帆作为城市运营设计师，把重庆产业发展战略设计和实施路径及企业供应链网络设计与优化的基本原理同企业核心诉求巧妙结合，成功将重庆嵌入了全球供应链网络的核心节点体系。

重庆案例是供应链网络设计与优化在区域宏观产业发展层面的应用。在微观企业层面，由于企业战略、业务拓展、经营环境等因素发生变化，供应链网络设计与优化应用更是常见。

随着线上线下相融合的销售模式成为主流，越来越多的企业被迫重构供应链网络。Argos是一家英国传统零售公司，在英国有900多家线下门店，销售超过20000种SKU（Stock Keeping Unit，库存量单位），其中有12000种可以线上订购。在2013年之前，Argos采用的是前店后仓的销售模式，每家门店前面是柜台，柜台上面放着纸、笔和商品目录，消费者根据目录在订单上勾选，后面仓库给消费者取货。Argos的900多家线下门店有大有小，每家门店能放多少SKU取决于后面仓库大小，大门店存放全品类商品，小门店只能存放约1/3品类商品，这就意味着每家门店提供的商品种类和消费者体验不同。由于是纸制的目录销售模式，不可能在目录上面改换价格，商品价格相对固定。Argos每年更换两次目录，即每年只能变动两次价格。

网购兴起带来了消费习惯的改变，体验过网购平台商品的丰富及配送的快速，消费者已逐渐无法接受在某门店购买商品时货物种类不全，以及可配送货物需要 4 ～ 5 天才能送达的服务水平。因此，自 2015 年起，Argos 市场份额连年下降。

Argos 为了优化消费者购物体验，设计了一套中心门店辐射卫星门店的新供应链模式，可为门店购物的消费者提供更多品类商品，为线上订货的消费者更快配送商品。Argos 在中心门店设立供货仓，由中心门店每天向卫星门店多批次、小批量串联补货，并要求在 1h 内送达任何一家门店，以使卫星门店能放置更多品类商品。对于线上订货的消费者，由中心门店上门送货，要求 2h 内送达。

根据新模式，Argos 需要优化供应链网络。原先所有门店的覆盖范围、覆盖人口稠密度、存储空间，以及门店成本、运输成本是固定的，现在需要决策如何从 900 多家现有门店中选出中心门店，确定中心门店数量及其与卫星门店间的辐射关系、对网购消费者的覆盖范围，以及配送车辆运输频率等。Argos 建立了供应链网络优化模型，通过计算和调试优化了供应链网络。Argos 的线下消费者可以在任一门店选购超过 40000 种品类的商品，线上消费者订购商品后可以在 2h 内收到。服务水平提升直接带来了营业收入的增加，优化后 Argos 的年收入达 57 亿英镑（1 英镑≈8.6 元人民币），其中 50% 来自线上，Argos 是英国第一家线上销售额超过 10 亿英镑的企业。

企业并购也是企业供应链网络需要重构的重要原因之一。惠而浦是一家大型家用电器制造商，创立于 1911 年，总部位于美国密歇根州的奔腾港。2005 年，惠而浦并购 Maytag。并购后的首要问题是如何快速整合两家公司的供应链网络资源。企业高层要求在并购后的前 3 年（2006—2008 年）供应链总成本节省 4000 万美元（1 美元≈6.9 元人民币）。整合供应链网络资源面临的挑战如下：合并商品种类和订单，削减现有的 18 个制造中心和 16 个区域配送中心的数量，对 155 个末端配送点进行模式调整，同时要求供应链网络资源整合后服务时效要有更大提升。惠而浦通过供应链网络优化，调整了 50% 的 RDC（Regional Distribution Center，区域分拨中心），将高频次商品交付时间基本控制在 24h 内，低频次商品交付时间保证在 48h 内，人均效率提升 15% ～ 20%。该网络优化项目当年节省供应链总成本 6600 万美元，比原先预定的 3 年目标还要多。

政策变化往往会给企业运营带来深远影响，企业需要优化供应链网络以适应新的要求和应对外部环境压力。随着我国环保政策升级和安全治理进程推进，2016 年交通运输部治理超载超限，其颁布的 GB 1589—2016 标准对我国汽车整车物流行业产生巨大影响。治理前，89% 的新车通过公路运输直送经销商，铁路运输和水路运输一共仅占 11%。治理后，单台公路运输载运车从可以一次载运 30 辆新车下降到最多载运 12 辆，公路运输成本大幅上升。全国汽车物流企业必须改变以公路运输为主的运作模式，构建以铁路和水路为干线、公路为支线的物流多式联运组织模式，充分发挥铁路运输和水路运输大运量、低成本、环保的优势。那么，汽车物流企业应该在哪里布设多少个中转节点？订单应该由哪一级节点响应？怎么保证引入铁路运输和水路运输之后能达到和公路运输相近的服务水平？诸如此类的问题是所有汽车物流企业面临的共同问题，于是全国汽车物流企业纷纷实施了整车供应链网络设计与优化，并一直在持续改进。

随着国家"3521"工程推进及物联网发展，医药流通市场从分散经营向集约化经营转变。国药集团是中国医药流通龙头企业，在医疗体制改革的大背景下规模快速扩大。该集团需要迅速更新其供应链网络，以在降低物流成本的同时满足规模扩大带来的更大规模的医药需求和更高的服务要求。国药集团实施的供应链网络优化涉及确定新的仓库布局计划，明确仓库间货物分配调度规则，仓库根据需求设置的差异性容量要求，仓库配货策略的制定原则等问题。

还有一些场景更为普遍和微观，大多来自针对某个客户或业务的供应链网络优化决策。某医药企业在湖南郴州和浙江杭州有两个工厂，在武汉有一个发货仓库。长期以来该企业的销售物流模式是工厂将货物运至武汉仓，然后由武汉仓根据客户订单为下游客户送货，由于该网络效率低下、成本压力大、服务水平低，该企业把销售物流外包给顺丰，由顺丰为其提供第三方物流服务。当时顺丰已经拥有包含 4 个 GSP（Good Supply Practice，药品经营质量管理规范）仓和 25 个中转场，能够覆盖 960 个区县的医药供应链网络。顺丰需要确定由哪些 GSP 仓或中转场作为该企业药品分销的中转节点，并对药品如何在工厂、中转节点、客户之间流动进行决策。顺丰采用供应链网络优化方法进行多场景、多周期优化模拟，最后选择成都、广州、南京 GSP 仓作为中转节点，通过整车提货方式将货物从两个工厂运送到 GSP 仓，然后综合利用零担、商配、常温和专递 4 种方式将货物从 GSP 仓运送到终端客户处，如图 1-1 所示。

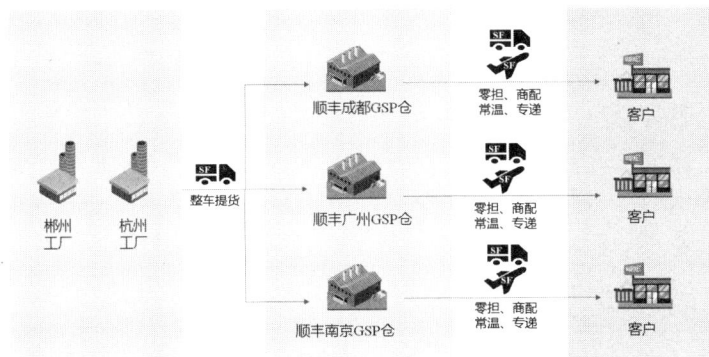

图 1-1 顺丰为某医药企业提供的销售物流服务网络

图片来源: 微信公众号"Coupa供应链优化设计"的《顺丰医药案例分享: 为客户提升供应链价值》

这样的案例数不胜数，这里仅仅列举了政府产业规划和实施、销售模式转型升级、企业并购、政策变化、客户需求等引发的供应链网络设计与优化案例，但供应链网络设计与优化的动因远远不止这些。供应链网络设计与优化的理论与方法也被广泛应用于港口、车站、机场等基础设施布局以及军事、医疗、应急等领域的网络设计问题中。例如，在疫情期间如何合理建立核酸检测采样点和疫苗接种点，如何对仪器放置、样本转诊、疫苗分配、人员配备、地域划分、核酸检测整合等事项进行决策都属于供应链网络设计与优化问题，相关部门应实施有针对性的计划以满足实际需求。

此外，处于供应链不同环节的企业对供应链网络优化的侧重点也有所不同。例如，制造企业更注重供应网络优化，从以物料供应为中心安排采购、库存等环节逐渐发展到企业资源计划和供应链管理。供应链网络优化一方面可消除非增值运输和仓储活动，降低库存水平，改善现金流；另一方面可指导企业进行产能规划，明确何时何地开设新生产线，以尽可能降低总成本，并确保满足消费者对商品的需求。大型零售连锁集团为了提升门店商品可获得性和降低成本，主要侧重于分销网络设计与优化，这主要表现为对配送中心、门店和商品流的联合优化。以物流交付为主要业务的第三方物流企业高度依赖物流网络的高效运转，更重视转运中心、配送中心和相关流程优化。

当今全球经济发展模式和发展结构正在发生巨变，我国经济结构改革向纵深发展，信息技术的广泛应用加速了区域经济、产业经济、企业经营模式的多层重构。供应链网络作为所有运作模式的重要组成部分和底层支撑系统，正在被大家逐步认识和重视。一定的速度、效率和成本水平从过去的竞争优势慢慢演变为进入行业的基础门槛。供应链的商流、信息流、资金流在技术上都可以实现电子化，流动速度能以毫秒计，唯有物流需要实体交付，无法在虚拟空间实现，其速度相较于其他三种流永远慢半拍。缩小物流与商流、信息流、资金流的时间差，以更快速度、更低成本完成实体流动是形成供应链竞争优势的关键，而这必然依赖于一套高效运转的供应链网络。

1.2 供应链网络设计与优化的范畴与价值

1.2.1 供应链网络设计与优化的范畴

国家标准《物流术语》（GB/T 18354—2021）将供应链定义为"生产及流通过程中，围绕核心企业的核心产品或服务，由所涉及的原材料供应商、制造商、分销商、零售商直到最终用户等形成的网链结构"。供应链虽然从直观上理解是一个上下游之间链接形成的链条，但是由于这些链接错综复杂，并不仅是上下游之间的纵向链接，还有同层级间的横向链接，所以更准确地说，供应链是一个网链结构。供应链内涵的发展大致经历了3个阶段：第一阶段，以企业内部采购、仓储管理、生产和分销等职能协调的内部供应链整合阶段；第二阶段，企业与上下游之间，以及直至消费者的外部链条从线性单链转向非线性网链的多链条融合阶段；第三阶段，围绕核心企业形成战略联盟，供应链上下游企业积极协同配合、整体运作以快速响应市场需求。供应链拓展了企业边界，从一种运作工具上升为一种管理方法体系、一种运营管理思维模式。图 1-2 展示了供应链网链结构发展历程。

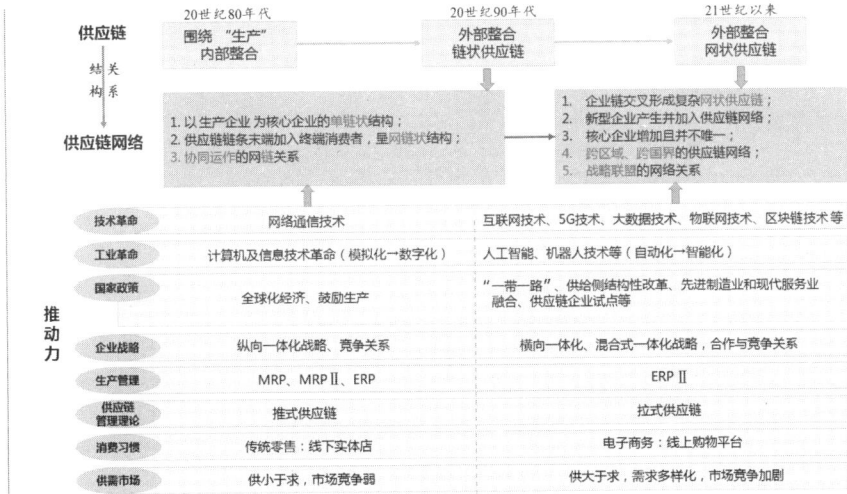

图 1-2 供应链网链结构发展历程

供应链网络设计与优化就是针对特定的供应链网络，重点研究其中与实物流相关的流动结构应该如何构建才更合理或者更令人满意，并为这些流动结构设计一套规则。优化这些规则的过程就构成了供应链网络设计与优化的基本逻辑方法，这些规则本身构成了供应链网络设计与优化的输出，供应链网络设计与优化的目的构成了优化目标。

供应链网络设计与优化有六大组成要素：①优化目标（如服务水平和成本等）；②供应链设施（如供应商、工厂、仓库、门店、客户等）；③实物流（各种设施间的实物流流量和流向）；④优化策略集；⑤优化模型；⑥优化算法。因此，供应链网络设计与优化包含优化目标、优化模型、优化算法和优化输出方案集，其中优化输出方案集包含供应链设施、实物流和相关优化策略。图 1-3 表述了供应链网络中设施与实物流的关系。

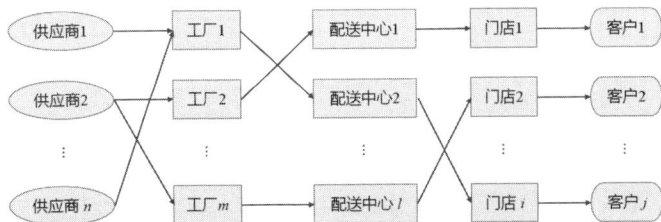

图 1-3 供应链网络中设施与实物流的关系

比如前文提及的惠而浦并购案例，企业高层要求在并购后的前 3 年供应链总成本节省 4000 万美元，高频次商品交付时间基本控制在 24h 内，低频次商品交付时间保证在 48h 内，这就属于典型的供应链网络优化目标，同时包含了成本节约和服务水平要求。惠而浦最终调整了 50% 的 RDC 的功能，就属于供应链网络设计与优化的部分输出结果，这些结果通常包括供应链节点设施布局、运输线路结构、产品流结构、设施容量配置结构等。而目标和结果之间的优化过程分为两个阶段：第一阶段要确定优化策略，也就是要制定一系列规则，形成优化策略集；第二阶段要根据这些规则建立优化模型，确定优化模型参数，并设计算法进行全局性测算，然后输出方案结果作为方案比选的依据。

供应链网络设计与优化目标最朴素的要求是降低供应链运营成本和提高服务水平。显而易见，这两个目标之间可能存在冲突。比如服务水平目标设定为 48h 内能够满足 98% 的客户需求，与 24h 内能够满足 98% 的客户需求相比，对应的供应链网络结构就会有很大不同。在其他条件相同的情况下，为了达到更高的客户服务水平，有可能建设更多配送中心或者配置更多运输车辆，由此将导致供应链运营成本上升，因此很难找到同时满足成本最低和服务水平最高要求的方案。所以供应链网络设计与优化的目标往往需要进行权衡，对有冲突的目标给出不同的优先次序或者用不同的权重量化体现。当然，供应链网络设计与优化的目标并不局限于此，还有可能涉及供应链稳定性、柔性等其他诉求，以应对更多的不确定性。

供应链网络设计与优化涉及很多具体的决策，如图 1-4 所示，从供应商到工厂、仓库，再到销售设施，每一个节点都需要做出一些重要的决策。

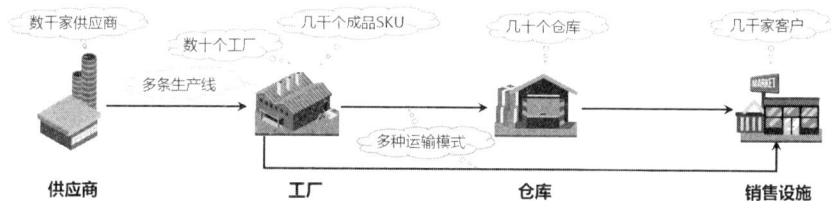

图 1-4　供应链网络设计与优化决策

在供应端，企业有可能面对数千家供应商，这些供应商应该如何选择？每家供应商的采购份额应该定为多少？

在工厂端，企业可能需要建设多个工厂，这些工厂的地址应该选在哪里？每个工厂生产所有产品，还是生产部分产品？工厂的生产能力该如何设定？每个工厂由哪些供应商供货是经济合理的？

在仓库和销售端，是否需要划分总仓、分仓？仓库的数量和位置如何确定？仓库应该服务于哪些客户群体？仓库应存放哪些货物品类？什么样的配送时长是合理的？

这些决策部分是针对供应链设施（如供应商、工厂、仓库、门店、客户等）数量和布局的，部分是针对实物流流量和流向关系的，这两部分都是显性的。比如通过供应链网络优化，确定了应该建设多少个仓库，建在哪里，为谁服务，存什么货物。但还有一部分决策是隐性的，从某种意义上说，这些隐性决策是显性决策发挥作用的前提，它们就是优化策略集。

一些失败的非系统性供应链网络设计与优化项目表明，这部分隐性决策可能被完全忽视。这种忽视往往会带来两种负面影响，一种表现在无法有效考察供应链网络设计与优化方案是否符合实际运营的基本条件和逻辑，仅仅从目标上进行量化评估。这样很容易陷入一种数学运算游戏，导致数据结果看起来很优异，但若干假设都不符合实际运营要求。另一种表现在执行时只重视显性结果，按图索骥建设供应链设施，配置相应货物，但与之配套的运营规则没有建立，导致在实际运营的过程中无法达到优化效果。

上述运营规则包括：①定义供应链网络中站点、客户、产品等基本元素的属性的规则，如用什么方式标定位置属性、成本属性、价值属性等；②交易和预测规则，例如，如何刻画客户订单、站点订单、运单特征，如何根据订单进行需求预测等；③采购规则，例如，如何规定上下游之间的流动关系，以及采购时间、采购成本和采购批量的规定等；④生产规则，规定生产周期、生产品类、生产成本、生产能力等；⑤运输规则，确定运输模式、运输工具、计费方式、运输时间、运输流程、运输限制和其他约束等；⑥库存规则，确定库存成本、库存量、库存时间限制等；⑦逆向物流规则，确定逆向产品比例、逆向物流流程、逆向物流分配、逆向物流成本等；⑧其他规则，例如工作时间约束、"最后一公里"服务限制、奖惩规则、低碳约束等。并不是所有的供应链网络设计与优化项目都要包含以上所有的规则，但是任何一个策略都是由规则组成的，所以对优化策略的精确理解就是一个个规则集。

根据这些规则，可建立供应链网络设计与优化模型，确定相关参数取值并设计和优化算法，进行系统性和全局性计算。这是一个庞大而复杂的计算过程，需要通过特定软件实现。

1.2.2 供应链网络设计与优化的价值

供应链网络设计与优化决策对整个供应链的绩效有着长期影响，后期网络的变动（如开仓、关仓、类目调整等）都会带来较高的成本，一个好的供应链网络设计与优化决策能够让整个供应链在保持较低成本的同时具有很好的响应性。

长期研究数据表明，供应链 80% 的成本都与设施位置和产品流紧密相关，它们是影响任何供应链成功的关键因素。通过供应链网络设计与优化，企业可以在降低成本的同时维持或提升客户服务水平，最终实现利润增长。图 1-5 所示的 Coupa 公司的一份客户报告显示供应链网络设计与优化给企业带来了巨大的收益，如库存成本节约、运输成本节约、服务水平改善等，最终帮助企业实现经营目标。所有企业在有效实施了供应链网络设计与优化项目后，都可以出具类似的振奋人心的供应链改进成效报告。

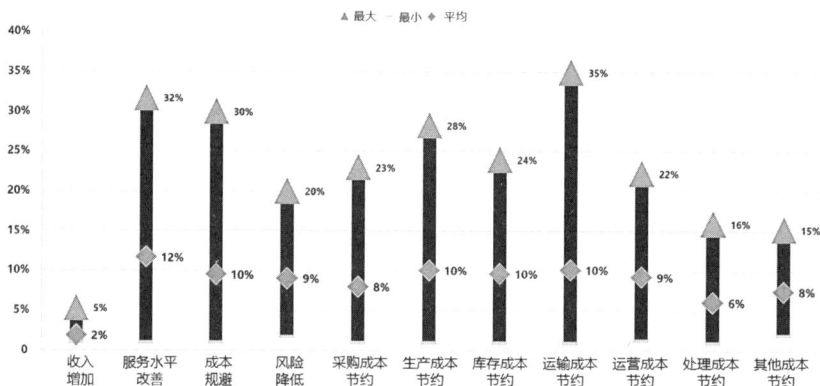

图 1-5 Coupa 公司关于供应链网络设计与优化效果的客户报告

数据来源：LLamasoft 客户报告

1.3 供应链网络设计与优化的发展趋势

1.3.1 应对风险的供应链网络设计与优化

当今世界不确定性因素引发供应链中断的风险越来越高，自然灾害（如洪水、地震等）、全球大流行病、战争、有意或无意的人为行为（如工业事故等）发生的概率明显高于过去几十年。同时企业纵向一体化程度大大降低，供应链日益全球化，供应商遍布世界各地，近几十年流行的准时制理念更加剧了供应链的脆弱性，因为在正常情况下表现良好的严格优化的精益设计，在环境急剧变化时几乎没有出错的余地。中断常常导致一部分供应链网络设施丧失服务能力，因此如何在供应链网络设计与优化时预防中断，或者中断后供应链网络如何快速恢复，都是实业界和学术界研究的热点问题。

供应链网络设计与优化需要确定设施的位置和为客户分配设施。供应链网络设计与优化属于供应链战略层面的决策问题，因为网络设计与优化本身就是企业供应链战略的体现，网络节点布局反映了企业的供应商分布、客户分布、资源途径和投资方向。供应链网络建设周期长，一旦建成，改变成本很高。比如2011年丰田汽车的全球销售受日本海啸的影响很大，而通用和福特受到的影响较小，这是因为丰田的供应链网络节点主要集中在日本，而通用和福特的供应链网络节点的地理位置更为分散。这种供应链网络布局差异来自丰田汽车设计和制造更偏向本土，而通用和福特则采用全球化战略。

为了应对中断风险，供应链网络设计与优化需要将可靠性考虑进来。对可靠性有两个层面的理解，一是指所有供应商都可以运作的概率，二是指供应链在中断后维持给定水平产出的能力。因此在设计与优化时需要考虑设施在使用寿命期限内是否存在中断的风险，对具有不同风险等级的设施是否应该给出不同的最佳设施位置集，以及如何判定哪些是恢复能力更强的设施，是否需要给这些设施更多的投资。

即使是一个设计良好的供应链网络，也可能因各种原因发生中断。2005年"卡特里娜"飓风后，货船被迫驶离新奥尔良港口；2009年，位于埃德蒙顿的一个配送中心罢工，美国西夫韦公司（Safeway）将一些分销活动转移到了与埃德蒙顿距离分别为 300km 和 1300km 的卡尔加里和温尼伯工厂，这些措施都比较常见。供应链网络中断通常研究网络节点中断，而不是弧中断；网络节点中断可能导致整个区域中断，而不仅仅是单个设施中断；中断后的衡量指标是客户到其指定设施的距离或运输成本，而不是实物流流量或最短路径等。

此外，将库存管理和供应链网络联合优化也是一个重要的方向。当中断发生时，设施及其供应商都可能受到干扰，假设客户可能会被重新分配到未中断的设施，这些设施也必须在中断之前下补货订单，因此要考虑库存成本，重新规划路径和库存（在重新分配的设施处）作为缓解策略。

1.3.2 数据驱动的供应链网络设计与优化

随着互联网和物联网技术以及数据采集和分析技术的发展，几乎所有的供应链核心企业都把供应链数字化转型作为关键任务，并倒逼供应链上下游相关企业启动数字化转型工程。席卷全球的数字化转型浪潮对供应链运营影响深远，企业各类数据的来源和获取途径发生巨大变化，从传统人工索要、手工记录数据到实时获取海量数据，企业需要从被动响应模式向主动参与、集成计划和生态协同模式演进，这对企业快速响应性决策、全局性决策、全链条跨区域联动能力都提出了很高的要求。

企业也要求供应链网络不仅具有稳定性，还应该具有足够的柔性和灵活性；不仅能够支持企业的整体战略，还应该具有应对业务快速变化的运营方案，可以提供从需求端到生产端，再到供应端协同的端到端解决方案。因此企业在运营实践中也逐步把供应链网络优化从单纯的战略决策转向战略和战术相结合的决策，企业对供应链网络进行优化的频率越来越高，这意味着供应链网络设计已经不再是几年才会改进一次的大的系统工程，而是逐渐成为由数据驱动的全面持续改进和优化的过程。

前文所述的惠而浦并购案、GB 1589—2016 标准的实施、Argos 线上线下一体化销售模式的转变引发的供应链网络设计与优化项目都属于战略层面的决策，而顺丰为某医药企业实施的供应链网络设计与优化项目就属于战术层面的决策。

战术层面的决策一般不会改变供应链网络的节点结构，重点是重新分配供应链网络的产品流结构，以应对更常见的季节性波动、客户变动、产能限制、供应商调整和运输能力约束等市场和环境变化。

数据驱动的供应链网络优化对优化方法提出了很高的要求，因为供应链网络本质上是一个全局性、聚合性、相互关联协同的复杂系统，供应链网络优化面向的不是单一任务、单一节点、单一场景决策，而是端到端的整个服务链条系统运营模式综合决策，其中有些决策会涉及运作流程的改变，所以其复杂度和实施难度都比较高。数据驱动的供应链网络优化方法更加强调系统性、全局性，能准确表征策略特点和标定策略约束，同时以核心算法为内核，以系统软件作为工具，具有大规模快速计算能力，能够给出全局优化方案。目前很多供应链网络优化方法和供应链优化项目还没有意识到供应链网络优化的全局性、高频性，依然沿用过去一次优化、长期实施，或局部优化、全局实施模式，这样是很难适应未来的发展要求的。

1.4 本书的内容框架和学习方法

做好供应链网络设计与优化，需要将供应链运营理论和实践与数理优化方法相结合。我国目前在这方面的系统性书籍很缺乏。相关的数理知识大多散落在运筹学类研究中，缺乏与供应链和物流运营原理的系统结合，一般侧重于研究一些特定场景下的优化模型和算法。与供应链和物流网络化运营相关的知识大多散落在供应链管理理论中，缺乏与数理模型和算法的结合。由此，在企业供应链网络设计与优化层面，相关人员要么缺乏供应链运营业务相关的原理知识，要么缺乏必要的数理逻辑，很难将二者合二为一。

本书希望填补这一空缺，所以定位于供应链网络设计与优化入门指导书，旨在通过系统整理和构建相关的知识体系和研究方法，将理论学习与实战训练相结合，帮助读者掌握供应链网络设计与优化的基本原理、基本分析框架和基本分析方法，学会运用先进的供应链网络优化建模工具，搭建供应链网络设计与优化建模逻辑，并得出解决方案。

本书谋篇布局力求遵循将知识关系转化为知识构建和导入过程的原则，辅以一定的案例供读者训练，形成4篇13章的内容结构，将理论体系与数字实战嵌入其中，如图1-6所示。第1篇概述供应链网络设计与优化基础，主要介绍供应链网络设计与优化的基本内涵和概念等；第2篇介绍供应链网络设计的基本模型和测算方法，其他模型都是基于这些基本模型演变而来的，每个基本模型和测算方法都辅以相关案例予以说明；第3篇介绍不同场景下的供应链网络设计，每个场景都配有相应的案例，场景设置由浅入深；第4篇介绍供应链网络优化数据准备与现状诊断，回归供应链网络设计与优化项目实施要求企业具备的，把实践结果转化为模型的最重要能力。真实的供应链网络设计与优化项目实施是基于一定的现实基础的，优化人员必须能够把现状抽象为能客观反映现状的模型，这部分工作是把供应链运营实践和数理量化方法相结合的最重要衔接点，也是业务人员和建模人员最容易出现理解偏差的关键点。

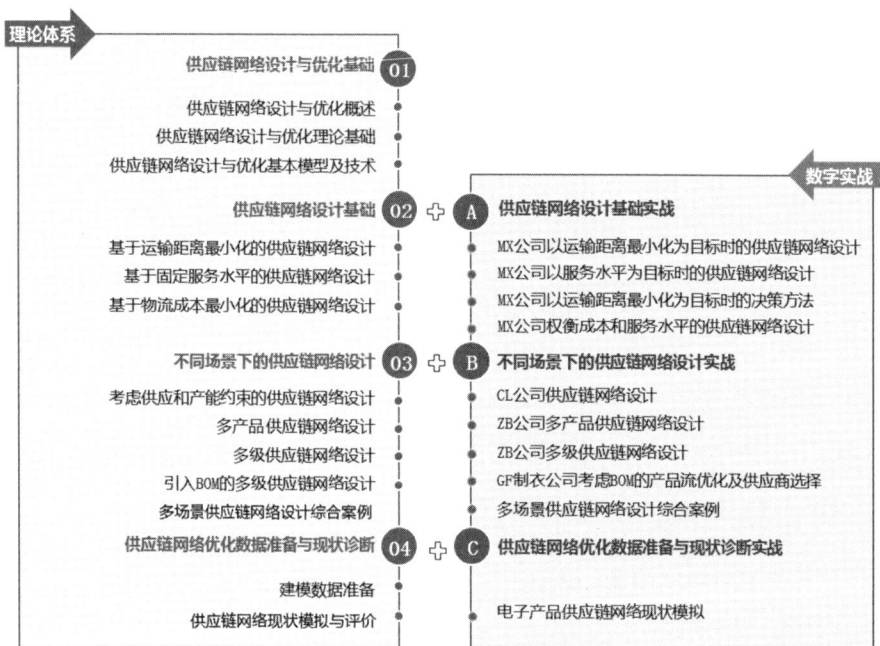

图1-6　本书的内容框架

有一定实践经验的读者可以挑选本书的部分篇章和模块进行阅读和学习，没有实践经验的读者或在校学生建议按照章节顺序学习。

第 **2** 章

供应链网络设计与优化理论基础

2.1 供应链网络组成与结构

2.1.1 供应链网络组成

供应链是指产品生产和流通过程中，围绕核心企业，由与之相关的原材料供应商、分销商、零售商以及最终客户组成的网链结构。

供应链有4种流，分别是商流、资金流、信息流和物流。商流确定交易达成关系，以商品所有权转移为标志。资金流是实现商品所有权转移的资金往来。信息流是指整个供应链上供需信息和管理信息等信息的流动。物流是商品实体发生转移的过程。

随着科技发展，供应链中商流、资金流和信息流可以完全实现电子化，只有物流需要实体节点、实体交付，必须依赖线下设施完成。供应链网络设计与优化重点关注供应链实体网络，从这种意义上讲，其内核形式是物流网络。

图2-1展示了一个结构简单的供应链网络，该网络有3层节点，分别是工厂、仓库、客户，货物从工厂流向仓库，再从仓库流向客户，图中虚线和实线分别表示这两种流向。这些设施节点和货物流动方向就是供应链网络最基本的两大要素。

供应链网络概念图如图2-2所示。其中供应商设施、工厂、仓库、销售设施是供应链不同环节中的基础设施，这些基础设施相当于点，实体产品的流动方向和数量相当于线，这些点和线构成了供应链网络。

设施节点是指使企业原材料、在制品和产成品得以采购、运输、存储和销售的基础设施，包括供应商设施、工厂、仓库和销售设施4种类型。供应商设施是指为工厂提供原材料、零部件、半成品、产成品、设备、能源等资源的设施。工厂是用以生产制造产品的一类设施，按功能可分为生产原材料、半成品或产成

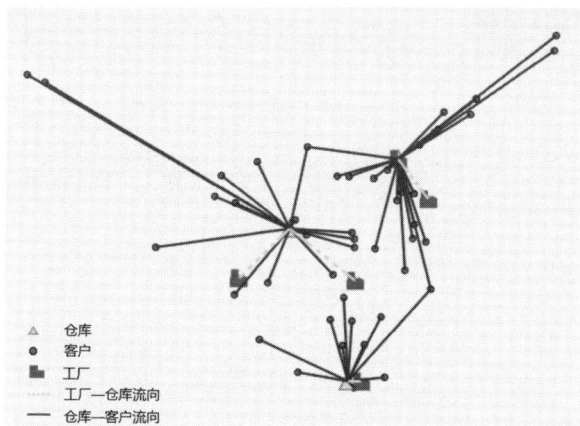

图 2-1 结构简单的供应链网络

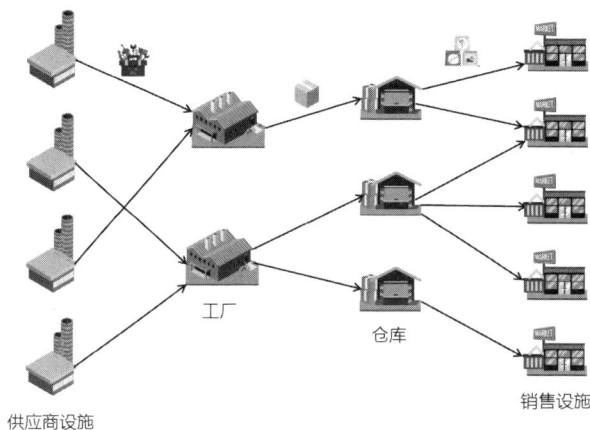

图 2-2 供应链网络概念图

品的制造工厂、加工装配工厂等。仓库是用来对产品进行接收、分类、入库、存储、出库以及分发的设施，按功能可分为生产型库、流通型库等，按层级可分为总仓、分仓、终端仓等。销售设施是指直接或间接为最终客户提供服务的设施，比如批发市场、零售店等。

产品流是指实体产品在设施内及设施节点间的流动。产品流从源头供应商到最终客户，涉及原材料、半成品和产成品的流动、加工和存储，存在于供应链的采购、生产、运输、存储等环节。产品流体现了产品在上下游设施间的流动方向和数量，上游设施可以服务下游设施的范围，也就规定了设施之间实体产品的供求关系。

2.1.2 供应链网络结构

按供应链网络层级和每一层级的成员数量可以划分供应链网络二维结构。图 2-3 中横轴表示供应链网络层级，纵轴表示供应链成员数量。

供应链网络层级越多表明供应链越长，由此可以把有 2 个层级的称为二级网络，有 3 个层级的称为三级网络，以此类推，其结构如图 2-4 所示。

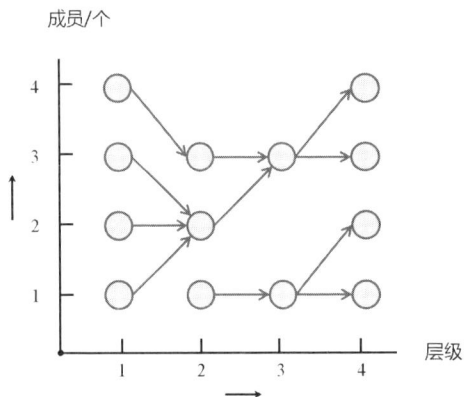

图 2-3　供应链网络二维结构图

图 2-4　不同层级的供应链网络

同一层级成员数量越多，表明供应链网络节点数越多，产品流也更复杂。如果某企业有更多的供应商提供相似的原材料和半成品，这就意味着流向工厂的原材料和半成品的运输线路、时间、数量都更多样，那么企业就面临着选择哪些供应商才能使成本更低的问题。成员数量决策是对成本和服务水平权衡的结果。例如针对仓库这一层级，设计 3 个和 5 个仓库的区别在于，3 个仓库的投资规模更小、运营成本等更低，但是相比 5 个仓库，每个仓库的服务半径更大，响应客户的时间更长，也就是服务水平更低，这就需要进行综合成本和服务水平的权衡决策。

研究供应链网络结构，一般都是研究以特定企业作为核心企业的供应链网络。不同细分领域的企业，由于有不同的战略目标，在设计与优化供应链网络时，就会采取不同的策略与结构。比如，制造业更加强调生产成本，就会选择在成本较低的区位布局工厂，即便远离市场区域；零售业则更加注重反应能力，就会选择在消费市场区域布局。因此有必要判断特定企业所处的供应链网络层级位置，因为处于不同层级位置的企业对成本和服务水平的侧重点有较大差异，进而会影响其供应链网络决策。

图 2-5 和图 2-6 分别表示以制造企业为核心企业和以零售企业为核心企业的供应链网络结构。

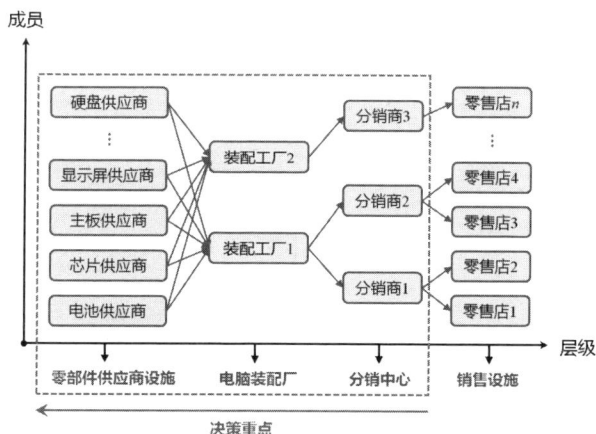

图 2-5　以制造企业为核心企业的供应链网络结构

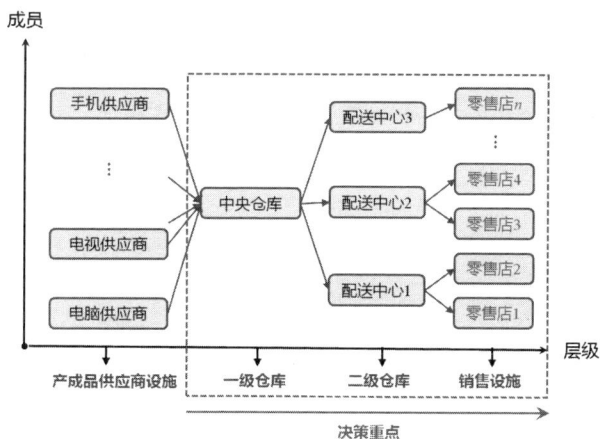

图 2-6　以零售企业为核心企业的供应链网络结构

图 2-5 所示是以电脑生产企业为核心企业的供应链网络结构，该企业更重视零部件供应和准时生产要求，其决策重点靠近供应链源头，更看重运输成本和运输时效对生产的影响。图 2-6 所示是以电器零售企业为核心企业的供应链网络结构，它的决策重点更靠近最终客户，更看重客户服务水平。

2.2 供应链网络设计与优化层次框架与内容

2.2.1 供应链网络设计与优化层次框架

企业的供应链网络设计与优化项目可能是战略层的，也可能是战术或运营层的。图 2-7 展示了供应链网络设计与优化的不同层次，其实施频率和结果预期都有所不同。

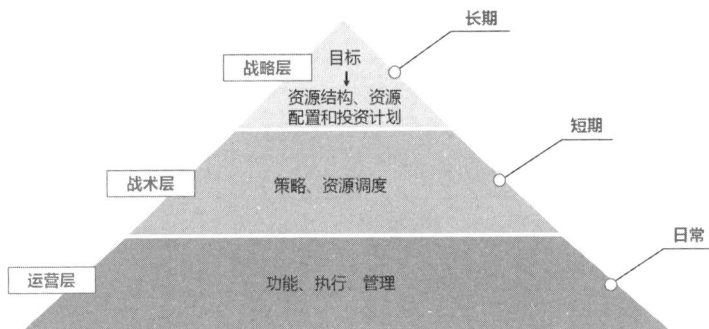

图 2-7 供应链网络设计与优化层次

战略层设计与优化要确定总体目标和资源需求。企业供应链网络设计与优化的驱动力可能是客户服务战略、成本、灵活性目标、适应性目标等。客户服务战略可能是最关键的驱动力，这将取决于企业的产品、市场和服务水平目标，它们反映了企业对市场的预期。由于市场细分，很多企业针对不同的客户设定了不同的服务水平目标。成本是另一种重要的驱动力，对于边际收益水平低的企业尤为重要。灵活性指企业为客户快速设计和提供新服务的能力，比如顺丰为某医药企业制定的服务方案就属于灵活性目标的应用。适应性指的是企业为适应市场的新条件或新技术进展而调整其战略的长期能力，适应性强的企业有可能通过识别和利用外部资源和技术来达到特定的目标，比如企业通过把相关的仓储配送业务外包给有强大技术能力的第三方企业来快速利用技术红利。战略层设计与优化目标更侧重于客户服务水平和总成本优化。在目标明确后，战略层设计与优化的结果将规定资源结构、资源配置和投资计划，包括网络层级、设施功能、设施布局、设施能力安排、设施服务范围，以及相应的投资额。由于战略层设计与优化是关于未来的安排，因此对长期运营状况的预测也是至关重要的。

战术层设计与优化的主要任务是执行战略层的安排，将战略目标转换为行动计划。战术层的时间框架一般覆盖一两年，更偏向于策略和资源调度，比如仓库运作、运输管理和物资管理方面的策略，这些策略要和战略保持一致。战术层设计与优化的目标更多是关于灵活性和适应性的。

运营层设计与优化的时间框架要短很多，可能是一天、一周，因为其主要任务是执行具体计划，比如订单管理、配送中心排班、车辆调度等日常管理工作。

先进的供应链网络要以全视角考量各种业务的产品交付能力，追求较高的客户服务水平，实现显著的财务绩效提升。优秀的供应链网络是动态持续优化的，必须通过最优化模型和大规模的计算才能以一体化的方式进行全局性决策。

2.2.2 供应链网络设计与优化内容

2020 年 1 月，新冠肺炎疫情（后文简称"疫情"）汹涌而至。2 月 2 日，武汉新增确诊病例首次破千。同日，武汉 26 家定点医院共开放床位 7259 张，但已用床位达 7332 张。"封城"以来，武汉新冠肺炎患者短时间急剧增加，医院病床严重不足，"人等床"的严峻形势亟待改变，如何对日益增加的患者进行及时收治成为当时武汉抗疫最紧急的问题之一。

为了改变"人等床"的现状，快速控制疫情，武汉采用"分级诊疗"思想，提出快速建立各区方舱医院接诊轻症患者的措施，构建"分级分类收治，轻重转院顺畅"的应急救治网络体系，这也是一个四级供应链网络，如图 2-8 所示。

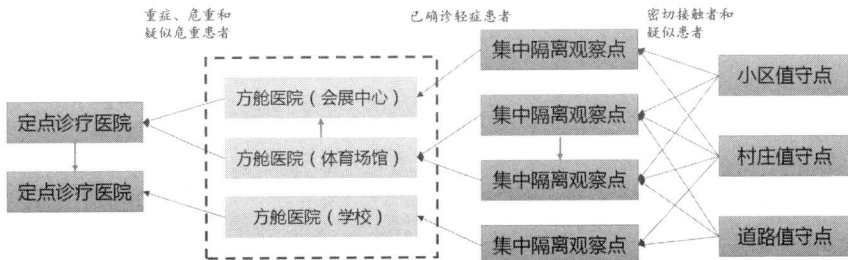

图 2-8 武汉应急救治网络体系

从 2 月 3 日武汉开建第一批方舱医院起，3 个星期内，16 家方舱医院快速建成并投入运营，累计收治了超过 1.2 万名轻症患者，平均每 4 名患者就有 1 名入住方舱医院，真正实现了从"人等床"到"床等人"的转变。2 月 28 日，方舱医院有住院患者 7600 多名，空余床位 5600 张。

疫情之下，时间就是生命，武汉建立的应急救治网络，是由疫情初期患者和医院的两级救治网络转变而成的四级救治网络，极大缓解了疫情初期患者无序涌向医院，医疗资源极度匮乏，患者不能被分类及时救治的被动局面，优化了患者救治流程和渠道。方舱医院的建设是构建应急救治网络的关键。那么方舱医院是如何快速布局从而实现"床等人"的呢？患者作为需求，床位作为供应，以快速响应为目标，从供应链网络设计的角度来看，该应急救治网络建设需要解决以下问题。

（1）如何确定备选点集合？判断体育馆、学校等场所是否具备改造为方舱医院的条件，构建方舱医院的备选点集合。

（2）方舱医院建在哪儿？建几个？基于就近治疗和快速改建的原则，从备选点集合中选出易于改建并能弥补床位"缺口"的节点，其数量必须保证上一级（集中隔离观察点）的所有患者都可以被覆盖。同时，由于重症患者对抢救时间有极高的要求，每一个方舱医院都应该尽量靠近下一级定点诊疗医院。

（3）如何分配各方舱医院的救治资源？需要确定各方舱医院可以容纳的患者数量、床位数量和布局、各种医疗设施设备类型和数量等。这一问题需要结合各方舱医院的具体容量、辐射范围以及预计的患者数量等信息进行综合考虑。

（4）患者转移流线如何设计？该应急救治网络属于多级网络，不同级之间环环相扣，不同级的患者状况不同，救治紧急程度有差异，患者转移流线也就不同，这是该应急救治网络建设需要考虑的重要问题。

在方舱医院布局确定后，不同级的节点功能和患者点对点转移方案随之确定。小区、村庄以及道路值守点进行排查，发现密切接触者或疑似患者便组织将其送往集中隔离观察点进行核酸检测与隔离观察；轻症患者会被送至方舱医院进行集中隔离与简单诊疗；轻症患者如果病情加重会被及时送至后方定点诊疗医院进行救治。若出现对应下级节点床位饱和的情况，则需要重新选择其他下级节点，并且应以最短转移时间为目标进行决策。

同级节点之间的流线存在于某个节点床位饱和，但仍有确诊患者未收治的场景中，所以应以最短转移时间为目标，将患者快速送至最短时间内可到达的未饱和节点进行治疗。

上述应急救治网络设计包含了供应链网络设计与优化的 4 个层次。

（1）确定供应链网络层级，包括供应链网络层级数及设施类型。上述应急救治网络是一个由普通医疗供应体系中的二级救治网络转变而成的四级救治网络，增加了集中隔离观察点、方舱医院两个重要层级，实现了对不同患者实施分层救治的方案，缓解了医院床位的供求矛盾，将救治任务分配给不同层级的设施，从而极大地优化了供应链网络结构。

（2）确定供应链网络设施布局，包括设施的数量及各设施的位置。每个区域需要布设多少个方舱医院才能满足该区域的救治需要，需要根据不同区域的患者数量和密度、病毒传播速度的预测数据确定。

（3）确定供应链网络各设施产能分配。若产能分配过高，设施投资成本、管理成本可能快速上升；若产能分配过低，对需求的响应能力和服务水平则可能下降。每个方舱医院需要布设的床位数、配备的设施设备类型，以及能够救治的患者危重程度都需要被规定。

（4）确定供应链网络设施间产品流分配。特定的集中隔离观察点患者可以送往哪些方舱医院，危重患者可以送往哪些定点诊疗医院，以及方舱医院的患者可以送往哪些定点诊疗医院，都属于产品流分配问题。

第 3 章

供应链网络设计与优化基本模型及技术

供应链网络设计与优化需要通过系统化的建模得以实施，本书不对其中具体的模型做详尽说明，这些知识可以在专门的运筹学、最优化理论等学科中学习，供应链网络设计与优化的建模更偏重于这些模型与实际问题的深度结合。本章介绍供应链网络设计与优化的基本模型结构，以及常规的解决方法、技术和供应链网络设计与优化软件等。

3.1 供应链网络设计与优化系统化设计框架

供应链网络设计与优化需要借助系统化设计框架实施，系统化设计包含以下4个步骤，如图 3-1 所示。

图 3-1 供应链网络设计与优化系统化设计框架

1. 确定优化目标

实施供应链网络设计与优化项目之初，要确定优化目标。有些企业有较为明确的优化目标，有些企业则不能清晰地说明其优化目标，仅仅提出要"优化供应链网络"，此时就需要优化工程师逐步识别企业实施优化背后的真正诉求。一般情况下，供应链网络优化目标和企业竞争战略相关，如果企业强调成本优势，则更倾向于以降低供应链网络总成本为主要目标；如果企业强调服务水平优势，则更倾向于以提高客户服务水平为主要目标；当然也可能兼而有之，从而实施多目标优化。有时多目标也可能不限于成本和服务水平，比如某企业去一个新的地区拓展业务，一开始就新建全部节点通常不是最优选择，企业可能采用部分租赁仓库方案，因此优化目标可能被设置为一定服务水平下新建节点数最少。优化目标不仅规定了优化模型的目标函数，而且规定了比较不同解决方案的基准。

2．现状模拟与评价

供应链网络设计与优化如果严格进行划分，可以分为供应链网络设计和供应链网络优化两部分。所谓设计，更突出从无到有的含义；所谓优化，更突出从有到优的含义。但更普遍的实践是二者融合，即在供应链既有网络基础上带有设计理念的优化。

为了便于理解，我们首先来看既有供应链网络的优化框架。由于供应链网络已存在，企业需要分析已有供应链网络结构，对供应链网络现状进行客观抽象，抽象结果要求能够真实反映现有供应链网络结构、特征和规则，这就要求搭建与现有供应链网络相一致的供应链网络基线模型。因此该阶段要进行有目的的数据收集与数据预处理，对现有场景进行合理假设，建立基线模型模拟还原供应链网络运营现状，并将该模型模拟还原结果与真实运营数据进行对比，反复调试，直到建立的基线模型的表现与真实运营情况基本一致。所以，供应链网络优化首先需要进行现状模拟与评价。

即使对于一个全新的供应链网络设计，研究过程中也不能采取从零开始先建一个配送中心，再建一个配送中心，一步一步搭建的方式，而是要先构建一个预设的供应链网络架构，在这个架构上逐渐优化，直到获得一个满意的供应链网络结构。因此从无到有的供应链网络设计，依然需要研究和搭建最初的基线模型，这就需要前期大量的调研和战略分析工作做支撑，把战略分析判断转化为供应链网络。与供应链网络优化不同的是，供应链网络设计基线模型更偏重目标导向，而不是现状模拟。搭建目标导向的基线模型，犹如我们在绘制供应链网络结构蓝图之前，先勾画了这个蓝图的基本框架，然后通过供应链网络设计的后续步骤，逐步确定这个蓝图的细节。基于现状模拟的基线模型，要求对现状有准确描述，以便后续优化过程更有针对性，优化方案能够有效指导实施，实施结果能够与现状进行对比验证。

模拟的供应链网络现状能否反映真实运营过程，需要有一套评价体系。评价维度包括成本、服务水平等，还可以在这两个维度下进一步细分层次。评价的目的是对供应链网络结构运行质量进行量化分析，为供应链网络优化指出精确的方向。如果要对供应链网络进行精细化设计和优化，就需要仔细设计这套评价体系，评价体系和量化分析方法的差异，也反映了供应链网络设计和优化的深度差异。从成本、服务水平等多维度进行供应链网络现状评价，从而发现供应链网络运营存在的问题，进一步细化优化目标。

根据评价结果，设计和优化工程师能够识别供应链网络存在的问题，挖掘出背后的主要矛盾，从而提出针对性策略。

我们把以上统称为现状模拟与评价。它听起来是供应链网络设计与优化的第一步，却需要综合运用供应链网络设计与优化方法才能完成。因此本书把这部分内容放到最后一章介绍，有供应链网络设计与优化经验的读者可以直接翻阅这一章；没有经验的读者，在其他章节搭建基线模型时，也可以翻阅这一章。

3．网络优化建模

网络优化建模是建立相应的量化分析模型，为各种策略寻找最优解。网络优化建模需要确定各种必要的数据结构和数据关系，并通过各种定量分析方法和工具确定输入模型的参数或变量取值。这是非常关键的一步，它决定了数据和运营情况之间的逻辑联系。确定数据结构和数据关系是一个系统工程，包含了确定供应链网络设计与优化的内涵和外延影响因素，并将这些因素高度抽象为数据结构和数据元素的过程。这部分和现状模拟与评价一样，看似是最初应该学习的部分，其实是非常综合的内容，所以本书也将其放在第4篇。读者对供应链网络优化过程中的技术操作有了一定的了解之后，进一步深入思考供应链网络优化建模的思想和机理，进一步探索优化软件与现实运营之间的联系时，就会自然地想了解更多的系统架构原理，这时就可以翻阅第4篇第12章。如果读者在学习其他章节的过程中产生了对建模数据架构的困惑，也可以直接学习第12章。

在基线模型建立之后，优化要对未来做出判断，因此需求预测是不可或缺的。然后设计各种场景和确定策略，并根据这些场景和策略改变数据结构中某些参数值的设定，使之能够反映不同场景和策略的特征。接下来就是搭建数学模型，引入优化引擎进行求解，根据求解结果初步确定供应链网络设计与优化方案。

4．权衡与决策

根据优化目标和评价体系，对每种场景和策略下的优化方案进行对比分析。由于多目标相互之间常常存在冲突，不同场景和策略下的优化方案可能在某些方面表现优异，而在另一些方面有所欠缺，所以决策也是一个权衡过程。供应链网络设计与优化方案从财务指标上的度量是必不可少的，既包括成本节约，也包括对投资额的考量。服务水平是必须要考虑的另一个指标，但是也不是越高越好，在服务水平和成本之间需要找到平衡点。还有一些指标是用来描述供应链网络结构的，比如产品流的分配、网络节点的数量等。这套评价体系与现状模拟的评价体系是一致的。

供应链网络优化方案都有确定的场景预设，但未来充满了不确定性，所以在权衡和决策时还需要把未来的不确定性考虑进来。敏感性分析是常用的不确定性分析方法。影响供应链网络优化的敏感性因素一般包括设施数量、设施产能和服务水平。

设施数量主要影响服务水平和设施固定成本，二者均随设施数量增多而上升。

设施产能变化会影响设施数量和产品流分配，最终影响总成本和服务水平。因此在进行敏感性分析时，应以设施数量或设施产能为自变量，以服务水平和成本为因变量。

服务水平升高通常会导致供应链成本增加，具体表现为：需要增加仓库的数量，或需要把原本大批量、低频率的整车运输换为小批量、高频率的零担运输，或需要增大产能以增强对客户需求的响应性，等等。显然，服务水平达到100%是极理想状态，但为把服务水平提高1%而付出大量成本并不是合理的策略。因此，以服务水平为自变量、总成本为因变量来探究服务水平提升和成本投入之间的关系对确定合理的服务水平是非常有必要的。

至此，供应链网络设计与优化方案分析工作就全部完成了，但是如果考虑到方案落地实施，还需要把利益相关者纳入考虑范围，考虑在实施过程中各方的诉求和协同，这一过程中方案也会从实施的可行性角度得到调整。这部分在本书中不做过多介绍，但读者需要树立这样的意识，即优化方案需要和工程实施紧密互动，才能变成生产力。

3.2 供应链网络优化建模方法

供应链网络设计与优化始于发现问题，根据问题确定目标，再构建一个数学模型，输入基础数据，运用合理的数学优化方法进行求解和分析，做出初步管理决策，按照决策进行运营，然后根据运营效果进行反馈，持续改善，再继续发现问题，优化模型算法，最终找到最优决策方案。图 3-2 展示了该循环决策过程。

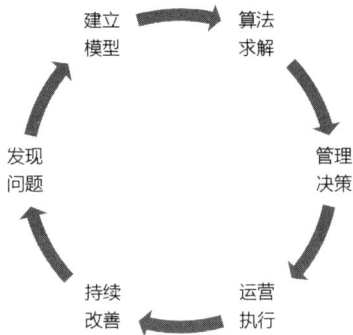

图 3-2 循环决策过程

供应链网络优化建模方法有重心法选址模型、最优化模型和仿真模型 3 种。

3.2.1 重心法选址模型

在确定设施位置时可使用重心法选址模型，利用地图坐标和客户量的加权中心，计算客户需求重心，其作用是找到较优的位置，使得供应商将原材料运往设施以及设施将产品运往其服务的市场所产生的总成本最小。这种方法忽略了能力限制、服务要求、运输和处理设施的成本差异，还不够精确。

重心法选址模型将供应商与市场以坐标形式分布在平面上，它们与设施之间的距离根据平面上两点间的几何距离计算得出。在单一设施选址问题中，该设施从供应商处接收原材料，并将产成品运往市场，假设运输成本与运输的产成品数量呈线性正相关，由此可得该设施的重心法选址模型。

单一设施重心法选址模型基本输入如下。

x_n，y_n 分别表示某个市场或供应商 n 的横坐标与纵坐标。

F_n 表示设施与供应商或市场 n 间运送单位数量原材料或产成品的单位距离的运输成本。

D_n 表示设施与供应商或市场 n 间运输原材料或产成品的数量。

令（x，y）为设施的位置，则设施与供应商或市场 n 之间的距离 d_n 可表示为：

$$d_n = \sqrt{(x-x_n)^2 + (y-y_n)^2} \qquad （公式3\text{-}1）$$

最终得到的结果是使得总运输成本最小的设施位置，总运输成本 F_t 可表示为：

$$F_t = \sum_{n=1}^{k} d_n D_n F_n \qquad （公式3\text{-}2）$$

另外，重心法选址模型可以通过以下迭代步骤求解：

（1）求每个供应商或市场对应的距离，$d_n = \sqrt{(x-x_n)^2 + (y-y_n)^2}$；

（2）求出设施的新位置（x'，y'），其中

$$x' = \frac{\displaystyle\sum_{n=1}^{k} \frac{D_n F_n x_n}{d_n}}{\displaystyle\sum_{n=1}^{k} \frac{D_n F_n}{d_n}} \qquad （公式3\text{-}3）$$

$$y' = \frac{\displaystyle\sum_{n=1}^{k} \frac{D_n F_n y_n}{d_n}}{\displaystyle\sum_{n=1}^{k} \frac{D_n F_n}{d_n}} \qquad （公式3\text{-}4）$$

若求出的（x'，y'）与（x，y）几乎相同，则（x，y）是最优的设施位置；否则，令（x，y）=（x'，y'），返回步骤（1）继续计算。

3.2.2 最优化模型

最优化模型将数据、关系和预测性描述结合起来形成了系统分析框架。通常用线性规划模型或混合整数规划模型，基于所提供的数据、假设和参数算出"最优"网络结构，更改任何输入都将导致该模型产生不同结果。

建立供应链网络设计与优化模型有以下4个要素。

（1）目标函数：常见的目标函数有最小成本、最大利润、最短距离等。

（2）约束条件：如产能约束、服务水平约束等。

（3）决策变量：如仓库数量、工厂位置、产品种类等。

（4）输入和输出数据：如需求、产品、设施、成本等。

最优化模型的一般结构为：

$$\max/\min y = f(x) \qquad \text{（公式 3-5）}$$

满足约束条件：

$$g(x) \leqslant 0 \qquad \text{（公式 3-6）}$$

$$h(x) = 0 \qquad \text{（公式 3-7）}$$

其中，y 为目标向量，即所需求解目标的集合；x 为决策向量，即具体的解决方案；$f(x)$ 为目标函数，即根据实际问题构建的决策向量 x 与目标向量 y 的数学关系表达式；$g(x)$ 和 $h(x)$ 分别为该模型中的不等式约束条件和等式约束条件。在优化问题中，需要求解决策向量 x，使得目标向量 y 中的每个分量最大化或者最小化，如公式 3-5 所示，同时，决策向量 x 需要满足公式 3-6 和公式 3-7 中的约束条件。如果只有一个优化目标，就是单目标优化问题；如果有多个优化目标，就是多目标优化问题。

常用的供应链网络最优化模型有线性规划模型、混合整数规划模型等。网络规划中常见的线性规划模型是运输模型，其目标函数是最小总运输成本，约束条件是从节点设施运出的货物总量不能超过现有货物数量，每个市场的需求都要通过节点设施的货物运输得到精确满足。运输模型适用于多产品和多种运输方式的场景，可以通过增加 0-1 决策变量来确定与特定运输方式相关的固定成本和最小物流需求。线性规划模型由于具有不用考虑特殊性，而可以使用通用的最优化方法进行求解，同时擅长求解大规模线性规划问题的优点，成为数学优化的主要方法。但有时由于其过于简单，在解决实际问题时，需要使用拓展的线性规划模型。

混合整数规划模型就是线性规划模型的拓展，其中一些变量是整数变量，只能取非负整数，最常用的整数变量是 0-1 变量；其余的变量是连续变量，可以取任何非负值。配送中心选址是混合整数规划模型的经典应用。企业设计或优化配送中心网络的目标是在可接受的客户服务水平范围内使仓储和运输成本最小化。除了配送中心选址，供应链网络优化还可能涉及关于工厂的决策，比如某企业可能还需要确定是否要投资新建一个工厂，或者为现有工厂扩大产能；每个工厂要装配多少数量的每种产品，以及何时向哪些市场提供每种产品。那么除了配送中心选址模型之外，还需要建立描述工厂生产能力的生产模型，从工厂到市场的产品流运输模型，以及对市场进行预测的需求模型等。所以更为复杂的供应链网络优化是多种模型的集成。下面给出了配送中心选址模型的一般形式。

设施选址问题的成本包含固定成本和可变成本。固定成本是指设施运作便会产生的成本，该成本与设施生产或运输的产品数量的变化无关。可变成本是指随着设施生产或运输的产品数量变化，产生相应比例变化的成本。假设所有可变成本与设施生产或运输的产品数量呈线性正相关，可列出该问题的基本模型结构，具体如下。

（1）目标函数：供应链网络运营成本及运输成本最小化，即固定成本与可变成本的总和最小化。可将其表述为整数规划问题：

$$\min \sum_{i=1}^{n} f_i y_i + \sum_{i=1}^{n} \sum_{j=1}^{m} c_{ij} x_{ij} \qquad （公式 3-8）$$

（2）约束条件：

$$\sum_{i=1}^{n} x_{ij} = D_j \qquad j = 1, 2, \cdots, m \qquad （公式 3-9）$$

$$\sum_{j=1}^{m} x_{ij} \leqslant K_i y_i \qquad i = 1, 2, \cdots, m \qquad （公式 3-10）$$

$$y_i \in \{0,1\} \qquad i = 1, 2, \cdots, n; x_{ij} \geqslant 0 \qquad （公式 3-11）$$

（3）输入：

$$n = \frac{潜在设施位置}{产能（每个产能水平计为一个单独的位置）} \qquad （公式 3-12）$$

m = 市场数量（需求点数量）；

D_j = 市场的年需求；

K_i = 设施的潜在产能；

f_i = 设施 i 的年运营固定成本；

c_{ij} = 从设施生产和运送单位数量的产品到市场的成本（包括生产、库存、运输及关税成本）。

（4）决策变量：

$$x_{ij} = \begin{cases} 1, & \text{从设施 } i \text{ 运送到市场 } j \text{ 的产品数量} \\ 0, & \text{否则} \end{cases} \qquad （公式 3-13）$$

$$y_i = \begin{cases} 1, & \text{运营设施 } i \\ 0, & \text{否则} \end{cases} \qquad （公式 3-14）$$

该模型成立的前提是所有需求都被满足，因此，第 1 个约束条件（公式 3-9）表示所有的市场需求都得到满足；第 2 个约束条件（公式 3-10）说明每个设施的供应量不超过其产能，通过 $K_i y_i$ 来表示非运营设施的产能为 0，选择运营的设施产能为其对应的；第 3 个约束条件（公式 3-11）表示设施只有运营（y_i=1）和非运营（y_i=0）两种状态。模型的求解结果表现为选择哪几个设施运营，设施产能是多少，以及各市场的需求如何分配给各个运营的设施。

3.2.3 仿真模型

最优化模型存在一定的局限性，需要预先给定一组数据后给出唯一答案，这些数据不随时间变化而变化，因此最优化模型是静态模型。仿真模型是描述性模型，可以用来描述供应链网络的动态行为。它始于给定的替代方案或结论场景，根据给定的状态变量和状态方程描述决策变量和外部事件函数随时间变化的规律，检查各种数据集的变化。该模型可用于确定供需变化、网络限制和效率瓶颈等。仿真模型作为动态模型，可以规避静态模型存在的问题，动态地对设计方案做出评估。但仿真模型要在已确定的供应链网络基础上才能估算网络的总成本，供应链网络配置一旦发生变化，例如为客户服务的仓库发生变化，仿真模型就必须重新运行。

仿真模型并不是一个优化工具，对于从大量潜在配置中选出最有效配置的情况，仿真模型并不能起到很好的作用，且只适合在方案非常少的情况下使用。因此，如果供应链网络动态性不是考虑重点，应构建静态模型，并通过数学优化技术进行求解。在实践中，可首先利用最优化模型生成一系列较优的方案，再通过仿真模型来评价这些方案。

3.3 优化算法

供应链网络设计问题是典型的组合优化问题，即从所有可行的解决方案中找到最优解，解决供应链网络设计问题可以使用精确算法和启发式算法。供应链网络设计问题被证明是 NP 难问题（多项式复杂程度的非确定性问题），寻找解决方案所需的计算时间随问题规模的增大呈指数级增长。因此，当问题规模较大时，大多数精确算法不能提供可行的解决方案。小规模问题则可以使用精确算法（如分支定界）或者求解器解决。对于规模较大的实例，由于维数的增加，精确算法的计算时间变得不切实际。在这种情况下，启发式或元启发式算法可在合理的计算时间内产生近似最优解。下面用一个例子说明。

在某公司的供应链网络中，有两个制造厂生产同一种产品，记为 p_1 与 p_2，两者的生产成本相同，p_2 产能为 60000。网络中有两个仓库，记为 w_1 与 w_2，两者的运营成本相同，服务 3 个市场，记为 c_1、c_2、c_3，其需求分别为 50000、100000、50000。公司的目标是确定从制造厂到仓库再到市场的产品流，其需要满足各市场需求，且不能超过制造厂的产能，最终使得总成本最小。各仓库与各制造厂及市场间的配送成本如表 3-1 所示。

表 3-1 某公司各仓库与各制造厂及市场间的配送成本

	p_1	p_2	c_1	c_2	c_3
w_1	0	4	3	4	5
w_2	5	2	2	1	2

同类表述上述例子可以描述成以下线性规划模型：

$$\min \{0x(p_1,w_1) + 5x(p_1,w_2) + 4x(p_2,w_1) + 2x(p_2,w_2) + 3x(w_1,c_1) + 4x(w_1,c_2) +$$

$$5x(w_1,c_3) + 2x(w_2,c_1) + 1x(w_2,c_2) + 2x(w_2,c_3)\} \qquad （公式 3-15）$$

其中，$x(p_1,w_1)$，$x(p_1,w_2)$，$x(p_2,w_1)$，$x(p_2,w_2)$ 表示制造厂到仓库的流量；$x(w_1,c_1)$，$x(w_1,c_2)$，$x(w_1,c_3)$，$x(w_2,c_1)$，$x(w_2,c_2)$，$x(w_2,c_3)$ 表示仓库到市场的流量。

上述模型的约束条件为：

$$x(p_2,w_1) + x(p_2,w_2) \leqslant 60000 \qquad （公式3-16）$$

$$x(p_1,w_1) + x(p_2,w_1) = x(w_1,c_1) + x(w_1,c_2) + x(w_1,c_3) \qquad （公式3-17）$$

$$x(p_1,w_2) + x(p_2,w_2) = x(w_2,c_1) + x(w_2,c_2) + x(w_2,c_3) \qquad （公式3-18）$$

$$x(w_1,c_1) + x(w_2,c_1) = 50000 \qquad （公式3-19）$$

$$x(w_1,c_2) + x(w_2,c_2) = 100000 \qquad （公式3-20）$$

$$x(w_1,c_3) + x(w_2,c_3) = 50000 \qquad （公式3-21）$$

$$x \geqslant 0 \qquad （公式3-22）$$

求解此线性规划模型，可得最优方案，如表3-2所示。

表 3-2 最优产品流分配方案

	p_1	p_2	c_1	c_2	c_3
w_1	140000	0	50000	40000	50000
w_2	0	60000	0	60000	0

此分配方案下的总成本为740000。精确算法能保证得出的方案为最优方案，即总成本最小的方案。

该问题也可以通过启发式算法求解。

启发式算法1：选择可以使仓库到市场的配送成本最小的仓库。由表3-1可知，w_2 到各市场的配送成本均比 w_1 小，因此选择 w_2 为3个市场配送产品。然后选择成本最低的制造厂为仓库配送产品，即 p_2。由于 p_2 的产能限制为60000，因此，剩余的140000需要由 p_1 配送。可得：

$$总成本 = 2 \times 50000 + 1 \times 100000 + 2 \times 50000 +$$

$$2 \times 60000 + 5 \times 140000 = 1120000 \qquad （公式3-23）$$

启发式算法2：针对每一个市场，选择制造厂到仓库再到市场的成本最小方案，即对于市场 c_1，路径 $p_1 \rightarrow w_1 \rightarrow c_1$ 成本最小，同理可得市场 c_2 与市场 c_3 的成本最

小路径分别为 $p_2 \rightarrow w_2 \rightarrow c_2$，$p_2 \rightarrow w_2 \rightarrow c_3$。此时，$p_1$ 需要供货 50000，而 p_2 需要供货 150000，已超过其 60000 的产能，因此需调整各个制造厂的供货量。可见，路径 $p_2 \rightarrow w_2 \rightarrow c_2$ 的成本比路径 $p_2 \rightarrow w_2 \rightarrow c_3$ 小，因此优先满足前者，即 p_2 向 w_2 供应 60000，p_1 向 w_2 供应 90000，同时 p_1 向 w_1 供应 50000。可得：

$$总成本 = 5 \times 90000 + 2 \times 60000 + 3 \times 50000 +$$
$$1 \times 100000 + 2 \times 50000 = 920000 \qquad （公式 3-24）$$

虽然利用启发式算法可以得到成本最小的方案，但其结果并不是最优的。

启发式算法属于近似搜索方法，它试图为决策问题快速地找到一个较好的解决方案。启发式算法通常用于解决组合优化问题，因为许多组合优化问题用混合整数规划模型很难处理。启发式算法包括遗传算法、蚁群优化算法、粒子群优化算法、神经网络算法、模拟退火算法和禁忌搜索算法等，在供应链网络优化中比较常用的是遗传算法、蚁群优化算法和粒子群优化算法。

3.4 模型求解软件

供应链网络设计与优化的求解工具可以分为 3 类，如图 3-3 所示。

求解工具	X	商业供应链网络设计与优化工具 比如 Supply Chain Guru ……	通用编程工具 比如 python MATLAB ……
难度	简单	简单	困难
规模	小	大	正常
耗时	短	短	长

图 3-3 供应链网络设计与优化的求解工具

Excel 上手简单易操作，耗时短，但只能处理规模很小的数据。Supply Chain Guru 这类商业供应链网络设计与优化工具是大型企业持续优化供应链的工具，其优点是能够处理规模庞大的数据，提供成套的多模型求解方法，运算耗时较短，且能给出不同企业的复杂业务实战场景，缺点是这些工具通常需要支付高额费用。

通用编程工具虽能解决多种多样的问题，但学习难度大，处理数据耗时长，难以全面反映供应链特征，只能建立特定业务下的简单模型。目前很多大型企业也在自行开发系统的供应链建模优化软件，以增强应用的安全性。读者可以根据这些工具的特点自行选择适合自己的求解工具。

本书案例均采用 Supply Chain Guru X（SCGX）软件求解。该软件是一个结合优化与仿真的供应链设计与优化工具，可以系统地建立数据驱动的供应链模型，并能通过云计算、数据集成管理、模拟仿真、数据可视化等技术手段，诊断和分析供应链存在的问题，然后基于优化目标输出优化结果，解决供应链网络设计与优化等方面的问题。

SCGX 可使用网络数据自动建立供应链网络模型，基于用户定义的约束条件评估所有可替代的方案，同时通过混合整数、动态线性规划生成最优解，表现为重构供应链网络，使之具有最大的盈利潜力，并可用于仿真分析。

第 2 篇

供应链网络设计基础

第 **4** 章

基于运输距离最小化的
供应链网络设计

先来看一个汽车物流供应链网络优化的例子。A汽物流有限公司(后文简称"A汽物流")是国内知名汽车集团A集团的全资子公司，负责商品车从A集团主机厂下线以后，到经销商的所有物流服务。

商品车物流流程如图4-1所示。A汽物流根据A集团的销售计划制订运输计划，商品车从天津主机厂下线后，A汽物流先将商品车短倒至临近主机厂的整车分拨中心（Vehicle Distribution Center，VDC）临时存储，再通过合同承运商以公路运输的方式将商品车发至全国的经销商。

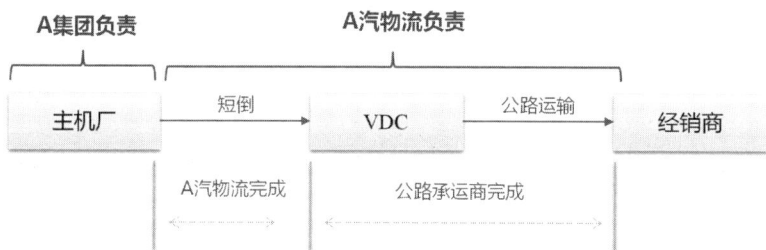

图 4-1　商品车物流流程

为治理车辆超限问题，2016年交通运输部出台 GB 1589—2016。原来公路承运商的每辆板车可以装载22辆商品车（见图4-2），该标准实施以后，每辆板车只能装载8辆商品车（见图4-3）。

图 4-2　合规前装载量

图 4-3　合规后装载量

板车装载量大幅度下降，必然导致公路承运商单车运输成本增加，公路承运商要求 A 汽物流提高运费。而 A 集团由于面临其他汽车品牌主机厂的激烈竞争，商品车单车利润率不断降低，已开始逐年削减物流费用。这意味着 A 集团不会因为政策变化带来的物流成本增加给 A 汽物流分配更多的物流费用。在公路承运商涨价和 A 集团压价的双重压力下，A 汽物流迫切需要寻找新的解决方案，于是将该任务交给战略规划部。

战略规划部希望从供应链网络现有模式（见图 4-4），即结构及运输方式上寻找突破口，在现有的"VDC—经销商"结构基础上，增设仓储中心（Vehicle Storage Center，VSC），将纯公路运输变成"铁路 / 水路 + 公路"的多运输方式，称为规划模式，如图 4-5 所示。

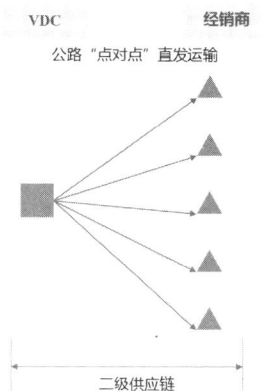

图 4-4　供应链网络现有模式　　　　图 4-5　供应链网络规划模式

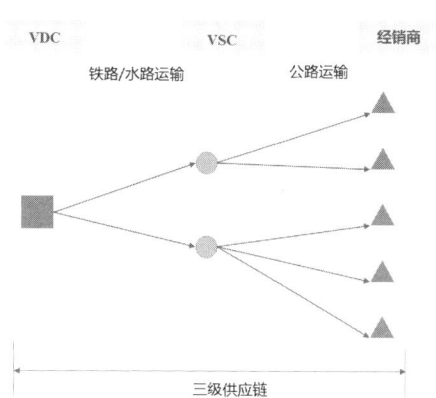

根据规划，VDC 到 VSC 使用铁路 / 水路运输，VSC 到经销商使用公路运输，通过"干线运输 + 公路配送"的方式，降低整体物流成本。

战略规划部选择了北京、石家庄、天津、成都、重庆、佛山、合肥、南京、宁波、上海、苏州、太原、武汉、西安、沈阳、长春、郑州、大连、青岛、乌鲁木齐20个城市作为 VSC 的备选节点。

至于 VSC 的数量和空间位置及其可以服务的经销商数量，战略规划部派出了3 位规划人员 B、C、D，分别到下游承运商、上游主机厂、本公司财务部进行摸底调研，并根据各方诉求进行建模求解。

4.1 运输距离最小化计算模型

4.1.1 重心法

来看下面这个例子，某超市有 A、B 两家门店，分别位于城市的最西边和最东边，两家门店相距 10km（直线道路），需求量分别是 9000 和 4000 份，如图 4-6 所示。现需要在该城市选择一个地点建仓库，为了保证配货的及时性，每家门店都希望离仓库近一些，那么仓库应该建在哪儿呢？

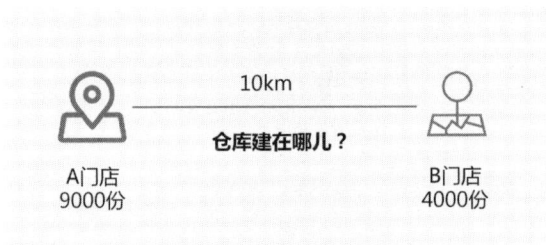

图 4-6　门店位置

设仓库与 A 门店的距离是 X（单位为 km），如果 $X=0$，则仓库建在 A 门店附近；如果 $X=5$，则仓库建在两店中间；如果 $X=10$，则仓库建在 B 门店附近。

如果单纯考虑运输距离，在这个例子中，仓库建在 A、B 门店间距离上的任意一点，运输距离都是最小的。但如果考虑到 A、B 门店各自的需求量，这段距离上的点就各有不同了。设施选址的两大关键影响因素是成本和服务水平，运输距离是衡量快速交付能力的重要指标，它代表服务水平，运输距离越短，代表可以更快地将产品交付给客户；而考虑了运量的加权平均距离和运输成本高度相关，加权平均距离越短，意味着可以用越短的运输距离完成同样的运量，这样就减少了运输成本。因此，在供应链网络设计中，运输距离常常指加权平均距离。

加权平均距离的计算公式：

$$加权平均距离 = \frac{\sum (\text{dist}_{i,j} \times d_j)}{\sum d_j} \qquad （公式 4-1）$$

其中，$\text{dist}_{i,j}$ 表示仓库 i 到门店 j 的距离，d_j 代表各门店的需求量。

仓库到 A、B 两家门店的加权平均距离 $= \dfrac{9000X + 4000(10 - X)}{9000 + 4000}$，当 $X=0$ 时，加权平均距离最小，所以仓库应建在 A 门店附近，此时加权平均距离约为 3.1km。

解决现实问题时，如果仅根据计算结果确定仓库的位置，经常会出现选取的位置不能使用的情况。例如，某企业计划在 A 城市范围内建仓库，但计算出的仓库位置不在该城市范围内，如图 4-7 所示，为避免这种情况，需要确定仓库备选集。

重心法是指在考虑需求的前提下，使得加权运输距离最小的选址方法，这是一种理想条件下的基础模型。图 4-8 中，外圈为需求点，中心圈为运用重心法得到的选址点。

图 4-7　仓库位置

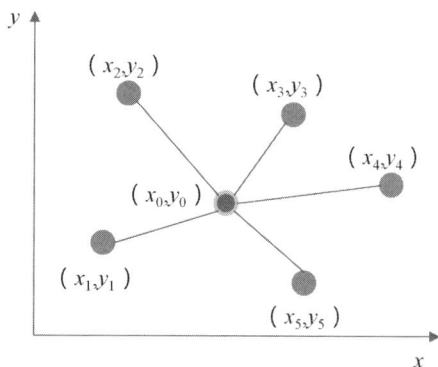

图 4-8　重心法得到的选址点

以一个二级供应链网络为例，若以总加权距离最小为目标，要求从设施备选集中选择一个或多个设施为客户提供服务，可建立如下模型。

模型假设条件：

（1）客户的位置、需求是固定且已知的；

（2）每个设施都能满足客户的全部需求；

（3）每个客户的需求只能被一个设施全部满足；

（4）存在设施备选集。

模型相关元素的定义：在图 4-9 的模型元素示意图中，i 表示第 i 个设施；I 表示设施集合；j 表示第 j 个客户；J 表示客户集合；dist_{ij} 表示设施 i 与客户 j 之间的距离；d_j 表示需求，表示客户 j 的需求。

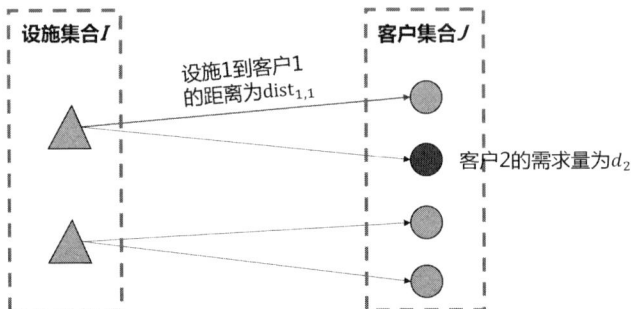

图 4-9　模型元素示意图

目标函数：

$$\min \sum_{i \in I} \sum_{i \in J} \text{dist}_{i,j} d_j Y_{i,j}$$

（公式 4-2）

约束条件：

$$\sum_{(i \in I)} Y_{i,j} = 1; \ \forall j \in J$$

（公式 4-3）

$$\sum_{i \in I} X_i = P$$

（公式 4-4）

$$Y_{i,j} \leqslant X_i; \forall i \in I, \forall j \in J$$

（公式 4-5）

$$Y_{i,j} \in \{0,1\}; \ \forall i \in I, \ \forall j \in J$$

（公式 4-6）

$$X_i \in \{0,1\}; \ \forall i \in I$$

（公式 4-7）

模型的目标是总加权距离最小，决策变量 X_i 表示是否使用设施 i；$Y_{i,j}$ 表示设施 i 是否为客户 j 服务。第 1 个约束条件（公式 4-3）表示客户 j 的需求被一次性全部满足；第 2 个约束条件（公式 4-4）表示指定设施数量为 P；第 3 个约束条件（公式 4-5）表示选择设施 i，设施 i 才能为客户 j 提供服务。

在现实单一选址问题中，如果两点之间的运输距离未知，也可以使用坐标表示选址设施和需求点的位置，从而获得两点之间的直线距离，求解公式如下：

$$D_{ij} = \sqrt{(x_i' - x_j)^2 + (y_i' - y_j)^2}$$

（公式 4-8）

重心法求解公式如下：

$$x_i' = \frac{\sum\limits_{j=1}^{n} x_j Q_{ij} / D_{ij}}{\sum\limits_{j=1}^{n} Q_{ij} / D_{ij}}$$

（公式 4-9）

$$y_i' = \frac{\sum_{j=1}^{n} y_j Q_{ij} / D_{ij}}{\sum_{j=1}^{n} Q_{ij} / D_{ij}} \qquad （公式 4-10）$$

约束条件：

$$Q_{ij} \geqslant 0 \text{ 且为整数} \qquad （公式 4-11）$$

$$i \text{ 为选址设施数量，取值为 } 1,2\cdots,m \qquad （公式 4-12）$$

$$j \text{ 为需求点数量，取值为 } 1,2\cdots,n \qquad （公式 4-13）$$

参数说明：

D_{ij} 表示第 j 个需求点由第 i 个选址设施服务；

x_i' 表示第 i 个选址设施的横坐标；

y_i' 表示第 i 个选址设施的纵坐标；

x_j 表示第 j 个需求点的横坐标；

y_j 表示第 j 个需求点的纵坐标；

Q_{ij} 表示第 i 个选址设施与第 j 个需求点间的总运输量。

重心法将横向、纵向距离视为相互独立的量，与实际情况不相符，求出的解误差较大，它的实际意义是给选址提供一定的参考。

算例 1：现 A 汽物流的某承运商负责 4 个城市的商品车运输，各城市经销商坐标及其年需求量如表 4-1 所示。如果需要在这 4 个城市之间建一个 VSC，请使用重心法确定该 VSC 的合理位置。

表 4-1　经销商坐标及其年需求量

城市	P	Q	R	S
经销商坐标	（50，60）	（60，70）	（30，80）	（20，40）
年需求量 / 辆	200	300	150	100

根据重心法可得选址点坐标：

$$x_1'^0 = \frac{50 \times 200 + 60 \times 300 + 30 \times 150 + 20 \times 100}{200 + 300 + 150 + 100} = 46 \qquad （公式 4-14）$$

$$y_1'^0 = \frac{60 \times 200 + 70 \times 300 + 80 \times 150 + 40 \times 100}{200 + 300 + 150 + 100} \approx 65.3 \qquad （公式4-15）$$

按照计算结果，坐标（46,65.3）可使运输距离最小。但A汽物流VSC备选集中，并无该选址点。此时有两种操作方法。

（1）将该选址点纳入VSC备选集中，坐标（46,65.3）即为此轮选址的结果。

（2）对计算方案进行妥协，以坐标（46,65.3）为参考，设置可以接受的调整范围，通过方案比选，选择运输距离最小的节点。

重心法适用于"多个客户对应一个设施"的选址问题，当遇到"多个客户对应多个设施"问题时，需要提前确定设施数量及空间坐标，再进行求解。

两点间的运输距离数据，也可以不采用空间坐标计算得出，而通过地图导航软件获得。

算例2：A汽物流VSC备选集包括北京、石家庄、天津、成都、重庆、佛山、合肥、南京、宁波、上海、苏州、太原、武汉、西安、沈阳、长春、郑州、大连、青岛、乌鲁木齐，已知经销商年需求量以及备选集中的城市与不同经销商之间的运输距离，求使运输距离最小的选址方案。

方法步骤如下。

（1）当VSC数量为1个时，使用重心法求解，得知VSC设置在武汉时，运输距离最小。

（2）重复步骤（1），不断增加VSC的数量，选择使运输距离最小的节点作为VSC。

（3）从VSC数量分别为1,2,…,20个时的最小运输距离中选出最小值，最终确定VSC的数量。

结果发现VSC数量越多，运输距离越小，当VSC数量为20个时，运输距离最小。

虽然使用重心法计算出了最优VSC选址方案，但该方案存在明显的问题，并不能真正帮助A汽物流确定VSC的选址和数量。

4.1.2 微分法

微分法又叫迭代重心法,即将重心法的结果作为初始解,通过不断迭代获得精确解,从而克服重心法存在的缺点。

(1)假设在上一小节中,初始解为(x_i^0, y_i^0)。

(2)将初始解代入距离公式求得 D_{ij},将 D_{ij} 代入总运输距离公式,计算运输距离 YJ_0。

(3)将 D_{ij} 代入目标公式,求得第 1 次迭代的解(x_i^1, y_i^1)。

(4)重复步骤(2),求得 D_{ij} 新值,计算运输距离 YJ_1,比较 YJ_0 与 YJ_1 的大小。若 $YJ_0=YJ_1$,则迭代结束,此时的(x_i^1, y_i^1)即为最优解。

算例3:以算例1为基础,通过微分法对 VSC 选址方案进行优化。

(1)算例 1 的初始解(x_i^0, y_i^0)=(46,65.3),将其代入公式 4-2,求出 D_{11}=6.6,D_{12}=14.8,D_{13}=21.7,D_{14}=36.3。

(2)将求出的 D_{ij} 值代入公式 4-9 和公式 4-10,求出(x_i^1, y_i^1)=(49.7,64.8),YJ_1=12645.3。

(3)重复上述步骤,继续迭代:

(x_i^2, y_i^2)=(50.8,64.3),YJ_2=12023.0;

(x_i^3, y_i^3)=(51.0,64.2),YJ_3=11953.5;

(x_i^4, y_i^4)=(51.1,64.2),YJ_4=11949.9;

(x_i^5, y_i^5)=(51.1,64.2),YJ_5=11949.9;

……

迭代到第 5 次时,$YJ_5=YJ_4$,迭代结束。

根据微分法,求出优化后的 VSC 坐标为(51.1,64.2)。

4.2 案例:MX 公司以运输距离最小化为目标时的供应链网络设计

MX 公司是一家电子产品生产企业,目前有 6 种主营产品,在全国拥有门店 385 家。随着电子行业飞速发展,各种电子产品生产企业如雨后春笋般出现,竞争日趋激烈，MX 公司意识到必须优化供应链网络以提升自身的竞争力。MX 公司在四川广汉有 1 个仓库，计划在全国范围内增加仓库数量并优化现有仓库位置，以期在降低成本的同时提升对门店的配送速度。除广汉仓库外，MX 公司根据现实情况确定了额外 24 个备选仓库，图 4-10 中的三角形代表备选仓库的地理位置。

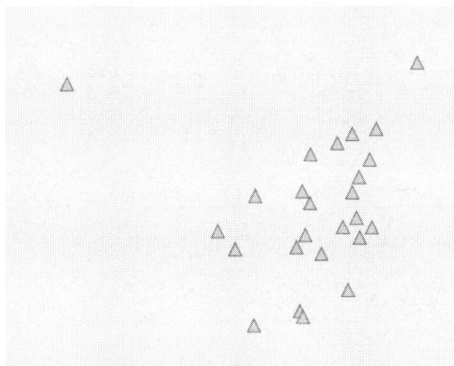

图 4-10　备选仓库的地理位置

MX 公司在全国共有 385 家门店，在大部分省市均有布局，其中中东部门店分布较为密集，且中东部门店需求量较西部和南部更大。因此，在进行仓库布局时，需求量较大的地域应优先进行布局。

现在 MX 公司需要从广汉仓库和 24 个备选仓库中找到最合理的仓库配置方案，于是以运输距离最小化为目标建立模型，分别生成了选择 1 ～ 10 个仓库时运输距离最小的仓库配置方案。图 4-11 至图 4-20 所示为选择 1 ～ 10 个仓库时，分别输出的供应链网络。

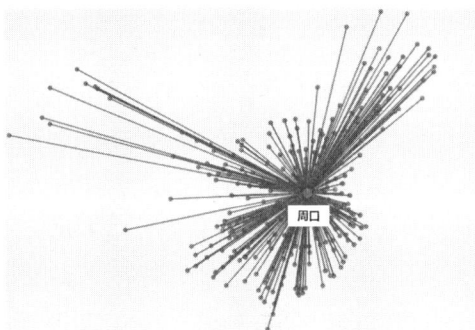

图 4-11　选择最佳的 1 个仓库生成的供应链网络

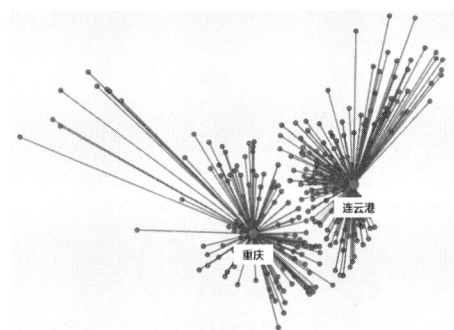

图 4-12　选择最佳的 2 个仓库生成的供应链网络

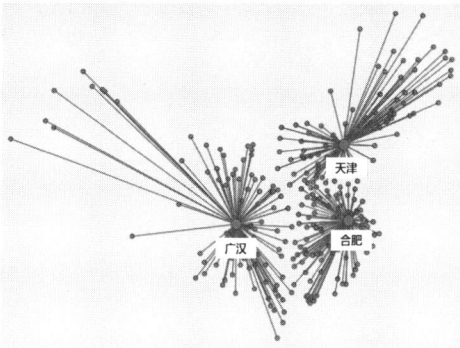

图 4-13 选择最佳的 3 个仓库生成的
供应链网络

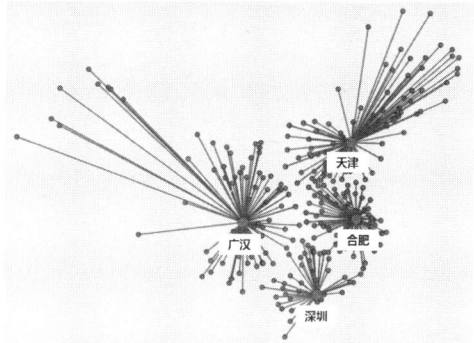

图 4-14 选择最佳的 4 个仓库生成的
供应链网络

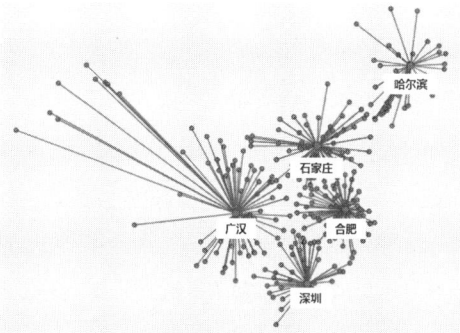

图 4-15 选择最佳的 5 个仓库生成的
供应链网络

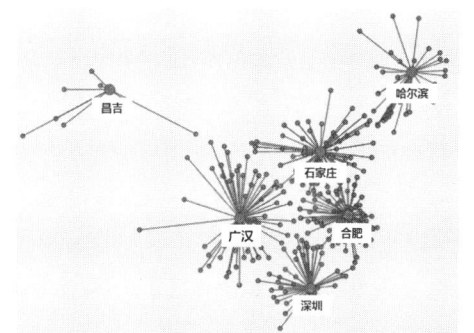

图 4-16 选择最佳的 6 个仓库生成的
供应链网络

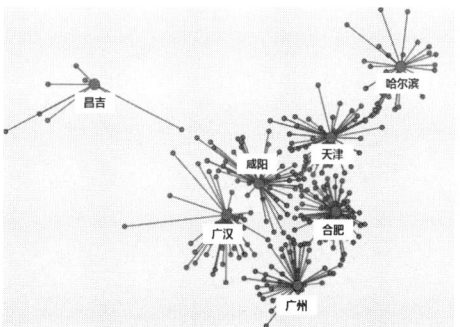

图 4-17 选择最佳的 7 个仓库生成的
供应链网络

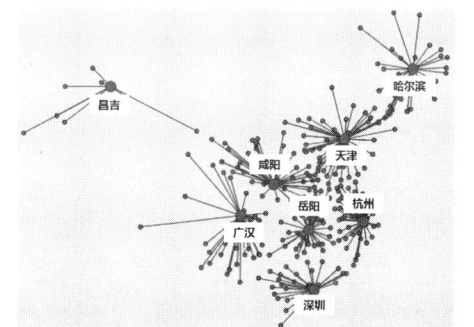

图 4-18 选择最佳的 8 个仓库生成的
供应链网络

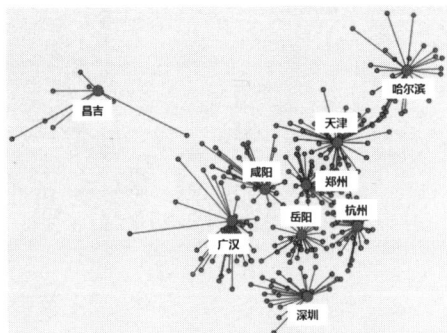

图 4-19　选择最佳的 9 个仓库生成的
供应链网络

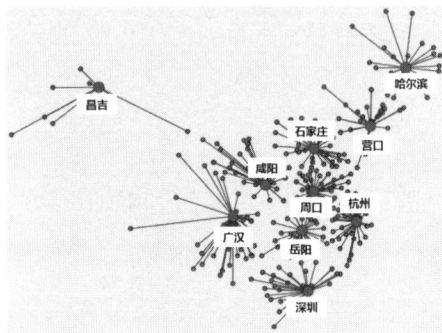

图 4-20　选择最佳的 10 个仓库生成的
供应链网络

以上述 10 个方案的输出数据为基础，比较各方案的运输成本，如表 4-2 所示。在仅考虑运输成本的模型中，随着设施数量的不断增加，平均运输距离逐渐缩短，因此，在产品运输需求量不变的情况下，运输成本是逐渐减少的。

表 4-2　不同仓库数量对应的运输成本

选择的仓库数量 / 个	运输成本 / 万元
1	356891
2	283428
3	217882
4	191006
5	167550
6	148766
7	133310
8	121865
9	111681
10	105018

在实际运营场景中，设施开设数量越多，虽运输成本越小，对客户的响应速度越快，但是设施建设成本和运营成本也随之增加，总成本的变化也未可知。

第 **5** 章

基于固定服务水平的
供应链网络设计

规划人员 C 拜访 A 集团市场部，详细介绍了 A 汽物流的新设想，邀请市场部提意见。市场部明确指出，必须充分重视 VSC 对经销商的服务水平，因为这会影响经销商的尾款支付速度，一旦 A 集团销售款不能及时收回，A 集团向 A 汽物流支付物流费用也会受影响；并明确提出 1 日达服务水平不得低于 95% 的要求。规划人员 C 根据 A 集团市场部的意见，开始研究以固定服务水平为目标的供应链网络设计模型。

本章介绍服务水平的定义和计算方法，服务水平对设施选址的影响，以及如何以服务水平为目标进行供应链网络设计，并通过案例说明如何以服务水平为目标进行设施选址。

5.1 服务水平定义

规划人员 C 在进行模型求解时，发现如下问题：西南地区 VSC 备选城市有成都和佛山，但最终无论选择哪个城市作为 VSC，云南西南部经销商都不属于 1 日达范围，该 VSC 不能达到 95% 的服务水平。此时解决方案有两个：一是与 A 集团市场部商量，降低主机厂对西南地区 VSC 的服务水平要求（见图 5-1），但这个解决方案被采纳的可能性比较小；二是新增 1 个 VSC 城市昆明（见图 5-2），从而实现不低于 95% 的服务水平。

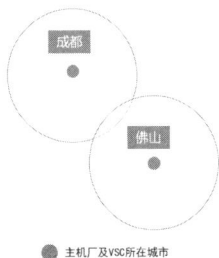

图 5-1　2 个 VSC 的服务水平　　　　图 5-2　3 个 VSC 的服务水平

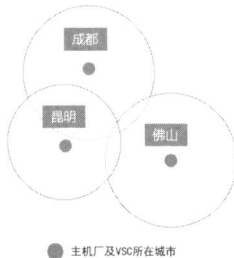

供应链网络的服务水平与设施和客户间的距离相关，一般有如下两种定义。

1．设施到客户的加权平均距离

设施到客户的加权平均距离越小，意味着设施越靠近需求端，从时间角度来看能够越快满足客户需求。

2．一定距离内设施可服务的客户需求百分比

在一定距离内可服务的客户需求百分比越大，意味着设施可以满足越多位置的需求，从设施服务覆盖率角度来看能够最大限度地利用该设施。

$$最高服务需求 = \frac{\sum 一定距离内服务的客户需求量}{\sum d_j} \qquad （公式 5-1）$$

其中，最高服务需求表示一定距离内设施可服务的客户需求百分比，$\sum d_j$ 表示客户的总需求量。

5.2 服务水平对供应链网络设计的影响

供应链网络设计与优化常将服务水平作为目标或约束条件，从而对设施选址产生影响。服务水平通常以如下形式出现在供应链网络设计问题中。

1．要求在一定距离内服务水平大于一定的百分比

如果要求 100km 内能服务的客户需求百分比超过 80%，图 5-3 中的设施在原位置时无法满足这一要求，可以通过调整设施位置使其更靠近需求端，从而满足服务水平要求。

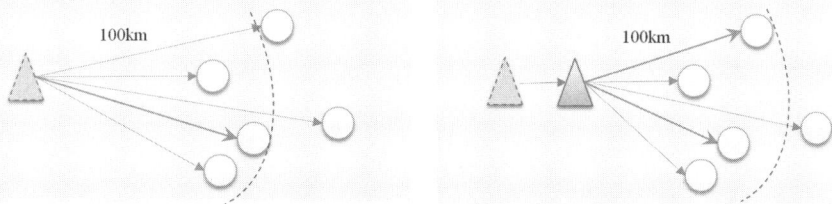

图 5-3 调整设施位置来满足服务水平要求

2．要求在一定距离内为所有客户服务

在图 5-4 中，原有设施在 50km 内可以服务 60% 的客户需求，现在企业想要将该范围内客户服务比例提高到 100%。企业可以通过增加设施数量，保证 50km

内能服务的客户比例达到100%。

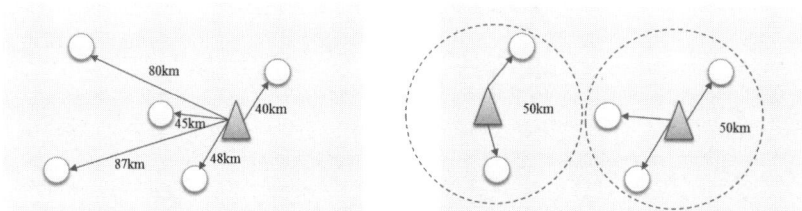

图 5-4　改变设施数量来满足服务水平要求

3．设施数量和距离同时被约束

在图 5-5 中，原有设施在 50km 内可以服务 60% 的客户需求，现在企业想要在不增加设施数量的同时将客户服务比例提高到 100%，此时可能无方案能满足上述约束条件，就需要对约束条件进行调整。

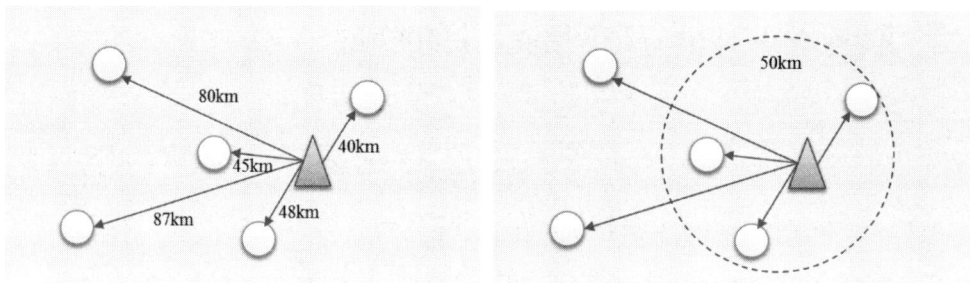

图 5-5　强约束导致没有解决方案

4．针对不同客户子集提出不同的服务水平要求

在图 5-6 中，A/B 圈表示重要客户，C/D/E 圈表示次重要客户，企业要求为重要客户提供更为快速的物流服务，此时设施就需要更靠近重要客户。

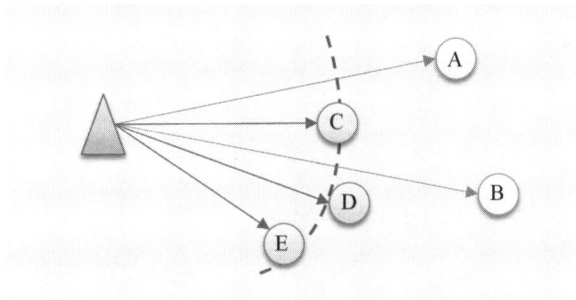

图 5-6　设施被要求靠近重要客户

5.3　以服务水平为目标的供应链网络设计模型

要满足服务水平的第一种定义要求，就需要使设施到客户的加权平均距离最小，这也意味着设施到客户的总加权距离最小，此时用到的模型就是以加权距离最小化为目标的设施选址模型。

而要满足服务水平的第二种定义要求，就可以在以加权距离最小化为目标的设施选址模型的基础上对目标函数和约束条件进行变形。

1．模型构建

第 1 步，以一定距离（或时间）内满足客户需求的百分比最大为目标。

要想得到一定距离（或时间）内满足客户需求的百分比最大这一目标函数，就需要引入参数 HighServiceDist，HighServiceDist 表示所限制的服务距离。

对于表达式 $dist_{i,j}>$ HighServiceDist，如果 $dist_{i,j}$ 大于 HighServiceDist，代表设施到客户的距离超过所限制的服务距离，此时表达式的值为 0；如果 $dist_{i,j}$ 小于或者等于 HighServiceDist，则表达式的值为 1。

因此，目标函数可以写成：

$$\max \sum_{i\in I} \sum_{j\in J}(dist_{i,j}>HighServiceDist?0:1)d_j Y_{i,j} \qquad （公式 5-2）$$

第 2 步，限制最大服务距离。

实际上，对于需求量较小的客户，超出服务距离的情况有可能出现，因此，需要限制最大服务距离。引入参数 MaximumDist，以表示设施到客户的最大服务距离。

则最大服务距离约束条件可写成：

$$Y_{i,j} \leqslant (dist_{i,j}>MaximumDist?0:1); \forall i\in I, \forall j\in J \qquad （公式 5-3）$$

当设施到客户的距离大于常数值时，则上述表达式的值取 0，这时设施 i 就不会服务客户 j。

2．模型实况

以一定距离内满足客户需求的百分比最大化为目标的模型如下。

目标函数：

$$\max \sum_{i\in I} \sum_{j\in J}(dist_{i,j}>HighServiceDist?0:1) d_j Y_{i,j}) \qquad （公式 5-4）$$

约束条件：

$$Y_{i,j} \leq (dist_{i,j} > MaximumDist?0:1); \forall i \in I, \forall j \in J \qquad （公式 5-5）$$

$$\sum_{i \in I} Y_{i,j} = 1; \forall j \in J \qquad （公式 5-6）$$

$$\sum_{i \in I} X_i = P \qquad （公式 5-7）$$

$$Y_{i,j} \leq X_i; \forall i \in I, \forall j \in J \qquad （公式 5-8）$$

$$Y_{i,j} \in \{0,1\}; \forall i \in I, \forall j \in J \qquad （公式 5-9）$$

$$X_i \in \{0,1\}; \forall i \in I \qquad （公式 5-10）$$

该模型以第 4 章最小加权距离选址模型为基础，改变了目标函数，增加了第 1 个约束条件（公式 5-5），决策变量和其他约束条件都没有变化。

模型目标是实现一定距离内满足客户需求的百分比最大化，决策变量 X_i 表示是否使用设施 i；$Y_{i,j}$ 表示设施 i 是否为客户 j 服务；第 1 个约束条件（公式 5-5）限制了最大服务距离；第 2 个约束条件（公式 5-6）表示客户 j 的需求被一次性全部满足；第 3 个约束条件（公式 5-7）表示设施数量为 P；第 4 个约束条件（公式 5-8）表示选择设施 i，设施 i 才能为客户 j 提供服务。

3．参数取值

先看 HighServiceDist 如何取值。

HighServiceDist 表示所限制的服务距离，在实际问题中，HighServiceDist 取值可参考如下方法。

（1）确定载运工具从设施到客户的平均行驶速度。

（2）确定运送时长。

（3）等效的 1 日行驶距离 = 载运工具平均行驶速度 × 运送时长。

（4）确定期望的运输天数。

（5）HighServiceDist= 期望的运输天数 × 等效的 1 日行驶距离。

例如，送货卡车的平均行驶速度为 50km/h，驾驶员每天工作 8h，那么等效的 1 日行驶距离就是 400km，那么期望的 1 日服务水平就是 400km，2 日服务水平是 800km，以此类推。如果以实现 2 日达范围内的服务水平最大化作为目标，HighServiceDist 的值取 800km。

再看 MaximumDist（最大服务距离）如何取值。

将一定距离内能满足客户需求的百分比最大化作为模型优化目标，MaximumDist 即最大服务距离限制则作为模型的约束条件。MaximumDist 的值一般要大于 HighServiceDist 的值，所有设施到客户的距离都小于这个值。

5.4　案例：MX 公司以服务水平为目标时的供应链网络设计

通过前文对服务水平的定义，以及以服务水平为目标进行供应链网络设计模型构建的介绍，我们对如何以服务水平为目标进行设施选址有了一定了解，下面仍然以 MX 公司案例为背景，进一步介绍服务水平在解决实际设施选址问题中的应用过程。

由于公司业务的快速增长，单个仓库已很难满足全国的客户需求。因此 MX 公司提出从 24 个备选仓库里选择 2 个仓库再加上原有的广汉仓，以 2 日达的期望服务水平为全国客户提供服务，由此需要确定满足条件的选址方案。

已知送货卡车的平均行驶速度为 60km/h，驾驶员每天工作 8h，根据现有运输距离和运输时间的可达性关系，计算出等效的 1 日行驶距离为 480km，因此当客户到仓库的距离在 960km 以内时，其需求能在 2 日内被满足。

MX 公司服务水平现状如图 5-7 所示。目前 MX 公司设施到客户的加权平均距离是 1437.51km，这意味着 MX 公司在到达客户之前平均要经过长达 1437.51km 的路程，2 日内满足的客户需求百分比是 24.81%。

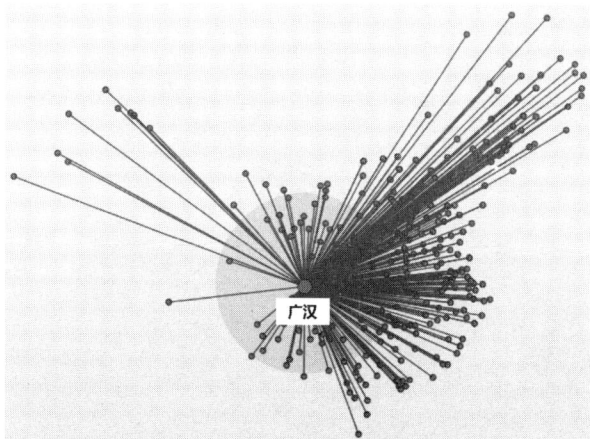

图 5-7　MX 公司服务水平现状

搭建以下 4 个场景进行建模求解。

5.4.1 场景 1：仓库到客户的加权平均距离最小化

仓库选址结果是芜湖、天津、广汉，如图 5-8 所示。

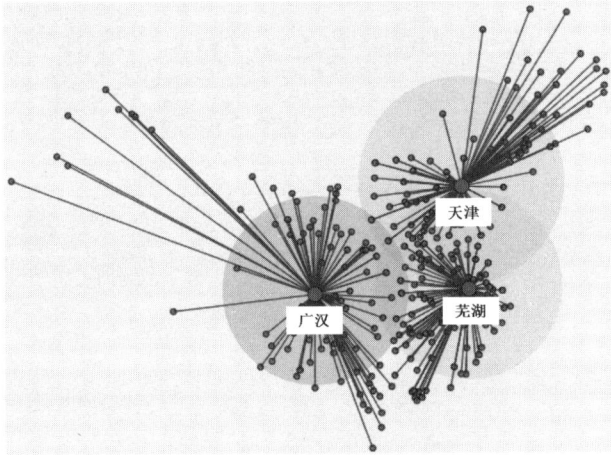

图 5-8 场景 1 选址结果

5.4.2 场景 2：2 日达（960km）范围内满足的客户需求百分比最大化

仓库选址结果是南昌、秦皇岛、广汉，如图 5-9 所示。

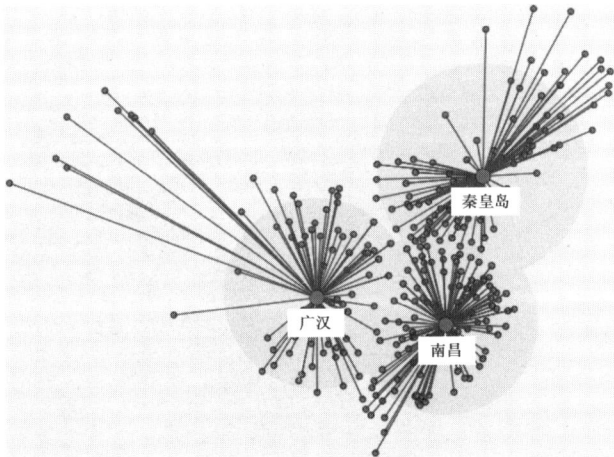

图 5-9 场景 2 选址结果

优化结果对比如表 5-1 所示，场景 1 的加权平均距离是 607.38km，场景 2 是 617.61km，相比于场景 1 增加了 2%；场景 1 的 2 日达范围内满足的客户需求百分比是 84.40%，场景 2 是 90.68%，相比于场景 1 增加了 7%。

表 5-1　优化结果对比

优化结果	场景 1	场景 2	相对变化
加权平均距离	607.38km	617.61km	2%
2 日达范围内满足的客户需求百分比	84.40%	90.68%	7%

从表 5-1 可知，以不同服务水平为目标得到的选址方案不同。在仓库数量相同的前提下，加权平均距离增加 2% 的牺牲换来了 2 日达范围内满足的客户需求百分比增加 7% 的收益。

5.4.3　场景 3：有仓库数量和最大距离约束限制

尽管 MX 公司的决策仅基于满足大部分客户需求，但 MX 公司仍希望将对服务水平的考量应用于涵盖每个客户需求的整个网络。在这种情况下，服务水平不再是优化的目标，而是约束。

在只能选择 3 个仓库的情况下，进行最大距离约束迭代测试，结果如表 5-2 所示。当仓库数量限制为 3 个，最大距离约束是 960km 时，也就是 2 天时间内，要求满足所有客户需求，模型无解。经过迭代测试，当最大距离约束是 1800km 时，折合 3.8 天时间内，模型有解，此时选址结果是广汉、昌吉、烟台。

表 5-2　最大距离约束迭代测试

仓库数量	最大距离约束	服务时间	模型	仓库选址结果
3 个	960km	2 天	无解	
3 个	1536km	3.2 天	无解	
3 个	1800km	3.8 天	有解	广汉、昌吉、烟台
4 个	1536km	3.2 天	有解	广汉、昌吉、营口、岳阳

在相同的服务水平要求下，最大距离约束不变，要使模型有解，所需仓库数量必然增加。当最大距离约束是 1536km 时，仓库数量增加到 4 个，此时模型才有解，

选址结果是广汉、昌吉、营口、岳阳。

由此可知，仓库数量和最大距离限制的组合可能导致模型无解。因此，运行模型时需要学会对模型约束进行调试。

5.4.4　场景 4：满足重要客户服务水平要求

MX 公司认为，确保全国 385 家门店中 99 家重要门店（主要集中在中东部地区）在 2 日内收到货即可，同时要求仓库能够满足的 2 日达范围内客户需求百分比最大，并据此确定仓库的数量和选址方案。首先根据重要性对客户进行分类，其次为特定客户子集添加最大距离约束，确保其在 2 日内收到货。

选择 3 个仓库和 4 个仓库时，模型无解；选择 5 个仓库时，能在 2 日内满足重要客户的需求，此时的仓库选址结果是哈尔滨、昌吉、南昌、石家庄、广汉，如图 5-10 所示。

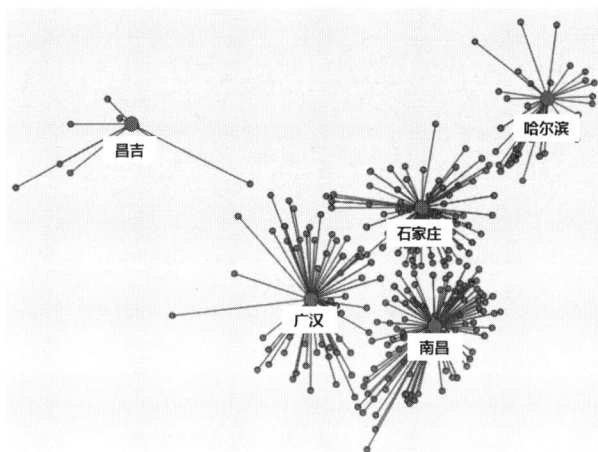

图 5-10　场景 4 选址结果

在考虑满足重要客户服务水平要求的场景下，加权平均距离降低至 491km，整体客户需求响应度会大大提高，同时，运输成本也得以大幅度降低，如表 5-3 所示。

综上，对该案例进行总结。

（1）以不同服务水平为目标得到的选址方案不同，此时要进行加权平均距离和一定距离内满足客户需求的百分比的权衡；

表 5-3 最大距离约束迭代测试

场景	仓库数量	运输成本/万元	加权平均距离/km	仓库选址结果
现状	1 个	515347	1437	广汉
满足重要客户服务水平要求	5 个	176148	491	哈尔滨、昌吉、南昌、石家庄、广汉

（2）仓库数量和最大距离限制的组合可能导致模型无解；

（3）服务水平不仅可以作为模型的目标，还能作为模型的约束条件。企业可为重要的客户子集调整最大距离约束，具体取决于其供应链服务策略。

5.5 案例：MX 公司以运输距离最小化为目标时的决策方法

在第 4 章的案例中，MX 公司以运输距离最小化为目标，设置设施数量为 1～10 个，建模运行。输出成本数据显示，随着设施数量的增加，运输成本逐步下降，那是否运输成本最低就最好呢？在学习了服务水平的定义后，相信大家已经知道，平均运输距离减小使得服务水平不断提高。因此，可以借助企业对成本及服务水平的要求来进行决策。

以第 4 章的 10 个方案的输出数据为基础，比较各方案的服务水平，分别计算出各方案 1 日达（480km）、2 日达（960km）服务可以覆盖的门店需求百分比，如表 5-4 所示。

表 5-4 1 日达（480km）、2 日达（960km）服务覆盖的门店需求百分比

选择的仓库数量/个	1 日达	2 日达	加权平均距离/km
1	16.71%	56.49%	994.83
2	26.55%	74.26%	790.05
3	46.51%	84.41%	607.34
4	52.14%	90.34%	532.43
5	58.58%	96.38%	467.04
6	60.00%	98.49%	414.68
7	65.92%	98.72%	371.60

续表

选择的仓库数量 / 个	1 日达	2 日达	加权平均距离 /km
8	72.11%	98.72%	339.67
9	79.81%	98.71%	311.31
10	85.20%	98.72%	292.74

对不同方案下的加权平均距离进行对比，如图 5-11 所示。从图 5-11 可以看到随着仓库数量的增加，加权平均距离逐渐减小，但加权平均距离的边际收益（距离收益）递减。那究竟应该设置多少个仓库才能满足 MX 公司的实际运营需要呢？解决此问题有 3 种方法。

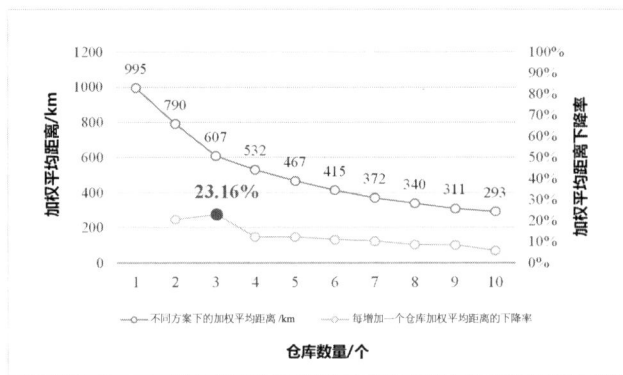

图 5-11　对不同方案下的加权平均距离进行对比

方法 1：选择加权平均距离下降率最高的点。

$$加权平均距离下降率 = \frac{增加一个仓库加权平均距离的减少值}{增加仓库之前的加权平均距离} \qquad （公式 5-11）$$

加权平均距离越短代表成本节约越多，而加权平均距离下降率最高则表明选择此点对应的仓库数量可取得最大边际效益。

从图 5-11 可以看出，仓库数量为 3 个时加权平均距离下降率最高，为（790-607）/ 790=23.16%，此时的选址结果为天津、合肥、广汉，如图 5-12 所示。

方法 2：基于 1 日达范围内能满足的客户需求百分比。

比如在这个案例中，MX 公司要求 1 日达范围内能满足的客户需求百分比不低于 60%。

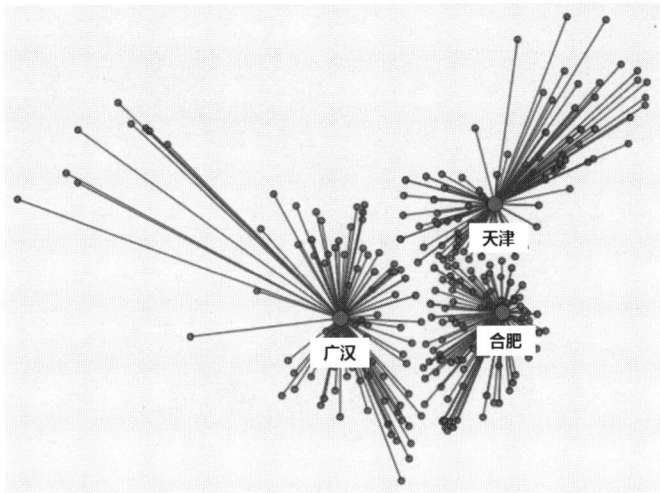

图 5-12 方法 1 确定的选址结果

由表 5-4 可知，此时确定的仓库数量为 6 个，选址结果为哈尔滨、深圳、广汉、石家庄、合肥、昌吉，如图 5-13 所示。

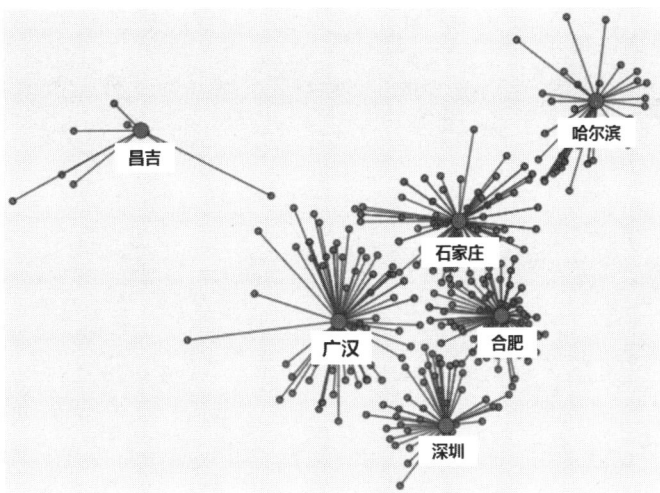

图 5-13 方法 2 确定的选址结果

方法 3：基于 2 日达范围内能满足的客户需求百分比。

如果 MX 公司要求 2 日达范围内能满足的客户需求百分比不低于 90%，此时确定的仓库数量为 4 个，选址结果为深圳、广汉、天津、合肥，如图 5-14 所示。

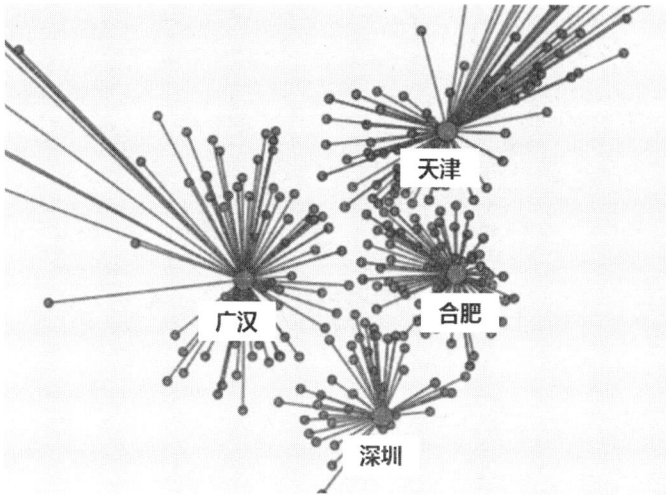

图 5-14　方法 3 确定的选址结果

用不同方法得到的选址结果如表 5-5 所示。由此可知，在进行仓库选址的时候，采用不同的方法得出的方案不一样，企业需要结合实际需求选择合适的方案。

表 5-5　不同方法得到的选址结果

方法	选择的仓库数量 / 个	1 日达	2 日达	加权平均距离 /km
加权平均距离下降率最高的点	3	46.51%	84.41%	607.34
1 日达范围内能满足的客户需求百分比为 60% 及以上	6	60.00%	98.49%	414.68
2 日达范围内能满足的客户需求百分比为 90% 及以上	4	52.14%	90.34%	532.43

最后对该拓展案例进行总结。

（1）距离是衡量快速交付能力的重要指标，在对客户响应时间要求较高的供应链中，加权平均距离最小化的选址模型具有重要作用；

（2）距离和运输成本高度相关，加权平均距离最小化的选址模型可在一定程度上帮助企业减少运输成本；

（3）设施选址的两大关键目标是服务水平和成本，加权平均距离最小化的选址模型朝着这两个目标优化。

第 **6** 章

基于物流成本最小化的
供应链网络设计

规划人员 D 找到 A 汽物流财务部介绍新计划，财务部表示非常支持这一计划，不过前提是该供应链网络运营的物流成本要最小，因为物流成本、公司利润率是财务部年终考核的关键绩效指标。为维持该供应链网络正常运营，日常需要支付的物流成本分为 5 部分：主机厂到 VDC 的短倒成本、VDC 运营成本、向铁路 / 水路承运商支付的干线运输成本、VSC 运营成本，以及向公路承运商支付的公路配送成本，如图 6-1 所示。

图 6-1　A 汽物流财务支出成本项

考虑到短倒环节由 A 汽物流自营，VDC 属于 A 汽物流自有资源，这两部分成本对 VSC 选址不产生实质性影响，规划人员 D 拿到财务部意见后，开始研究以物流成本最小化为目标的供应链网络设计模型，成本项仅考虑后 3 项，如图 6-2 所示。

本章介绍以物流成本最小化为目标的供应链网络设计模型，并着重介绍该模型在不同场景下相关成本参数的取值方法。

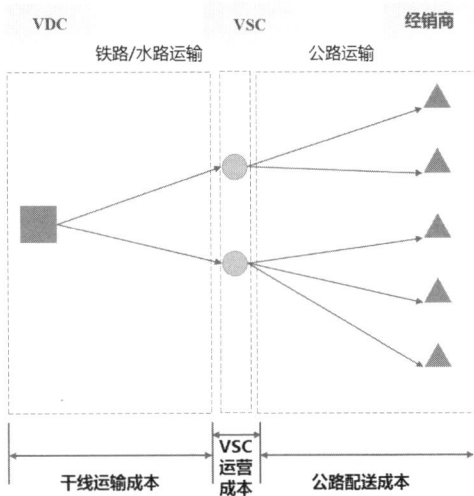

图 6-2　建模时物流成本考虑项

6.1　物流成本

供应链网络节点的物流成本主要是指运输成本和设施成本。

运输成本包含干线运输成本和公路配送成本。以图 6-2 为例，干线运输成本是指从 VDC 到 VSC 所发生的运输费用，公路配送成本是指从 VSC 到经销商所发生的运输费用。一般来说，单位公路配送成本会高于单位干线运输成本，因为干线运输的批量通常较大。增加 VSC 数量可以缩短平均配送距离，从而降低商品车平均配送距离在整个行程中的占比。只要干线运输规模经济效益能保持，增加VSC 的数量就可以降低运输成本。当 VSC 数量增加到某个临界值时，会出现干线运输批量过小，导致干线运输规模经济效益显著降低的情况，此时继续增加 VSC数量反而会使运输成本上升。

设施（VSC）成本会随着设施（VSC）数量的增加而增加，因为增加设施（VSC）会带来投资成本和运营成本上升，如果设施过多，还会削减设施（VSC）的规模经济效益。

随着 VSC 数量增加，物流成本先降低再上升，如图 6-3 所示。因此要确定合理的 VSC 数量和选址，以使物流成本最小。

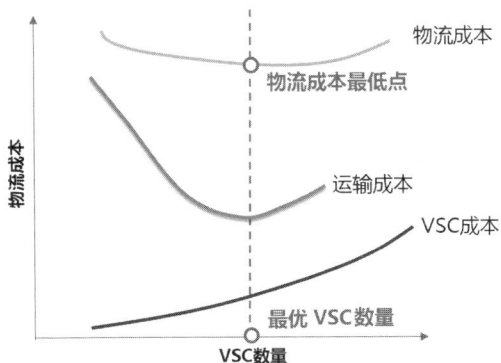

图 6-3　VSC 数量与物流成本关系

6.2　运输成本

实际运营中，运输成本在物流成本中占比较高，某些运输成本占比过高的企业，其供应链网络节点布局几乎由运输成本决定，如何在保证服务水平的前提下降低运输成本，是企业关心的问题。本节将介绍运输成本相关内容。

6.2.1 运输成本定义

运输是指产品在供应链不同环节间所发生的空间位移，运输成本就是指在运输过程中产生的成本。

在供应链网络设计中，由于供应链网络有节点层级设置和空间布局关系，运输是分段执行的，比如之前介绍的重庆引入电子产品产业的案例。境外电子零部件生产商用海运的方式把零部件运到目的港口，这一段便由海运完成。如果把工厂建在沿海城市，从港口运输到工厂，运输距离短，这一段可由公路运输完成。如果把工厂建在重庆，就需要从港口通过长江内河航运，或者铁路干线运输，或者公路长距离运输到工厂，运输距离长，运输成本高。当产成品下线后，整个运输过程需要沿着同样的路径逆向运行一遍。那么，重庆与沿海城市相比，运输成本过高，就不可能成为企业建厂的备选城市。为了规避运输成本过高的劣势，就要想办法降低从零部件生产商到工厂的这段运输成本，以及产成品对外分销的运输成本。所以重庆采用了产业链整体引入的方法，把零部件生产、产成品组装都汇聚到重庆，那么零部件通过海运到达港口，从港口运到重庆的这两段长距离运输过程就都没有了，同时重庆把这个产业链布局在同一个工业园区，零部件在城市内的运输距离也大大缩短了。产品通过国际航空货运和中欧班列，从重庆直接运往世界各地，不再通过港口中转。重庆把电子产品供应链网络中的零部件生产商和总装工厂在地理空间上合并，改变了传统供应链网络中零部件生产商和总装工厂分散布局的空间结构，从而改变了原供应链网络的分段运输模式，彻底扭转了重庆运输成本高的区位劣势。

在 A 汽物流案例中，规划的供应链网络中增加了 VSC 层级，根据承运商的不同，运输被划分成两个环节：VDC 到 VSC 的干线运输、VSC 到经销商的公路配送。每个环节的位移、批量、要求不同，运输成本的计算方式也不尽相同，因此需要分段计算运输成本。通常，运输成本与运费协议有关，主要有以下两种计费方式。

一是固定运费方式，这种计费方式不考虑运量变化，每年运费固定。

二是按运量、运距基础单价（分为统一单价、阶梯价两类），根据具体的运量、运距计算总运输成本。

其中，第二种方式更普遍，运输成本基本计算公式如下：

$$T_{ij} = \sum_{i=1}^{m} \sum_{j=1}^{n} \mathrm{dist}_{i,j} Q_{i,j} \mathrm{trans}_{i,j} \qquad （公式 6-1）$$

式中，$\mathrm{dist}_{i,j}$ 表示从 i 地到 j 地的距离，$Q_{i,j}$ 表示运量，$\mathrm{trans}_{i,j}$ 表示单位运输成本。

6.2.2　运输成本结构及运输成本标准化

运输方式主要分为公路运输、铁路运输、海运、空运及多式联运 5 种，其成本结构各不相同，如表 6-1 所示。

表 6-1　不同运输方式的成本结构

运输方式	成本结构
公路运输	按距离等方式计费
铁路运输	按吨·km 等单位计费
海运	区间内统一收费
空运	体积重量择大者计费
多式联运	区间内统一收费

实际运营中，运输成本结构更为复杂，相同运输方式包含不同运输组织形式，运输成本结构也会相应地发生变化，如表 6-2 所示。

表 6-2　不同运输组织形式的成本结构

运输组织形式	成本结构
公路整车运输	基本运价＋里程价 按距离分段收费 区间内统一收费
公路零担运输	按距离分段收费
铁路整车运输	基本运价＋里程价
铁路零担运输	按托运货物的吨·km 数和运价率计费
快递包裹运输	基本运价＋重量价
循环取货	里程费＋停车费

运输方式和运输组织形式会影响运输成本结构，在建立供应链网络优化模型时，如果用每次装运成本来表示运输成本，模型会太复杂。建模时需要将数据标准化，这时可将成本统一换算成每单位货物从 i 地运到 j 地的单位运输成本，作为标准化输入数据[2]。

单位运输成本的计算公式如下：

$$\text{trans}_{i,j} = \frac{\text{load}_{i,j}}{\text{avg}_{i,j}} \qquad （公式 6\text{-}2）$$

其中，$\text{load}_{i,j}$ 表示从 i 地运到 j 地的成本，$\text{avg}_{i,j}$ 表示实际载运量。

下面用几个例子来帮助大家理解如何利用既有数据计算单位运输成本。

表 6-3 展示了标准报价的单位运输成本计算示例[3]。

表 6-3　标准报价的单位运输成本计算示例

起点	终点	运输距离 /km	运输方式	运输单价	运输成本
天津	成都	2634	铁路运输	0.95 元 /km	2502 元 / 辆
天津	成都	2634	公路运输	1.36 元 /km	3582 元 / 辆

表 6-3 中的第一行数据表示商品车采用铁路运输的方式从天津运到成都，两地相距 2634km，运输单价是 0.95 元 /km。此时，每辆商品车运输成本计算公式如下：

$$每辆商品车运输成本 = 运输单价 \times 运输距离 \qquad （公式 6\text{-}3）$$

由此公式计算出每辆商品车运输成本约为 2502 元。同理，可计算出公路运输每辆商品车的运输成本约为 3582 元。

表 6-4 中的数据表示商品车采用铁路运输的方式从天津运到成都，每节车皮的运输成本是固定的 24000 元，由于实际载运量不同，每辆商品车的实际运输成本不同。第一行数据显示实际载运量是 10 辆，此时计算出商品车实际运输成本是 2400 元 / 辆。同理可计算出第二行数据对应的每辆商品车实际运输成本。

表 6-4 按实际运营成本计算示例

起点	终点	运输距离/km	实际载运量	运输方式	固定运输成本	实际运输成本
天津	成都	2634	10 辆	铁路运输	24000 元 / 车皮	2400 元 / 辆
天津	成都	2634	8 辆	铁路运输	24000 元 / 车皮	3000 元 / 辆

6.2.3 数据缺失时运输成本估算方法

如果遇到运输成本数据缺失的情况，例如新开通线路没有历史数据、标准费率表存在价格变动的可能性、已有线路历史数据无法使用、企业缺乏历史数据记录等，可以通过以下方法估算运输成本[2]。

1．基于历史数据计算平均运价

A 汽物流发现福建宁德的市场发展速度很快，准备在宁德新设 4S 店，需要估算 VDC 到宁德的整体运价，运输路径为天津—佛山—宁德。

天津 VDC 到佛山 VSC 使用水路运输，运输距离 3422km，水路每千米运价为 1.02 元 / 辆，水路运费为 3490 元 / 辆。商品车到达佛山 VSC 以后，需要使用公路运输至宁德的经销商，通过调研采集到如下线路运费历史数据（见表 6-5）。

表 6-5 基于历史数据计算平均运价示例

序号	起点	终点	运费 / 元·辆$^{-1}$	距离 /km	商品车运价 / 元·辆$^{-1}$·km^{-1}	平均运价 / 元·辆$^{-1}$·km^{-1}
1	佛山	龙岩	718	575	1.25	
2	佛山	莆田	977	814	1.20	
3	佛山	泉州	901	733	1.23	1.23
4	佛山	厦门	815	657	1.24	
5	佛山	漳州	754	608	1.24	
6	佛山	宁德	1208	982		

现开通佛山至宁德的新线路，需要估算公路运价。宁德位于福建省内，可以取佛山运往龙岩、莆田等市的平均运价，进而估算新线路的运价。

佛山运往龙岩，距离为575km，商品车运费为718元/辆，由此计算出运价是1.25元/（辆•km），同理计算出其他几条线路的每千米运价，最终求得平均运价约为1.23元/（辆•km）。佛山运往宁德的运价按1.23元/（辆•km）计算，最终运费约为1208元/辆。

最终可得天津VDC到宁德的商品车运费为4698元/辆。

2．参考国家、行业、企业运费标准

（1）公路整车运输。查询熟悉的公路运输企业或物流企业官网可以了解公路货运费用。例如通过查询某轿车汽车托运网站，获知天津到宁德的托运费为5500元/辆。

（2）铁路运输。登录中国铁路95306网进行货物运费查询。例如查到从天津到佛山铁路整车运输商品车的费用（包含佛山到宁德的接取送达费）为45672元/车皮，1车皮按9辆商品车计算，商品车运费约为5075元/辆。

（3）航空运输。查询熟悉的航空运输企业或代理企业官网可以了解航空货运费用，例如顺丰通过航空运输运送一件10kg的货物从北京到上海需要110元。

（4）邮政包裹。通过中国邮政官网查询，例如将10kg包裹从上海浦东新区运到北京海淀区，所需邮费是26元。

3．回归分析

利用既有数据绘制运费与运输距离的关系曲线，如图6-4所示。A汽物流单辆商品车运费与运输距离呈现出明显的线性关系，以800km为分界点，800km以下每千米价格为1.65元/辆，800km以上每千米价格为1.22元/辆。通过回归分析得出的值为0.95，拟合程度较高，只要知道运输距离，就可以利用该公式获得缺失的运费数据。

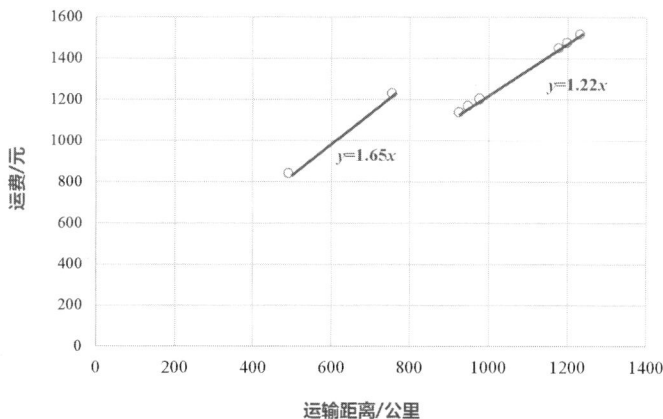

图 6-4　A 汽物流运费与运输距离的关系

6.3　设施成本

设施成本指供应链网络节点建设和运营时发生的各项费用，如设施建设费、维护费、人员费、设备费等，包括设施固定成本和设施可变成本。

6.3.1　设施固定成本

设施固定成本是指一定时期、一定物流量范围内，不受物流量增减影响的成本。它是一次性费用，如设施建设费，购入生产线、货架和自动化设备等支付的费用。

设施固定成本函数是阶跃函数，如图 6-5 所示。在一定设施能力范围内，设施固定成本为定值；只有超过某一临界值，才发生阶段性提高。

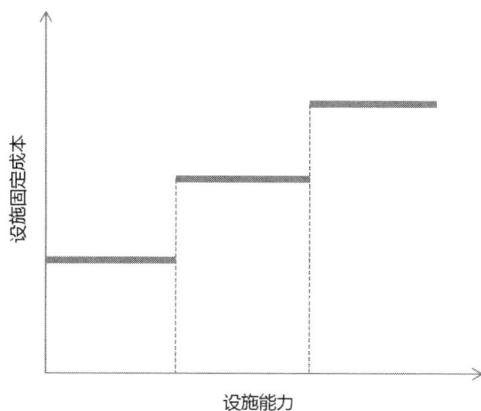

图 6-5　设施固定成本与设施能力的关系

设施固定成本计算公式如下：

$$F_{固}=\sum_{i=1}^{I} \mathrm{facFix}_i$$

（公式 6-4）

其中，facFix$_i$表示第i个设施的固定成本，与设施所在的地点和规模大小直接相关。

根据所有权的不同，企业设施一般分为租赁设施和自建设施两种。

租赁设施固定成本：设施租赁成本。

自建设施固定成本：包含工程建设成本和运维成本。工程建设成本是设施运营前发生的一次性费用，包含仓储或工厂建造费用（需考虑不同城市的费用差异）、生产线或设备投入成本（需考虑不同容量的费用差异）等；运维成本是维持设施运营的费用，包含设施管理成本、设备维修保养成本、建筑物维护成本[2]等，此费用在运营期内每年都会发生。

6.3.2 设施可变成本

设施可变成本是指在物流业务运营期间，支付给各种变动生产要素的费用，如水电费、工资等。设施可变成本函数是连续函数，与设施能力正相关，如图6-6所示。

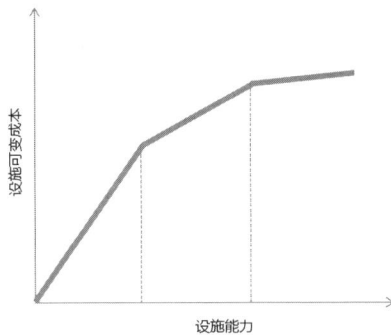

图 6-6 设施可变成本与设施能力的关系

设施可变成本计算公式如下：

$$F_{变} = \sum_{i \in I} \sum_{j \in J} \text{facVar}_i d_j Y_{i,j} \qquad （公式 6\text{-}5）$$

其中，facVar$_i$表示第i个设施的单位可变成本，与设施所在的地点和处理量有关；d_j表示第i个设施的总处理量；$Y_{i,j}$表示设施i是否为客户j提供服务。

当设施成本结构复杂，难以逐一计算时，可以采用回归分析法。采集历史数据，绘制设施成本与设施处理量的关系曲线图（图6-7），其中斜率k代表设施的单位可变成本，截距 b 表示设施固定成本。

算例如下。A 汽物流考察了北京、石家庄、天津、成都、重庆、佛山、合肥、南京、宁波、上海、苏州、太原、武汉、西安、沈阳、长春、郑州、大连、青岛、乌鲁木齐等 20 个城市的仓储用地情况。如果 A 汽物流选择购买土地自建仓库，各地仓储用

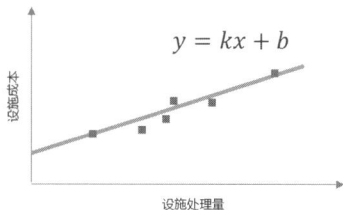

图 6-7　设施成本与设施
　　　处理量的关系曲线

地价格为 50 万～ 500 万元 / 亩，除土地外，还需要配置一定的基础设施及装卸搬运设备。如果 A 汽物流选择租赁场地，租金为 4.8 万～ 12 万元 / (亩·年)，除租金外，还需要配置一定的基础设施及装卸搬运设备。根据测算，基础设施及装卸搬运设备配置费用在 30 万元左右。

总成本 $y=kx+30$，其中 k 值为不同城市购买或租赁场地的单位面积价格，x 为所需要的面积。

6.4　权衡服务水平和物流成本

6.4.1　增加服务水平约束的物流成本最小化模型

供应链网络设计的核心目的是在降低成本的同时维持或提升客户服务水平，一般情况下，随着设施数量的增加，服务水平提高，总成本也会增加。因此不同服务水平会带来不同的成本，一味提高服务水平是不可取的，企业需要在高服务水平和低成本之间做出权衡。权衡方法是以成本最小化为目标进行设施选址，加入不同服务水平梯度的约束条件，对比不同方案，选出满意方案。此时，服务水平不再作为目标，而是作为模型的约束条件体现。

1．模型实况

目标函数：

$$\min \sum_{i \in I} \sum_{j \in J} (\text{trans}_{i,j} + \text{facVar}_i) \, d_j Y_{i,j} + \sum_{i \in I} \sum_{w \in W} \text{facFix}_{i,w} X_{i,w} \qquad （公式 6\text{-}6）$$

约束条件：

$$\sum_{i \in I} Y_{i,j} = 1; \forall j \in J \qquad （公式 6\text{-}7）$$

$$\sum\nolimits_{i\in I}\sum\nolimits_{w\in W}X_{i,w}=P \qquad \text{（公式 6-8）}$$

$$\sum\nolimits_{w\in W}X_{i,w}\leqslant 1;\forall i\in I \qquad \text{（公式 6-9）}$$

$$Y_{i,j}\leqslant \sum\nolimits_{w\in W}X_{i,w};\forall i\in I,\ \forall j\in J \qquad \text{（公式 6-10）}$$

$$\sum\nolimits_{i\in I}\sum\nolimits_{j\in J}(dist_{i,j}>HighServiceDist?0:1)d_jY_{i,j}\geqslant HighServiceDemand \qquad \text{（公式 6-11）}$$

$$Y_{i,j}\in\{0,1\};\forall i\in I,\ \forall j\in J \qquad \text{（公式 6-12）}$$

$$X_{i,w}\in\{0,1\};\ \forall i\in I,\ \forall w\in W \qquad \text{（公式 6-13）}$$

该模型的目标是总成本最小化，总成本包括运输成本、设施固定成本和设施可变成本。

决策变量 $X_{i,w}$ 表示是否在位置 i 使用容量为 w 的设施，多了容量维度上的选择；$Y_{i,j}$ 表示设施 i 是否为客户 j 提供服务。

目标函数里有 3 个重要参数，矩阵 $trans_{i,j}$ 表示从设施 i 向客户 j 发送一个需求单位的成本；可变费率 fac Var_i 是一个与地点有关、与容量无关的参数；固定费率 $facFix_{i,w}$，是一个与选址地点和设施容量都有关的参数。

约束条件（1）限制需求被一次性全部满足；约束条件（2）限制设施数量为 P；约束条件（3）表示每个地点的设施在 W 个规模下至多选 1 个；约束条件（4）要求提供服务的设施必须已经开放；约束条件（5）表示一定距离内满足的客户的需求百分比值不低于某个值。

2．添加服务水平约束

如果希望模型有一定的服务水平限制，可以引入相应参数，表示一定距离内满足的客户需求百分比，则具有服务水平限制的约束条件可写成：

$$\sum_{i\in I}\sum_{j\in J}(dist_{i,j}>HighServiceDist?0:1)d_j\,Y_{i,j}\geqslant HighServiceDemand \qquad \text{（公式 6-14）}$$

例如，要求在 480km 内满足的客户需求百分比不低于 80%，HighServiceDist 取 480km，HighServiceDemand 为客户的总需求量 $\times80\%$，即 $\sum_{i\in I}\sum_{j\in J}(dist_{i,j}>480?0:1)d_jY_{i,j}\geqslant\sum d_j\times80\%$。

6.4.2　服务水平与成本权衡方法

一般情况下，服务水平的提升往往伴随着成本的增加，二者的关系呈现出"效益背反"的特征。在限制设施数量的场景中，更高的服务水平约束必然要求更高的效率、更优的流程和更多的成本投入；在不限制设施数量时，更高的服务水平会使得供应链网络成员更多或设施容量更大，网络更复杂，设施建设及运营成本均会随之增加。

供应链服务水平是衡量整个供应链网络为客户创造时间和空间价值的尺度，供应链总成本作为一种有限资源则是所有参与者都非常关注的。因此，对于供应链上的所有参与者来说，进行供应链服务水平与成本的权衡，或已成为关系到供应链能否可持续发展的战略性问题。那么，在没有明确的成本限制和服务水平要求时，企业应该如何进行二者的权衡呢？

供应链服务水平与总成本之间的关系体现了收益递减原则（图 6-8），即在服务水平较低的阶段，如果追加 X 单位的成本，服务水平将提高 Y，而在服务水平较高的阶段，同样追加 X 单位的成本，服务水平只提高 Y'（$Y'<Y$）。速度逐渐减弱。

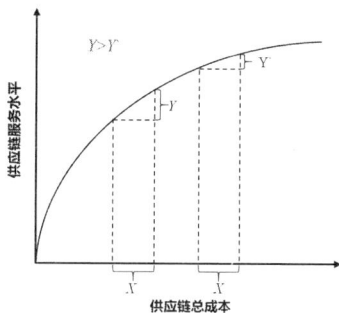

图 6-8　供应链服务水平与总成本的关系

可以观察到，服务水平每提高或降低 1%，总成本的上升率或下降率是不同的。因此，一种权衡方法就是在可接受的服务水平范围内，计算每提高或降低 1% 时总成本的下降率或上升率，选择最低上升率或最高下降率的对应值。

需要注意的是在权衡时，供应链网络设计与优化的最优方案往往不止一个。一方面，供应链网络设计与优化方案会受到企业管理者决策的影响；另一方面，权衡方法的不同、计算细节的差异等都会导致不同的结果。

6.5　案例：MX 公司权衡成本和服务水平的供应链网络设计

MX 公司目前有 6 种主营产品，服务全国范围内 385 家门店。随着业务的不断发展，MX 公司面临的竞争也越来越激烈，公司现计划在全国范围内新增一定数量的仓库以提升服务水平。与此同时，成本也会随着仓库数量的增加而上升，因此其需要对成本和服务水平进行权衡。仓库设施成本包含仓库固定成本和仓库可变成本。仓库固定成本为 200 万元 / 个，表 6-6 所示为仓库可变成本。

表 6-6　不同吞吐量（用字母 T 表示）水平下的仓库可变成本

吞吐量水平 / 件	仓库可变成本 / 万元
0<T ≤ 25 万	50
25<T ≤ 50 万	100
50<T ≤ 100 万	150
100<T ≤ 200 万	200

在本案例中，基于不同的供应链网络设计目标，设计了 3 个场景来研究成本和服务水平的关系，旨在寻找经济且适合企业发展的仓库布局方案。

（1）场景 1：运输成本最小化的设施选址。场景 1.1：全网统一运输费率。场景 1.2：全网统一运输费率上涨。场景 1.3：分区运输费率不同。

（2）场景 2：总成本最小化的设施选址。

（3）场景 3：权衡成本与服务水平的设施选址。

6.5.1　场景 1：运输成本最小化的设施选址

通过前面章节的学习，我们了解到，仅考虑运输成本最小化的模型中，必须进行设施数量的限制。如果不进行限制，最终的结果必然为所有备选方案均被选中，如此才可使平均运输距离最小、运输成本最低。故在场景 1 中，设定设施数量为 3 个。

1. 场景 1.1：全网统一运输费率

根据全网统一运输费率 0.05 元 / （件·km），以运输成本最小化为目标，进行仓库选址。运行模型可得，选取天津、芜湖和广汉 3 个仓库时总运输成本最小，为 10894 万元，得到的网络图如图 6-9 所示。

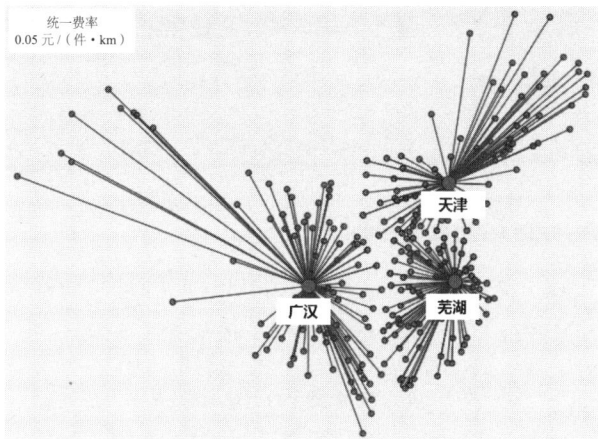

图 6-9 统一费率的网络图

2. 场景 1.2：全网统一运输费率上涨

如果受政策的影响，全网统一运输费率上涨至 0.06 元 /（件·km），此时以运输成本最小化为目标进行仓库选址，依然是选取天津、芜湖和广汉 3 个仓库时总运输成本最低，为 13073 万元，得到的网络图如图 6-10 所示。

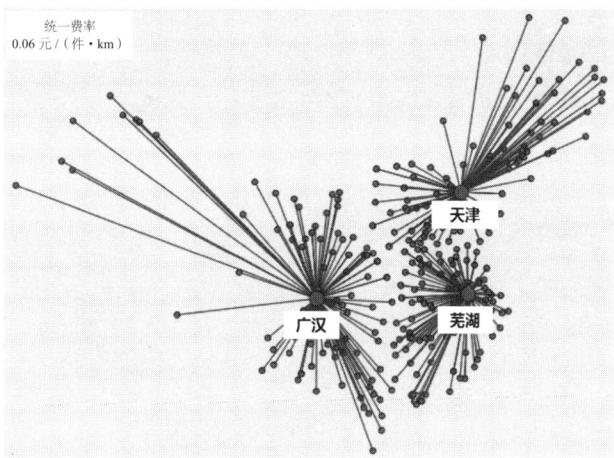

图 6-10 统一费率上涨的网络图

场景 1.1 与场景 1.2 优化结果对比如表 6-7 所示。从表 6-7 可以看出，统一运输费率的变化对仓库选址无影响，仅仅对运输成本有影响。

表 6-7　场景 1.1 与场景 1.2 优化结果对比

优化结果	场景 1.1	场景 1.2
选址结果	天津、芜湖、广汉	天津、芜湖、广汉
运输成本	10894 万元	13073 万元

3．场景 1.3：分区运输费率不同

在供应链网络运营实际场景中，每个仓库到每个客户的运输费率可能有差异，此时可以取仓库到某个区域客户运输费率的平均值作为费率参数，如表 6-8 所示。

表 6-8　仓库到客户的运输费率

起始地	目的地	运输费率 / 元·件$^{-1}$·km^{-1}
DC_ 郑州	所有客户	0.031
DC_ 营口	所有客户	0.035
DC_ 南昌	所有客户	0.037
DC_ 广汉	所有客户	0.049
……	……	……

同样，以运输成本最小化为目标进行选址，运行模型可得，当选择郑州、营口和南昌建设 3 个仓库时，总运输成本最小，为 8421 万元，与全网统一运输费率场景的选址结果相比，各仓库服务的客户群发生了改变，相应的产品流也被重新分配，如图 6-11 所示。

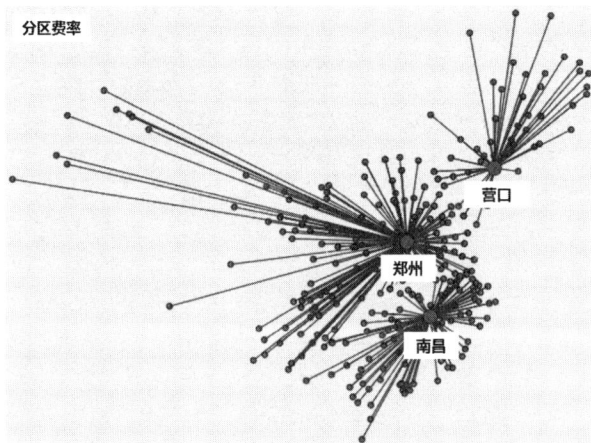

图 6-11　分区运输费率不同的网络图

最后对场景 1 进行总结。

（1）以运输成本最小化为目标，统一运输费率的上涨或下调对仓库的选址结果无影响，仅仅对运输成本有影响。

（2）费率结构发生变化，设施选址方案相应变化，此时需要重新选址。

6.5.2 场景2：总成本最小化的设施选址

实际运营场景中，设施开设与运营成本是必然产生的。因此，场景2以总成本最小化为目标进行设施选址，不限制设施数量，统一运输费率为 0.05 元 /（件·km）。其中，总成本包括运输成本和设施成本两项。

当仓库数量限制为 1 个时，运行模型生成的网络如图 6-12 所示。此时选择的仓库为周口，总成本是 18244.56 万元。

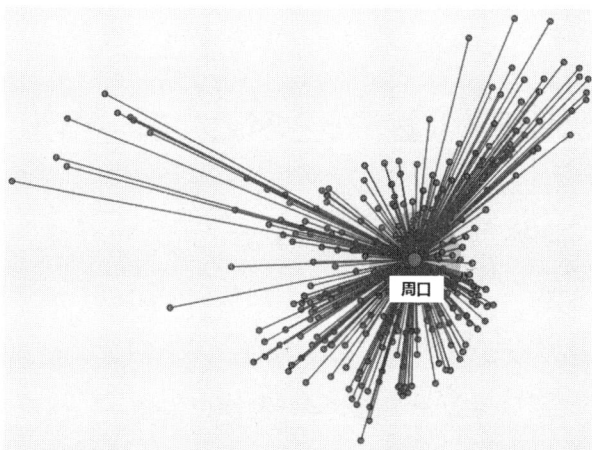

图 6-12　总成本最小化的选址方案（仓库数量限制为 1 个）

开设该仓库的成本如表 6-9 所示。

表 6-9　开设 1 个仓库的成本

仓库	吞吐量 / 件	总成本 / 万元	固定成本 / 万元	可变成本 / 万元	运输成本 / 万元
周口	3587463	18244.56	200	200	17844.56
合计	3587463	18244.56	200	200	17844.56

当仓库数量限制为 2 个时，运行模型生成的网络如图 6-13 所示。此时选择的仓库为重庆和连云港，总成本是 14971.38 万元。

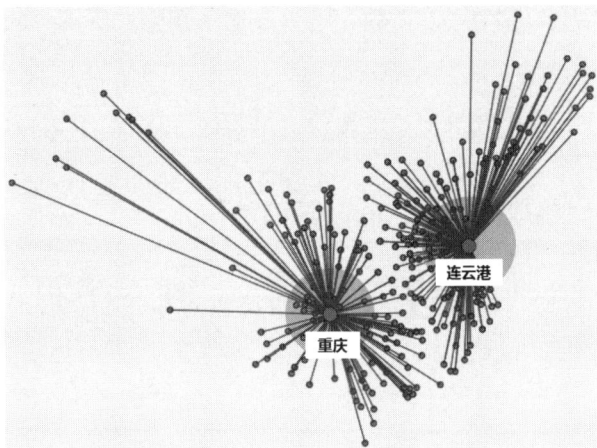

图 6-13　总成本最小化的选址方案（仓库数量限制为 2 个）

开设上述 2 个仓库的成本如表 6-10 所示。

表 6-10　开设 2 个仓库的成本

序号	仓库	吞吐量/件	总成本 /万元	固定成本 /万元	可变成本 /万元	运输成本 /万元
1	重庆	1418628	6536.61	200	200	6136.61
2	连云港	2168835	8434.77	200	200	8034.77
	合计	3587463	14971.38	400	400	14171.38

当限制仓库数量为 3 个时，运行模型生成的网络如图 6-14 所示。此时选择的仓库为天津、合肥和广汉，总成本是 12044.09 万元。

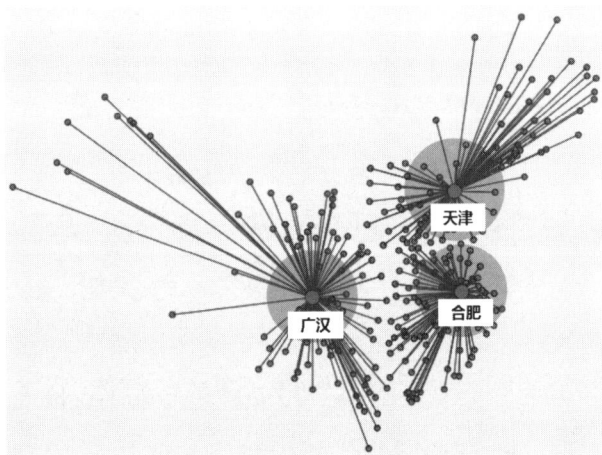

图 6-14　总成本最小化的选址方案（仓库数量限制为 3 个）

开设上述 3 个仓库的成本如表 6-11 所示。

表 6-11 开设 3 个仓库的成本

序号	仓库	吞吐量/件	总成本/万元	固定成本/万元	可变成本/万元	运输成本/万元
1	天津	1179773	3887.56	200	200	3487.56
2	合肥	1412939	4155.31	200	200	3755.31
3	广汉	994751	4001.22	200	150	3651.22
	合计	3587463	12044.09	600	550	10894.09

依次限制仓库数量为 1 ～ 10 个，运行模型输出选址结果和成本，如表 6-12 所示。

表 6-12 开设 1 ～ 10 个仓库的成本

开设仓库数量/个	总成本/万元	固定成本/万元	可变成本/万元	运输成本/万元
1	18244.56	200	200	17844.56
2	14971.38	400	400	14171.38
3	12044.09	600	550	10894.09
4	10952.10	800	600	9552.10
5	10027.50	1000	650	8377.50
6	9338.30	1200	700	7438.30
7	8821.66	1400	700	6721.66
8	8484.73	1600	750	6134.73
9	8234.28	1800	800	5634.28
10	8139.08	2000	850	5289.08

当不限制仓库数量时，运行模型生成的网络如图 6-15 所示。此时生成的总成本最小化方案中，选择了 11 个仓库，分别是咸阳、哈尔滨、合肥、岳阳、广汉、昌吉、杭州、深圳、石家庄、营口、郑州，总成本是 5106.21 万元。

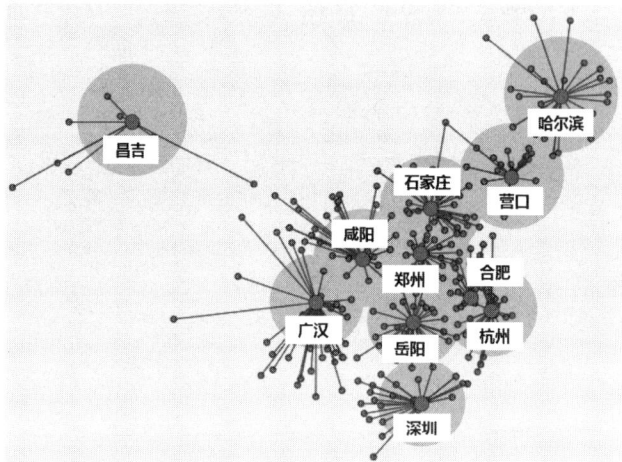

图 6-15　总成本最小化的选址方案（不限制仓库数量）

开设不同仓库的成本如表 6-13 所示。

表 6-13　不限制仓库数量方案中 11 个仓库的成本

序号	仓库	吞吐量 / 件	总成本 / 万元	固定成本 / 万元	可变成本 / 万元	运输成本 / 万元
1	咸阳	393614	1007.72	200	100	707.72
2	哈尔滨	247016	693.60	200	50	443.60
3	合肥	250000	520.00	200	50	270.00
4	岳阳	354954	780.22	200	100	480.22
5	广汉	499524	1196.12	200	100	896.12
6	昌吉	92355	466.18	200	50	216.18
7	杭州	500000	822.71	200	100	522.71
8	深圳	250000	526.88	200	50	276.88
9	石家庄	500000	1033.80	200	100	733.80
10	营口	250000	561.90	200	50	311.90
11	郑州	250000	497.08	200	50	247.08
	合计	3587463	8106.21	2200	800	5106.21

6.5.3　场景 3：权衡成本与服务水平的设施选址

通过限制开设仓库数量为 1 ～ 10 个以及不限制数量的场景运行可知，当不限制仓库数量，且开设仓库数量为 11 个时，总成本相对较小。同时根据客户需求量表计算该方案在 1 日达（480km）范围内满足的客户需求百分比，计算公式如下：

$$客户需求百分比 = \frac{480km\text{ 之内的客户需求量}}{\text{总客户需求量}} \times 100\% \qquad （公式6-15）$$

（1）在客户需求量表中选择"最小总成本"情景。

（2）点击"总和"行，查看"流量"字段的总和。

（3）在"服务距离"字段输入"<=480"的限制条件，再次查看"流量"字段的总和。

（4）根据步骤（2）和步骤（3）所得数据，套用计算公式，得出具体结果。

通过计算得到，该方案在 1 日达（480km）范围内满足的客户需求百分比为83.91%。管理层觉得这仍旧不够，他们希望该数据至少达到85%，但又担心这会带来过高的成本。因此，管理层决定设置不同梯度的服务水平限制（85% ~ 90%），以观察相应的成本变化，从而选出较优的方案。运行输出的成本结果如表6-14所示。服务水平限制与总成本的关系如图 6-16 所示。不同服务水平限制下的运输成本和设施成本与服务水平限制的关系如图 6-17 所示。

表 6-14　不同梯度的服务水平限制对应的成本和仓库数量

服务水平限制	总成本/万元	固定成本/万元	可变成本/万元	运输成本/万元	仓库数量/个
85%	8106.21	2200	800	5106.21	11
86%	8111.05	2200	850	5061.05	11
87%	8141.43	2400	800	4941.43	12
88%	8148.00	2400	850	4898.00	12
89%	8223.76	2600	850	4773.76	13
90%	8426.69	2800	900	4726.69	14

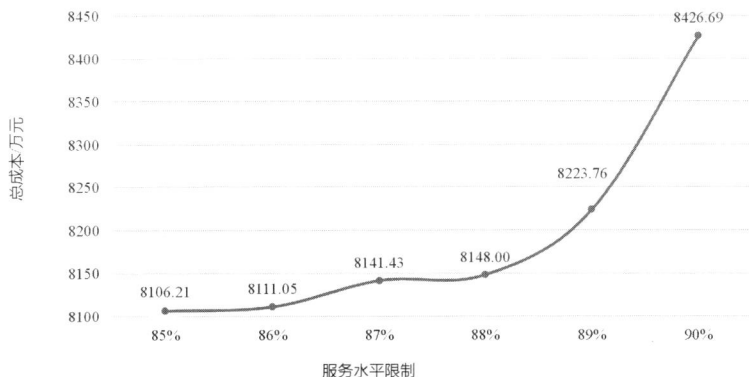

图 6-16　服务水平限制与总成本的关系

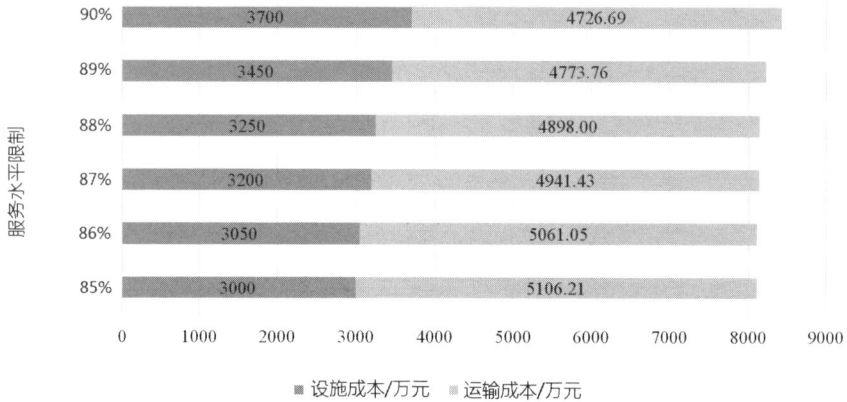

图 6-17　不同服务水平限制下的运输成本和设施成本与服务水平限制的关系

由表 6-14 和图 6-17 可知，随着服务水平提高，运输成本下降；固定成本随着仓库数量的增加而增加；总成本增加。

表 6-15 展示了不同服务水平限制下仓库的吞吐量及可变成本

表 6-15　不同服务水平限制下仓库的吞吐量及可变成本

服务水平限制	选址结果	吞吐量／件	可变成本／万元
86% （11个）	杭州	626859	150
	咸阳	361166	100
	广汉	499524	100
	岳阳	345933	100
	石家庄	482657	100
	哈尔滨	230426	50
	深圳	250000	50
	郑州	230107	50
	营口	250000	50
	连云港	218436	50
	昌吉	92355	50
	平均	326133	77
87% （12个）	咸阳	3855445	100
	岳阳	362547	100
	杭州	500000	100

续表

服务水平限制	选址结果	吞吐量 / 件	可变成本 / 万元
87% （12 个）	石家庄	500000	100
	哈尔滨	247016	50
	周口	250000	50
	广汉	250000	50
	深圳	250000	50
	营口	250000	50
	连云港	250000	50
	昌吉	92355	50
	重庆	250000	50
	平均	298955	67
88% （12 个）	杭州	626859	150
	咸阳	370978	100
	岳阳	335645	100
	石家庄	482657	100
	哈尔滨	214501	50
	广汉	250000	50
	深圳	250000	50
	郑州	230107	50
	营口	250000	50
	连云港	234361	50
	昌吉	92355	50
	重庆	250000	50
	平均	298955	71

从表 6-15 可知，相较于 86%，服务水平限制在 87% 时，因为仓库数量增加，平均单仓吞吐量降低，单个仓库的平均可变成本降低。以"杭州"为例，当服务水平限制在 86% 时，其吞吐量为 626859 件，可变成本为 150 万元；而当服务水平限制在 87% 时，其吞吐量为 500000 件，可变成本为 100 万元。

相较于 87%，服务水平限制在 88% 时，平均吞吐量虽未发生变化，但由于服务水平的限制，某些仓库的吞吐量增加，平均可变成本增加。以"杭州"为例，当服务水平限制在 87% 时，其吞吐量为 500000 件，可变成本为 100 万元；而当服务水平限制在 88% 时，其吞吐量为 626859 件，可变成本为 150 万元。

随着服务水平的提升，成本也会随之增加。那么，应该如何权衡服务水平和成本，才能得到经济且合适的方案呢？图 6-18 展示了服务水平提高 1% 时总成本的增加值和增加率。

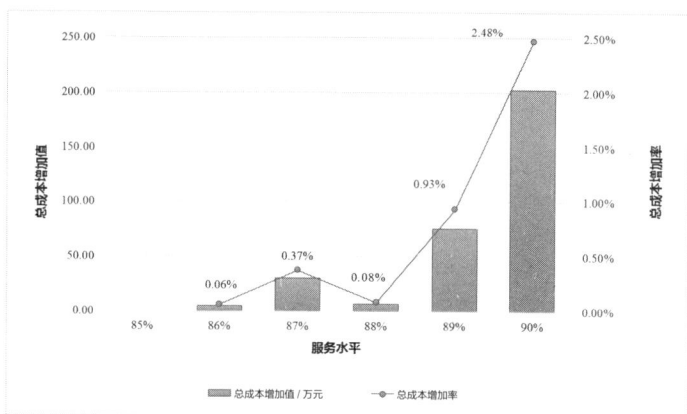

图 6-18　服务水平提高 1% 时总成本的增加值和增加率

从图 6-18 可以观察到，不同梯度的服务水平（85% ～ 90%）下，服务水平每提高 1%，总成本增加值是不同的。

因此，权衡方法就是选择服务水平提高 1% 时总成本增加率较低的方案。由图 6-18 可知，当服务水平为 86% 时，总成本增加率仅为 0.06%；当服务水平为 88% 时，总成本增加率仅为 0.08%。

综上，服务水平为 86%，总成本为 8111.05 万元，或服务水平为 88%，总成本为 8148.00 万元的方案，都是兼顾服务水平与成本的方案。

最后对该案例进行总结。

（1）以总成本最小化为目标，将服务水平限制作为约束条件进行设施选址，可进行成本和服务水平的权衡；

（2）通常，随着服务水平的提升，运输成本不断减少，设施成本不断增加，仓库的总成本不断增加；

（3）服务水平每提高 1%，总成本增加率是不同的，其中总成本增加率较低的方案是不错的方案。

第 3 篇

不同场景下的
供应链网络设计

第 7 章

考虑供应和产能约束的
供应链网络设计

第 2 篇介绍了供应链网络设计与优化的基础目标和模型，本篇将阐述复杂供应链网络设计，拟将现实世界更加复杂的因素、条件、场景考虑进来，从而建立各种不同的供应链网络设计模型。本章将从"供应"和"产能"两方面切入，来探究更加复杂生动的现实场景。

A 汽物流考察西南地区的仓储用地时，发现成都可供 VSC 使用的面积大，可支撑整个西南地区商品车分拨需求；场地租赁价格为 0.2 元 /（m² • d），该地块具有铁路运输条件。重庆可供 VSC 使用的面积小，只能满足西南地区 70% 销量的商品车分拨需求；场地租赁价格为 0.5 元 /（m² • d），但该地块具有水路运输条件，从天津到重庆使用水路运输方式所产生的干线运输成本比从天津到成都使用铁路运输方式所产生的成本低。在上述条件下，A 汽物流需要通过测算 VSC 建在重庆或成都的物流成本，来确定在西南地区 VSC 设置的数量及城市。

其中重庆 VSC 物流成本测算涉及产能约束问题。

7.1 产能约束

现实情况中，设施可以提供的产能是有限的，这种限制会对供应链网络设计产生直接影响。产能是指在计划期内，企业参与生产的全部固定资产，在既定的组织技术条件下所能生产的产品数量，或者能够处理的物料数量。在供应链网络设计中，涉及产能约束的设施有两类，生产型设施和流通型设施，两类设施的服务对象不同，产能定义也不尽相同。

7.1.1 生产型设施产能定义

生产型设施产能表现为生产能力。生产型设施在运作中几乎都要借助设备完成生产，它们可以利用不同生产线设备的能力参数和员工轮班制度获得生产能力，生产能力约束即最大生产能力。

例如，某化妆品制造公司一条生产线上设备每小时生产能力是 $10m^3$，设备每小时生产能力是一个相对固定的参数，在不新增生产线的情况下除了增加设备工作时长，公司无法随时地、弹性地提升产量。此时该生产线生产能力计算公式如下：该生产线年生产能力 = 设备每小时生产能力 × 日工作时长 × 年工作天数。

求最大年生产能力时，日工作时长最大取 24h，年工作天数最大取 365 天，年工作时长最大取 8760h，单条生产线年生产能力理论上限为 87600 m^3；考虑到维修、意外事故等情况，实际最大年生产能力要低于 87600 m^3。

7.1.2 流通型设施产能定义

流通型设施产能表现为吞吐能力和仓储能力。流通型设施运营中主要包含 3 个物流环节：收货→存储→发货[4]。吞吐能力是衡量仓库收货和发货水平高低的指标，具体参数是最大吞吐量；仓储能力是衡量仓库存储水平高低的指标，具体参数是设计库容量。具体表现形式如图 7-1 所示。

图 7-1　吞吐能力和仓储能力在物流环节的表现形式

1．吞吐能力计算

设施吞吐能力表示设施一段时间内收到和发出货物数量的总和，吞吐能力约束本质是设施的最大吞吐量。影响最大吞吐量的因素包括仓库的轮班制度、拥有多少操作工人、持有设备的类型以及出入库功能占据的专用空间等。在高度自动化的系统中，可以利用设备运转参数确定吞吐能力；在人工系统中，则通过工人数量、单个工人单位时间处理货物的能力以及工人工作时间来确定吞吐能力。

2．仓储能力计算

设计库容量指仓库能容纳的货物数量，是仓库内除去必要的通道和间隙后所能堆放的货物的最大数量。其影响因素包括仓库有多大的物理空间、仓库内的货物类型以及码放规则。

设计库容量通常小于仓库物理空间，原因如下。

（1）非仓储空间对仓库物理空间的占用。

（2）考虑堆码空隙，空间利用率达不到100%。

（3）仓库满负荷运营时，货物动线之间容易互相干扰，为避免干扰，需要留有一定的间隙。

图7-2说明了设施仓储能力的获取路径：（1）对仓库物理空间进行划分，将其分为存储空间和非存储空间（包括办公、中转等功能区域）；（2）在已有的存储空间下，考虑货架、托盘等设备的摆放以及不同品类货物的堆垛规则，计算可以存储的货物数量及重量；（3）实际运营中，为避免货物动线互相干扰，实际存储的货物数量及重量会小于步骤（2）中计算得到的数值，此时的有效容量就是设施仓储能力。

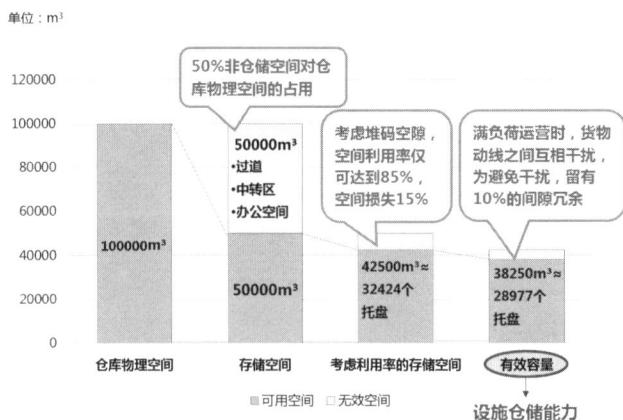

图 7-2　设施仓储能力的获取路径示意图

当已知仓库物理空间时，可根据经验数据粗略测算仓库的有效容量，一般取仓库物理空间的1/3作为仓库的有效容量。

在调研仓库有效容量时，可能会得到仓库经理这样的反馈：我公司仓库A的利用率为 130%, 仓库 B 的利用率为 150%。实际运营中, 仓库利用率超过 100% 应该如何理解? 例如使用货架存储货物品类 Q, 当 Q 数量激增、货架数量不足时, 在不影响安全的前提下, 仓库人员会通过一系列的操作来提升仓库仓储能力: 占用过道空间、增加码放密度或者货架层数等, 最终仓库利用率可能会大于 100%。仓储能力弹性较大, 在满负荷水平以上浮动是很有可能发生的。

如果仓库满负荷运营, 也可以用仓库一段时间内的吞吐量来估算仓库的有效容量。假设仓库进出货物流量稳定, 此时仓库吞吐量 / 仓库周转次数 = 平均库存量, 那么有效容量是平均库存量的 2 倍, 具体如图 7-3 所示。

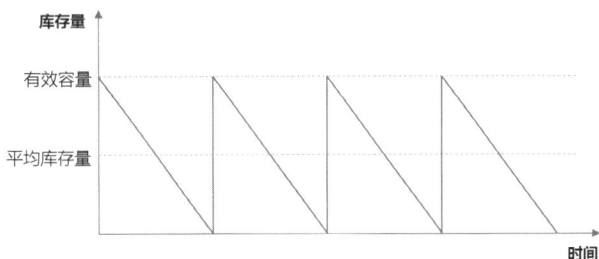

图 7-3　随时间变化的库存量

例如, 一个仓库年吞吐量是 2000 个单位, 每年周转 10 次, 那么平均库存量为 200 个单位, 仓库的有效容量为 400 个单位。

7.1.3　产能扩张

在供应链网络设计中, 有一类问题是设施产能不足导致的整体成本偏高。例如靠近客户的设施产能不足, 需要从较远的设施调运物资, 使得运费大幅增加; 如果对该设施产能进行扩张, 扩张所花费的成本可能会低于增加的运输费用, 那么进行设施产能扩张将成为更优的选择。产能扩张成为一种新的优化思路, 当然产能过剩时也可以进行缩减。

无论生产型设施还是流通型设施, 均可通过以下 3 种方法实现产能扩张。

1.延长设施有效运营时间[5]

(1) 增加员工工作班次: 正常情况下, 仓库"两班制"工作时间为 16h/d, 高峰期可以改成"三班制", 实现全天 24h 运转。延长工作时间, 可促使设施产能相应增长。当然，增加工作班次会导致相应的人工成本增加。

（2）增加劳动力：增加劳动力可以提供更多的生产能力。例如仓库雇用 4个员工，每人每天工作 8h，仓库日有效工作时长是 32h，此时每增加 1 个员工，仓库日有效工作时长将增加 8h。

2．拓展设施生产或仓储空间

（1）租赁设施：在租赁模式下，只需要租赁更多仓储空间，此时会产生更多的租赁费用、管理费用等设施可变成本。

（2）自营设施：新建仓库或者优化既有仓库的布局，提升仓库空间利用率。

3．提高设备产能[6]

（1）增添设备：通过增加新的生产线或者设备来提高产能。

（2）改良现有设备：优化、改进现有的生产线或者设备，提高产能。

需要注意的是，在进行产能扩张时，企业需要根据运营数据找到产能约束瓶颈，有针对性地进行扩张，让所扩张产能得到最有效的价值反馈。例如，仓库采用"三班制"，每天工作 24h，所有设备都匹配了合适的员工数量，仓库内所有空间都得到了充分利用，但仓库产能依然无法满足市场需求。经过分析发现，瓶颈是仓库数量不足、设备效率低下，此时选择增加员工数量并不能起到提高产能的作用，而应该扩充仓储空间或投资新设备。

7.2 供应约束

供应链网络中充满了上下游之间的供需关系，由于市场壁垒、竞争关系、产权保护、法律限制、贸易规则的存在，上下游之间并不能完全自由流动，上游设施给哪些下游客户提供货源，下游客户可以从哪些上游设施获得货源，都受到一定约束。在供应链网络设计中，可把这些约束提炼为单源供应模式和多源供应模式。

单源供应模式是指每个下游客户的某需求只能由一个上游设施满足，多源供应模式指的是每个下游客户的某需求可以由多个上游设施满足。第一个场景（见图 7-4）中，客户 1、2、3 的某需求只能由一个设施满足；而在第二个场景（见图 7-5）中，客户 1 的某需求同时由设施 1 和设施 2 满足，从客户的角度出发，该场景就属于多源供应。但是这两个场景中某个设施可以给多少个客户供应均不做限制，而是通过优化最后确定具体的供需关系网络。

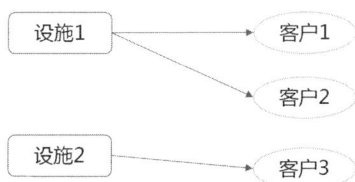

图 7-4　单源供应　　　　　图 7-5　多源供应

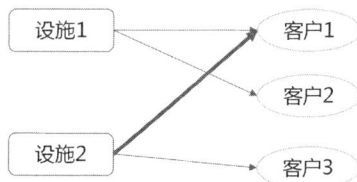

上述单源、多源或者相互结合的供应模式是企业在供应链规划层面做出的供应决策，属于计划层面的长期决策。但是供应链网络在运作过程中必然受到管理层的监督和控制，而当发生一些没有预料到的特殊情况的时候，为了保证整个网络运作稳定，也会利用一些特殊的供应模式来应对这些特殊情况，其实质是提高整个供应链网络的韧性。例如当某设施的库存不足而无法满足下游客户的需求时，企业可以从供应链网络中同层的其他设施处进行物资调拨，或者从其他设施处为下游客户紧急配送物资。此时，本质上供应关系正朝着两个方向改变：客户层，由单源供应转换为多源供应；设施层，设施间发生货物调拨。在这两个方向下，原供应链网络会从二级结构向更加复杂的多级结构转变。具体过程如图 7-6 所示。

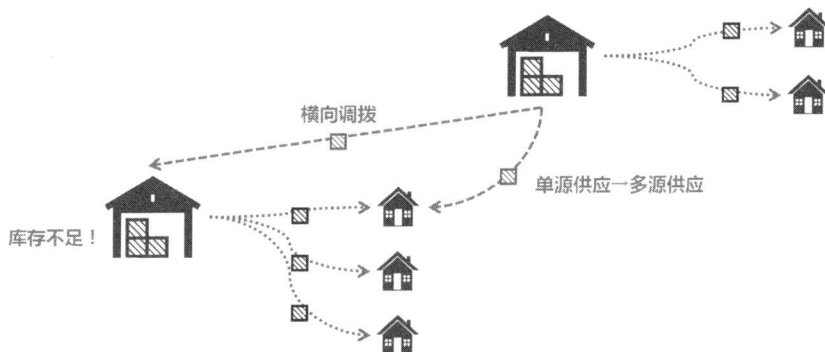

图 7-6　供应链网络供应模式的调整

具体到数学模型中，上述各种供应模式改变的是供应约束。其中涉及两大决策变量：$Y_{i,j}$，表示设施 i 是否为客户 j 服务；X_i，表示是否使用设施 i。根据供应源的不同，常见的约束有以下 4 种类型。

1．单源供应约束

$$\sum_{i\in I}Y_{i,j}=1;\forall j\in J \qquad （公式 7-1）$$

该式表示每个客户的需求由一个设施满足并且所有客户的需求都被满足。

2．多源供应约束

$$\sum_{i\in I}Y_{i,j}\geqslant 1;\forall j\in J \qquad （公式 7-2）$$

该式表示每个客户的需求由至少一个设施满足并且所有客户的需求都被满足。

3．单源和多源供应约束并存

$$\begin{cases} \sum_{i\in I}Y_{i,j}=1;\forall j\in[1,p] \\ \sum_{i\in I}Y_{i,j}\geqslant 1;\forall j\in[p+1,J] \end{cases} \qquad （公式 7-3）$$

该式表示序号为 $1\sim p$ 的客户需求由一个设施满足，序号为 $p+1\sim J$ 的客户需求由至少一个设施满足。

4．指定源约束

$$Y_{b,a}=X_b \qquad （公式 7-4）$$

该式表示客户 a 的需求只能由设施 b 满足。

7.3　基于供应和产能约束的供应链网络设计模型

供应链网络设计模型会涉及许多参数，同时也会有许多决策变量。一般情况下，产能是作为参数存在于模型中的，而有时候也会作为决策变量来求解多大的产能最为合适。当其作为参数时，设计人员需要在求解时将其作为已知量输入模型，所以如何通过企业各类已知数据计算出各类产能是有必要讨论的问题。

7.3.1　供应和产能约束条件的构建

本小节将产能、供应关系作为约束条件，围绕仓库选址问题展开。当在模型中构建产能约束条件的时候，主要涉及 5 个主要变量及参数，如图 7-7 所示。

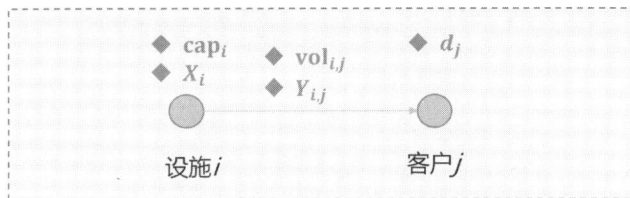

图 7-7 产能约束变量及参数

1．cap_i：设施 i 的产能

该参数的具体含义取决于模型的应用场景，对于仓库，它表示仓库的仓储能力或吞吐能力；对于工厂，它表示工厂的生产能力。仓储能力可用仓库的设计库容量来表示，但是计算吞吐能力、生产能力时要注意时间跨度问题，在不同的时间跨度（一个月 / 一个季度 / 一年 / 高峰期）下，参数值是不同的。

2．$vol_{i,j}$：从设施 i 分配给客户 j 的货物需求量

该参数的具体含义同样取决于模型的应用场景，在仓库中，它表示为满足客户需求所占用的仓库空间或出入库操作量；在工厂中，它表示为满足客户需求所消耗的工厂产能。该参数取值时，要与 cap_i 的计算期跨度保持一致。例如，在以下场景中，二者的计算期跨度一致。

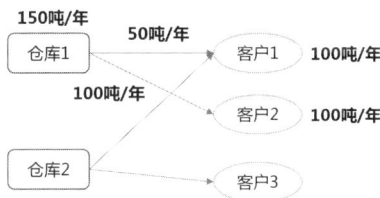

图 7-8 算例

在图 7-8 的算例中，仓库 1 的容量为 75 吨，每年周转 4 次，则吞吐能力为 150（75×4/2）吨 / 年，取 cap_i=150 吨 / 年。分配给该仓库的客户需求量包括客户 1 的 50 吨 / 年、客户 2 的 100 吨 / 年。客户 1 的总需求量为 100 吨 / 年，客户 2 的总需求量为 100 吨 / 年。

3．d_j：客户 j 在某一时段的需求量

4．$Y_{i,j}$：设施 i 是否为客户 j 服务

$$Y_{i,j}=\begin{cases}1,\text{设施 } i \text{ 为客户 } j \text{ 服务}\\0,\text{设施 } i \text{ 不为客户 } j \text{ 服务}\end{cases} \qquad （公式 7-5）$$

5．X_i：是否使用设施 i

$$X_i=\begin{cases}1,\text{使用设施 } i\\0,\text{不使用设施 } i\end{cases} \qquad （公式 7-6）$$

下面以单源供应和多源供应两个场景为例，展示产能约束条件的构建过程。

1．场景1：单源供应（图7-9）

图7-9　场景1：单源供应

从仓库角度来构建产能约束条件：

$$\sum\nolimits_{j\in J}\mathrm{vol}_{i,j}Y_{i,j}\leqslant \mathrm{cap}_iX_i;\ \forall i\in I \qquad （公式7-7）$$

该约束条件从两个角度进行理解：以 j 求和，给仓库 i 分配的总需求量不会超出其吞吐能力；如果将客户分配给某个仓库，则这个仓库必须开放，即 $X_i=1$。

从客户角度来构建需求约束条件：

$$\mathrm{vol}_{i,j}=d_j;\ \forall j\in J \qquad （公式7-8）$$

该约束条件属于全满足约束条件，即分配给仓库 i 的客户 j 的需求量与客户 j 的总需求量相等，即需求被全部满足。

2．场景2：多源供应（图7-10）

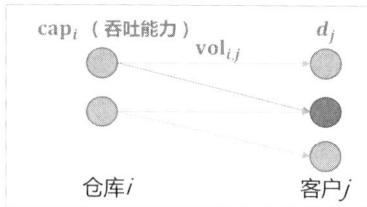

图7-10　场景2：多源供应

从仓库角度来构建产能约束条件：

$$\sum\nolimits_{j\in J}\mathrm{vol}_{i,j}Y_{i,j}\leqslant \mathrm{cap}_iX_i;\ \forall i\in I \qquad （公式7-9）$$

该约束条件与场景1相同，意味着无论满足客户的方式如何，总满足量不超过产能即可。

从客户角度要求需求被全部满足：

$$\sum\nolimits_{i\in I}\mathrm{vol}_{i,j}=d_j;\ \forall j\in J \qquad （公式7-10）$$

该约束条件同样是全满足约束条件，以 i 求和，即将各个仓库供应给客户 j 的货物需求量求和，结果与客户 j 总需求量相等，多个仓库满足一个客户，总满足量要与总需求量相等，即需求被全部满足。

7.3.2 基础模型

以从仓库到客户的二级供应链为研究对象，如图 7-11 所示，在仓库有容量限制的前提下进行多个仓库的选址，使总成本最小。

模型假设条件如下。

（1）存在仓库备选集。

（2）客户的位置、需求是固定且已知的。

（3）供应策略：含单源供应和多源供应。

（4）产能约束：每个备选仓库都有容量限制。

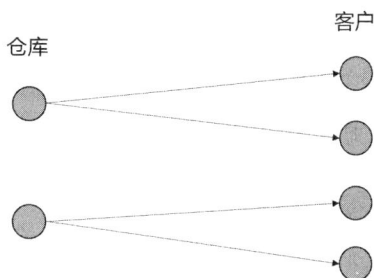

图 7-11　仓库 - 客户的二级供应链

本章产能类参数有：仓库 i 的容量，客户 j 在某一时段的需求量。

决策变量有：是否使用仓库 i，仓库 i 是否为客户 j 服务，分配给仓库 i 的客户 j 需求量。

假设单源供应，建立的模型如下。

目标函数：

$$\min\{ \sum_{i \in I} \sum_{j \in J} \text{trans}_{i,j} \text{vol}_{i,j} Y_{i,j} + \sum_{i \in I} \text{site}_i X_i \} \qquad （公式 7-11）$$

约束条件：

$$\sum_{i \in I} Y_{i,j} = 1; \forall j \in J \qquad （公式 7-12）$$

$$\sum_{j \in J} \text{vol}_{i,j} Y_{i,j} \leqslant \text{cap}_i X_i; \ \forall i \in I \qquad （公式 7-13）$$

$$\sum_{i \in I} \text{vol}_{i,j} = d_j; \forall j \in J \qquad （公式 7-14）$$

$$\sum_{i \in I} X_i = P \qquad （公式 7-15）$$

$$Y_{i,j} \leqslant X_i; \forall i \in I, \ \forall j \in J \qquad （公式 7-16）$$

$$Y_{i,j} \in \{0,1\}; \forall i \in I, \ \forall j \in J \qquad （公式 7-17）$$

$$X_i \in \{0,1\}; \ \forall i \in I \qquad （公式 7-18）$$

本模型目标为：min 网络总成本 =min[总运输成本 + 总设施成本（含固定成本和可变成本）]。第 1 项约束条件属于供应约束模块，表示的是网络采用单源供应模式；第 2、第 3 项约束条件属于产能约束模块，表示从仓库运出的货物数量不能超过产能，且各个客户的需求必须得到满足；第 4 项约束条件属于数量限制模块，指定想要选取的仓库数量是 P；第 5 项约束条件属于 0-1 变量间关系模块，确保如果将客户分配给某个仓库，则这个仓库必须处于开放状态；第 6、第 7 项约束条件属于 0-1 变量取值模块。

当模型为多源供应场景时，可以将供应约束模块和产能约束模块替换成多源供应场景对应的约束条件，具体如下：

$$\sum_{i\in I}Y_{i,j} \geq 1; \forall j\in J \qquad （公式 7-19）$$

$$\sum_{j\in J}\text{vol}_{i,j}Y_{i,j} \leq \text{cap}_i X_i; \ \forall i\in I \qquad （公式 7-20）$$

$$\sum_{i\in I}\text{vol}_{i,j} = d_j \ ; \ \forall j\in J \qquad （公式 7-21）$$

7.3.3　参数和约束讨论

1．参数讨论：cap_i、$\text{vol}_{i,j}$ 如何取值

本模型中 cap_i 表示设施 i 的容量。若设施是仓库，cap_i 用仓储能力或吞吐能力来衡量；若设施是工厂，cap_i 用工厂的生产能力衡量。

参数 $\text{vol}_{i,j}$ 的含义取决于模型的应用场景。在仓库中，它表示客户需求占用的仓库空间或出入库操作时间；在工厂中，表示客户需求消耗的工厂产能。该参数取值时，要与 cap_i 的计算期跨度保持一致。这样才能保证模型的正确性。

2．约束讨论：容量限制会对模型求解造成什么影响

当供应约束保证所有客户都是单一采购（每个客户的所有需求只能由一个设施满足）时，在单一采购、容量限制、设施数量限制的三重约束下，模型很可能会出现无解的情况。试想这样一种情况，计划建设 3 个仓库，每个仓库库容为 100 单位，总库容为 300 单位；有 4 个客户，每个客户的需求量是 70 单位，总需求量是 280 单位。虽然总需求量是少于总库容的，但由于一个客户只能由一个仓库供货，所以有一个客户的需求将无法被满足，如图 7-12 所示。

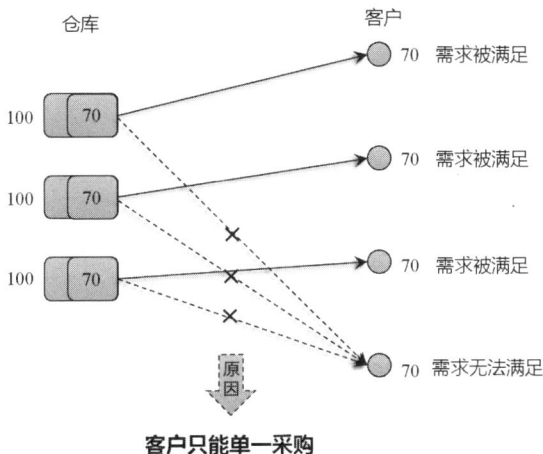

客户只能单一采购

图 7-12 建设 3 个仓库时客户需求的满足情况

总库容虽然比总需求量大，但在此约束下，不仅有客户需求不能被满足，而且每个仓库剩余的库容也得不到利用，资源被浪费了。当某些客户的需求量占总需求量的比例越高时，越容易出现这种情况（如果有 300 个客户，每个客户的需求量都是 1 单位，占比都很低，那么仓库能够轻松满足所有需求）。如果设施是制造工厂，单源供应情况下也同样找不到可行解。

所以如果必须采用单一采购约束，建模人员需要多次调试，确保设施数量约束与容量约束不冲突，以避免模型无解。调试方法如下。

（1）适当提高设施产能和增加设施数量，但这可能产生额外的建设成本。

（2）将模型目标改成总利润最大，约束条件设为不必满足所有需求，只满足最赚钱的需求，同样能够保证模型有可行解。

只满足高价值需求、有容量限制的设施选址问题属于"背包问题[10]"。因为模型试图以总价值最高为目标，在满足总容量限制的条件下，为每个仓库分配需求。但是背包问题很难解决，求解背包问题时，经常会出现以下情况。

（1）模型无解，且无解原因难以找到。在图 7-12 所示的"3 仓库 +4 客户"的例子里，总库容足以满足需求，但是模型无解。实际情况更加复杂，数据更多，寻找无解原因的过程将十分困难。

（2）解决方案看起来并不是最优的，决策者难以接受。比如，解决方案没有将客户分配到最近的仓库，而是分配到很远的仓库。这是因为模型虽然找到了一种满足所有需求的方法，但是它必须采取"舍近求远"的策略才能做到，而这样的决策显然不能被接受。

（3）运行时间很长。因为基础的背包问题已经十分复杂，而且还要求从给定的备选集中选取数量为 P 的设施（即模型既要选"物品"，又要选"背包"），这使得背包问题更加复杂，所以模型需要很长时间才能解决[6]。

背包问题无可行解的处理方法包含改进模型，扩大"背包"，改变供应规则；应用启发式算法，找到一个近似最优解；等等。

7.4　案例：CL 公司供应链网络设计

CL 公司是一家服装制造公司，产品销往全国的 7 个客户区域，且不同区域的需求存在差异（见表 7-1）。为了提供更优质的服务，该公司决定进行供应链网络设计，并提出了以下两个目标。

（1）从 25 个备选点中选出 3 个分拨仓库，满足全国客户的需求。

（2）了解仓库库容对仓库选址的影响。

模型目标：min 网络总成本 =min（运输成本 + 设施成本）。

假设条件：

（1）所有需求均得到满足；

（2）产能充足；

（3）各区域的单位运输成本均相同；

（4）设施成本包含固定成本和可变成本，两类成本都是与设施产能规模有关的参数。

表 7-1　客户需求量表

客户	所在地	需求量/件
CZ_ 东北	黑龙江哈尔滨	388590
CZ_ 华北	河北廊坊	524700
CZ_ 华东	浙江金华	1110145

续表

客户	所在地	需求量 / 件
CZ_华南	广东广州	207256
CZ_华中	湖北武汉	433844
CZ_西北	青海西宁	461527
CZ_西南	贵州贵阳	461401
总需求量		3587463

在建模时，需要准确的参数值，下面介绍固定成本和可变成本的测算方法。

1．固定成本与库容的关系（表7-2）

仓库的基础库容为48万件，固定成本为160万元；之后每增加12万件的容量，固定成本增加40万元。

表 7-2　固定成本与库容的关系

库容 / 万件	固定成本 / 万元
48	160
60	200
72	240

注意：当模型计算出的库容理论值不足48万件时，按48万件计算成本；在区间（48，60）内时，按60万件计算成本。

2．可变成本与吞吐量的关系（表7-3）

仓库的可变成本与吞吐量的关系如下。

表 7-3　可变成本与吞吐量的关系

吞吐量 / 万件·年$^{-1}$	可变成本 / 万元
0～50	20
51～100	30
101～150	40
≥151	50

在模型建立、数据准备之后，就需要绘制优化思路图，设置多个不同场景进行优化设计，以寻找符合条件的最优决策。案例优化思路如图 7-13 所示。

图 7-13　案例优化思路

7.4.1　场景 1：无库容限制 + 单源供应

首先，不对库容加以限制，寻找使得总成本最低的网络结构，结果如图7-14所示。优化结果如表 7-4 所示，对网络优化无法起到约束作用的库容称为库容临界点，此处为 700498 件。

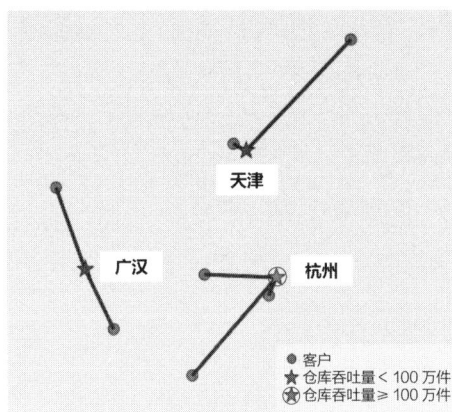

图 7-14　场景 1 优化结果图

表 7-4　场景 1 优化结果表

仓库	$vol_{i,j}$：各个客户的需求分配量 / 件		总需求分配量 / 件	平均库存量 / 件	理论库容 / 件
天津	东北——388590		913290	182658	365316
	华北——524700				
广汉	西北——461527		922928	184586	369172
	西南——461401				
杭州	华东——1110145		1751245	350249	700498
	华中——433844				
	华南——207256				

7.4.2 场景 2：库容限制为 48 万件 + 单源供应

为什么将库容限制设置为 48 万件呢？库容限制参数的取值思路为：客户总需求量为 3587463 件，计划建设 3 个仓库，则对仓库的平均需求量约为 120 万件，对应的库容为 48（平均需求量 / 库存周转率 × 2=120/5 × 2）万件。因此，当库容 <48 万件时，模型一定不可行（所有需求必定无法被全部满足）；当库容 ⩾ 48 万件时，模型可能可行（所有需求有希望被全部满足）。因此，模型可能可行的最小库容限制为 48 万件。

但是经过软件优化，模型无解，所以在库容限制为 48 万件且单源供应的条件下，不能满足所有需求。

7.4.3 场景 3：增加库容至 60 万件 + 单源供应

增加库容至 60 万件，模型可行，选取天津、重庆、杭州 3 个仓库，如图 7-15 所示。优化结果如表 7-5 所示

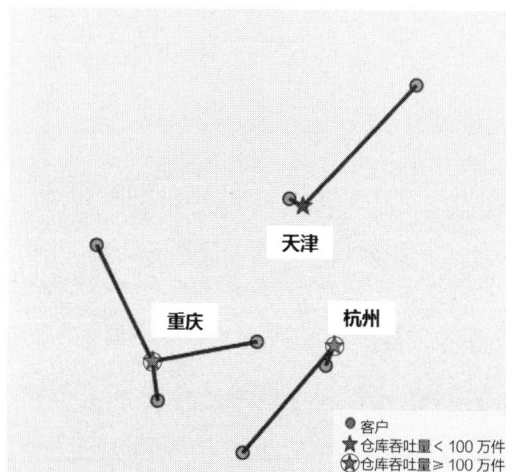

图 7-15 场景 3 优化结果图

表 7-5　场景 3 优化结果表

仓库	$vol_{i,j}$：各个客户的需求分配量 / 件	总需求分配量 / 件	平均库存量 / 件	理论库容 / 件
天津	东北 -388590 华北 -524700	913290	182658	365316
重庆	西北 - 461527 西南 - 461401 华中 -433844	1356772	271355	542710
杭州	华东 -1110145 华南 -207256	1317401	263481	526962

7.4.4　场景 4：保持库容为 48 万件 + 多源供应

多源供应条件下，模型可行，选址结果与场景 3 相同，但是仓库服务范围和需求分配量不同，如图 7-16 所示。优化结果如表 7-6 所示。

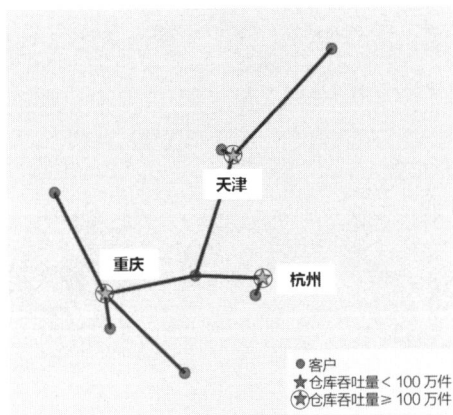

图 7-16　场景 4 优化结果图

表 7-6　场景 4 优化结果表

仓库	$vol_{i,j}$：各个客户的需求分配量 / 件	总需求分配量 / 件	平均库存量 / 件	理论库容 / 件
天津	东北 -388590 华北 -524700 华中 -274173	1187463	237493	474986
重庆	西北 -461527 西南 -461401 华中 -69816 华南 -207256	1200000	240000	480000

仓库	$vol_{i,j}$: 各个客户的需求分配量 / 件	总需求分配量 / 件	平均库存量 / 件	理论库容 / 件
杭州	华东 −1110145	1200000	240000	480000
	华中 −89855			

7.4.5 场景 5: 库容限制为 72 万件 + 单源供应

选址结果和分配方案与场景 1 相同。

7.4.6 场景 6: 库容限制为 60 万件 + 多源供应

选址结果和分配方案如图 7-17、如表 7-7 所示。

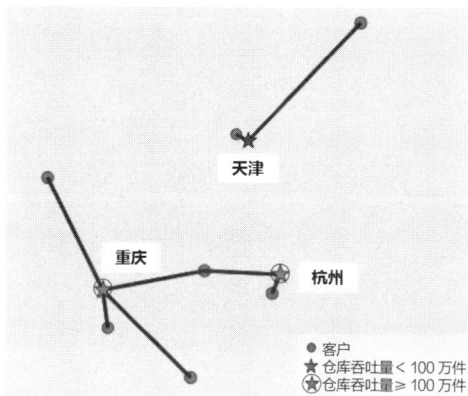

图 7-17 场景 6 优化结果图

表 7-7 场景 6 优化结果表

仓库	$vol_{i,j}$: 各个客户的需求分配量 / 件	总需求分配量 / 件	平均库存量 / 件	理论库容 / 件
天津	东北 −388590	913290	182658	365316
	华北 −524700			
重庆	西北 −461527	1174173	234835	469670
	西南 −461401			
	华中 −43989			
	华南 −207256			
杭州	华东 −1110145	1500000	300000	600000
	华中 −389855			

在进行完所有场景的优化后，需要对比不同场景下的总成本及成本结构，如表 7-8 所示。

表 7-8　场景 1~6 总成本及成本结构对比

场景	总成本/万元	设施成本/万元		运输成本/万元
		固定成本	可变成本	
场景 1：无库容限制 + 单源供应	1838	720 =240+240+240	150 =50+50+50	968
场景 2：库容限制为 48 万件 + 单源供应	—	—	—	—
场景 3：增加库容至 60 万件 + 单源供应	1746	600 =200+200+200	120 =40+40+40	1026
场景 4：保持库容为 48 万件 + 多源供应	1635	480 =160+160+160	120 =40+40+40	1035
场景 5：库容限制为 72 万件 + 单源供应	1838	720 =240+240+240	150 =50+50+50	968
场景 6：库容限制为 60 万件 + 多源供应	1685	600 =200+200+200	120 =40+40+40	965

场景 1→场景 3：在库容约束下，部分运输路径不再选取最短的运输路径，运输成本提升，但是设施成本在降低，所以场景 3 的总成本降低。

场景 1→场景 5：库容约束 72 万件 > 库容临界点 700498 件，所以库容约束对结果不产生影响，供应链网络结构和客户分配策略也不再变化。

场景 3→场景 5、场景 4→场景 6：对仓库库容进行调整，使部分客户的运输路径得到进一步优化，方案带来的运输成本节约值 < 设施成本提升值，所以成本提高；单源供应条件下，随着库容限制值提高，最优结果逐渐趋向于无库容限制下的结果；类似地，多源供应条件下，随着库容限制值提高，最优结果同样将趋向于无库容限制下的结果。

7.5 拓展及总结

在实际运营中，建模时遇到的情况通常会更加复杂，需要建模人员由浅入深展开研究：先搭建基础网络，再考虑多品类、产能限制等问题。

（1）不同情况下的模型拓展思路如下。

考虑多品类的模型拓展时，将相似品类聚合，再对聚合后的各个品类的产能限制、产地、需求地进行单独考虑，并设置约束，相应的供应链网络如图7-18所示。

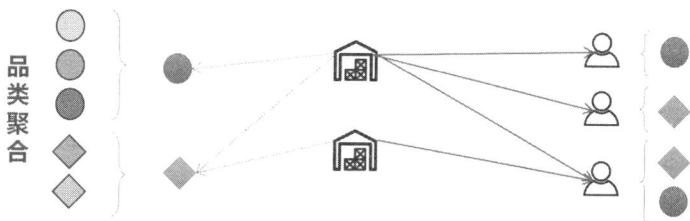

图 7-18 考虑多品类的供应链网络

考虑产品季节特征的模型拓展时，首先，假定均衡生产、均衡购买，完成设施选址和一般情况下的产能分配；然后，在需求高峰期，可保持设施位置不变，调整供应规则，优化产能分配。

（2）容量限制对模型优化结果的影响：一般情况下，容量限制对模型优化结果将产生影响，例如网络结构改变、网络总成本改变等；但是，考虑容量限制的模型优化结果可能与不考虑容量限制的模型优化结果完全相同，这是产能上限较高导致的，因为其无法产生有效的约束作用。

（3）在一些研究目的下，不必非要考虑产能限制和供应约束，例如只需要找到使网络总成本最低的各设施产能值，或客户没有明确设置供应规则等。

（4）要对模型选取何种产能有精确的理解，确保产能计算方式的准确性。

第 **8** 章

多产品供应链网络设计

前面介绍的模型均为单产品模型，但是在现实中，在供应链网络中流动的产品会有很多种，比如工厂会生产多种不同产品，客户也会对多个不同供应商生产的不同产品产生需求。因此，"多产品供应链网络设计"被列为本篇讨论的第二个话题。本章旨在帮助读者了解不同产品对供应链网络设计会产生哪些具体的影响，如何构建多产品供应链网络设计模型，以及如何解决多产品实际问题等。

8.1 产品特性对供应链网络的影响

8.1.1 产品特性

充分了解产品特性有助于了解不同产品对供应链网络所产生的影响。产品特性包括以下 3 个方面的内容。

（1）产品规格：包括产品的重量、形状和体积，如件装产品、集装产品，以及不能记点件数的产品等。不同规格的产品对于车型、设施和承载器具的要求不尽相同，而这些会涉及模型中需要输入的一些参数，比如单位运输成本、设施存储能力等。

（2）温度要求：产品对运输工具和存储设施的温度要求分为常温、恒温和低温，这同样会影响各项参数的取值。

（3）时效要求：根据产品的易腐程度等特性，存在 1 日达、2 日达等时效要求，这会影响产品运输路径的选择，以及开放哪个设施为客户提供产品等决策的制定。

在上述产品规格、温度要求及时效要求 3 种产品特性中，产品规格影响车辆类型、车辆载重、车辆容积和运载批量,温度要求影响车辆类型和设施类型,而时效要求则对服务水平产生影响,这些因素体现在供应链网络中会产生不同的运输、仓储成本及服务水平要求等。

8.1.2 产品规格对运输成本的影响

不同的车型有着不同的载重量和容积,每种产品也有着各自的重量和体积,要将这些产品装载到车辆上,会存在最大承载数的差异。现有牛奶和可乐两种产品,根据两者的重量和体积,以及车辆的限重与限容,可以得到两种产品分别对应的车辆最大承载数;同时,由于选择的车型不同,会产生不同的运输成本,将运输成本分摊到所装载的每一箱产品上,可得到牛奶和可乐各自的单位运输成本,具体数据如表 8-1 所示。而此处所计算出的单位运输成本将会是模型中用来计算成本的关键参数。

一般来说,车辆能装载的产品数量越多,单位运输成本就越低。

表 8-1 产品规格对车辆最大承载数与单位运输成本的影响

产品名	产品重量 /kg	产品体积 /m³	车辆限重 /kg	车辆限容 /m³	车辆最大承载数 /箱	运输成本 /元·km⁻¹	单位运输成本 /元·箱⁻¹·km⁻¹
牛奶	14	0.04	18000	120	1286	2	0.00155521
可乐	16	0.06	18000	120	1125	1.5	0.001333333

8.1.3 温度要求对运输成本与仓储成本的影响

考虑温度要求时,产品分为常温、恒温与低温产品,三者对车辆和仓库的要求逐渐提升,由此产生的运输成本和仓储成本也不断上升。

当供应链网络中既有普通产品又有冷冻产品时,因为冷冻产品的仓储要求比较特殊,所以有冷冻产品分散仓储和集中仓储两种决策。在图 8-1(a)中,在分散仓储的情况下,对于冷库的数量需求较多,仓储成本会因此增加,但由于冷库对客户的覆盖较为均匀,运输距离较短,对应的运输成本较低;而在图 8-1(b)中,集中仓储仅用较少的冷库就能覆盖大部分客户,由此产生的仓储成本较低,但运输成本较高。

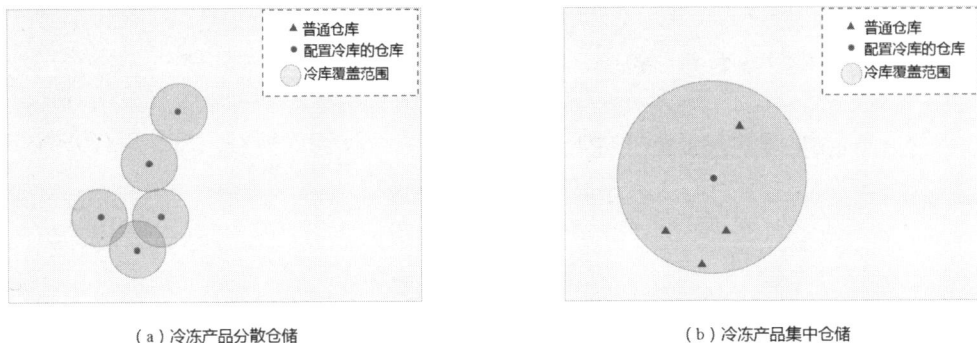

（a）冷冻产品分散仓储 　　　　　　　　　　（b）冷冻产品集中仓储

图 8-1　温度要求对运输成本与仓储成本的影响

8.1.4　时效要求对仓储成本的影响

这里以要求1日达和3日达为例。在图8-2(a)中，为了缩短仓库与客户的距离，满足1日达要求，需要的仓库数量较多，对应的仓储成本较高；而在图8-2(b)中，可用较少的仓库去满足较多客户的3日达要求，此时，仓储成本较低。

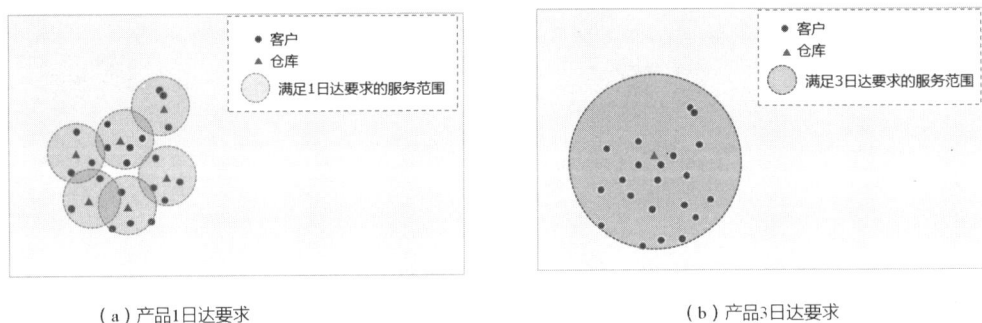

（a）产品1日达要求 　　　　　　　　　　　（b）产品3日达要求

图 8-2　时效要求对仓储成本的影响

8.2　基于多产品的供应链网络设计模型

集合及参数如下：

K = 产品集合；

k = 特定产品；

W = 备选配送中心集合；

w = 特定备选配送中心；

$d_{j,k}$ = 客户 j 对产品 k 的需求；

$\text{transWC}_{i,j,k}$ = 将产品 k 从设施 i 运送到客户 j 的单位运输成本；

$\text{dist}_{i,j}$ = 设施 i 与客户 j 之间的距离；

$\text{whFix}_{i,w}$ = 设施 i 的运营成本；

$\text{HighServiceDist}_{i,j}$ = 设施 i 与客户 j 之间的服务距离；

$\text{HighServiceDemand}_{i,j}$ = 设施 i 的服务水平。

决策变量如下：

$X_{i,w}$ = 是否建立设施；

$Y_{i,j,k}$ = 从设施 i 是否将产品 k 运送到客户 j 处。

目标函数如下：

$$\min \sum_{i \in I} \sum_{j \in J} \sum_{k \in K} \text{transWC}_{i,j,k} d_{j,k} Y_{i,j,k} + \sum_{i \in I} \sum_{w \in W} \text{whFix}_{i,w} X_{i,w} \qquad （公式 8\text{-}1）$$

目标函数为总成本最小化，总成本由以下两个部分构成。

第一，产品从设施到客户的运输成本：

$$\min \sum_{i \in I} \sum_{j \in J} \sum_{k \in K} \text{transWC}_{i,j,k} d_{j,k} Y_{i,j,k} \qquad （公式 8\text{-}2）$$

第二，设施运营成本：

$$\min \sum_{i \in I} \sum_{w \in W} \text{whFix}_{i,w} X_{i,w} \qquad （公式 8\text{-}3）$$

约束条件如下：

$$\sum_{i \in I} Y_{i,j,k} = 1, \forall j \in J, \forall k \in K \qquad （公式 8\text{-}4）$$

$$\sum_{i \in I} \sum_{w \in W} X_{i,w} = P \qquad （公式 8\text{-}5）$$

$$\sum_{w \in W} X_{i,w} \leqslant 1, \forall i \in I \qquad （公式 8\text{-}6）$$

$$\sum_{i \in I} \sum_{j \in J} (dist_{i,j} > HighServiceDist_{i,j}?0:1) \, d_j Y_{i,j} \geqslant HighServiceDemand_{i,j} \qquad （公式 8-7）$$

$$Y_{i,j,k} \leqslant \sum_{w \in W} X_{i,w} \, , \forall i \in I, \, \forall j \in J, \, \forall k \in K \qquad （公式 8-8）$$

$$Y_{i,j,k} \in \{0,1\}, \forall i \in I, \, \forall j \in J, \, \forall k \in K \qquad （公式 8-9）$$

$$X_{i,w} \in \{0,1\}, \, \forall i \in I, \, \forall w \in W \qquad （公式 8-10）$$

约束条件 1 表示每个客户对某种产品的需求只能选择一个设施作为服务提供者，指的是允许客户从不同的设施接收不同的产品，但不允许客户从多个设施接收相同的产品。

约束条件 2 限制了最终选择的设施数量。

约束条件 3 表示必须从备选配送中心集合中进行选择。

约束条件 4 是服务水平约束。

约束条件 5 表示不允许将客户分配给未选择的设施。

约束条件 6、7 是 0-1 变量约束。

8.3　案例：ZB 公司多产品供应链网络设计

ZB 公司是一家大型杂货零售商，总部位于湖北武汉，主要经营冷冻食品、罐装饮料等，在国内经营着 120 家商店，商店遍及全国各地。

ZB 公司销售的产品有成千上万种，可以细分成上千个 SKU，因此不同产品的存储和物流特性存在很大差异。基于此，如果不对这些纷繁复杂的产品进行科学有效的管理，那么 ZB 公司的供应链网络将出现运行效率低下、运营成本过高、货损货差较大等问题。所以，该公司决定以总成本最小化为目标，对整个产品供应链网络进行建模分析与优化，以设计出适用的多产品供应链网络。

不同的产品本身就具有不同的特性，何况 ZB 公司产品结构如此复杂，因此有必要首先将其产销产品进行分类，对不同类别的产品区别对待。这一步看似简单，但实际上也是在进行优化。有别于建模求解，产品分类类似于数据预处理，是优化的第一步。ZB 公司的产销产品可归为以下 4 个大类。

（1）罐装饮料——如苏打水、可乐等。

（2）奶制品——如酸奶、鲜奶等。

（3）谷物——如大米、大豆等。

（4）冷冻食品——如肉类、冷冻蔬菜等。

为了利用 SCGX 软件进行优化计算，需要输入多项参数，以计算各项成本并进行优化。首先需要了解商店即客户的位置及需求量，图 8-3 所示为商店的分布情况及需求量大小，圆点大小代表需求量大小；图 8-4 所示为 4 类产品的年需求量。

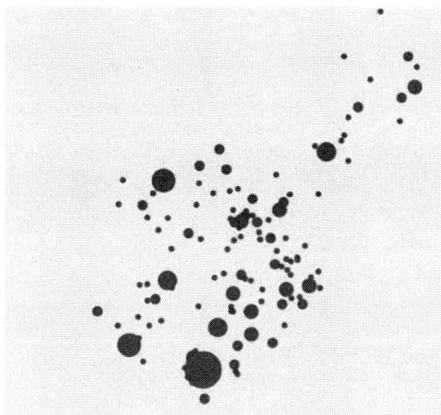

图 8-3　ZB 公司商店的分布情况及需求量大小

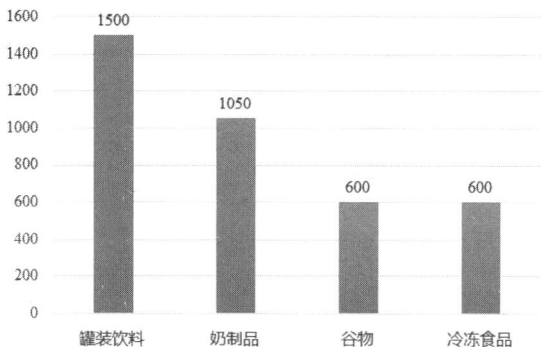

图 8-4　4 类产品的年需求量（单位：万箱）

除了上述各种产品的需求参数、空间分布参数，为了有效进行计算分析，还需求出产品的单位运输成本，以计算目标函数中对应的成本项，如表 8-2 所示。在 4 类产品中，奶制品和冷冻食品需要冷库存储及冷藏卡车运输；罐装饮料和谷物只需要常温存储及普通卡车运输，这样就会产生与存储和运输相关的不同参数，也印证了产品分类的必要性。

表 8-2　普通卡车与冷藏卡车的单位运输成本

名称	单位运输成本 / 元·km⁻¹	最低收费 / 元
普通卡车	1.5	1000 元
冷藏卡车	2	1200 元

在知道了单位运输成本（单位：元 /km）之后，还需知道每辆车能装多少箱产品，从而计算得到以元 /（箱·km）为单位的单位运输成本。假设所有产品都被装在大小相同的纸箱中，每个纸箱的体积为 $0.06m^3$。如果要用任何一个产品系列的纸箱装满整辆卡车，那么卡车可以装载多少个纸箱呢？假设在此案例中，两种卡车的最大载重量均为 18 吨，最大容量均为 $120m^3$，分析结果如表 8-3 所示。

表 8-3　产品重量和体积对其单位运输成本的影响

产品名	产品重量/kg	产品体积/m³	车辆限重/kg	车辆限容/m³	车辆最大承载数/箱	运输成本/元·km⁻¹	单位运输成本/元·箱⁻¹·km⁻¹
冷冻食品	9	0.06	18000	120	2000	2	0.001
奶制品	14	0.06	18000	120	1286	2	0.00155521
罐装饮料	16	0.06	18000	120	1125	1.5	0.001333333
谷物	5	0.06	18000	120	2000	1.5	0.00075

其中，对于奶制品，按重量，最多可以装载 1286 箱，按体积，最多可以装载 2000 箱，因此每辆卡车最多只能装载 1286 箱奶制品；而对于谷物，因为其密度较小，则主要考虑体积限制，可得每辆卡车最多能装载 2000 箱谷物。可见，一辆卡车能装载的产品数越多，产品单位运输成本越低。

同理，对于仓库运营成本，ZB 公司目前拥有 4 个仓库服务全国的客户，分别为武汉、咸阳、哈尔滨和防城港，如果4个仓库均存储所有产品系列并将其分发到各自服务的商店，从仓储的角度来看，这意味着4个仓库需要同时配备常温库及冷库，需要大量的资金支出。目前，ZB公司运营一个常温库要200万元，同时配置常温库与冷库需要350万元，所以这时需要考虑仓库的属性进行决策。为了决策4个仓库分别应该为常温库还是冷库又或者两者兼有之，此时需要建模分析：在不同的仓库类型条件下，兼顾服务水平的影响，考虑对应的各种情况下的总成本有什么区别，从而进行决策。

由此建立以下两个场景。

场景1：单温控仓（只有一个仓库同时具备常温库和冷库，其余均为常温库）与全温控仓（每个仓库都同时具备常温库和冷库）的选择。

场景2：考虑服务水平。

8.3.1 场景1：单温控仓与全温控仓的选择

基于模型假设条件进行设置，该场景的运行结果如图8-5、图8-6和表8-4所示。

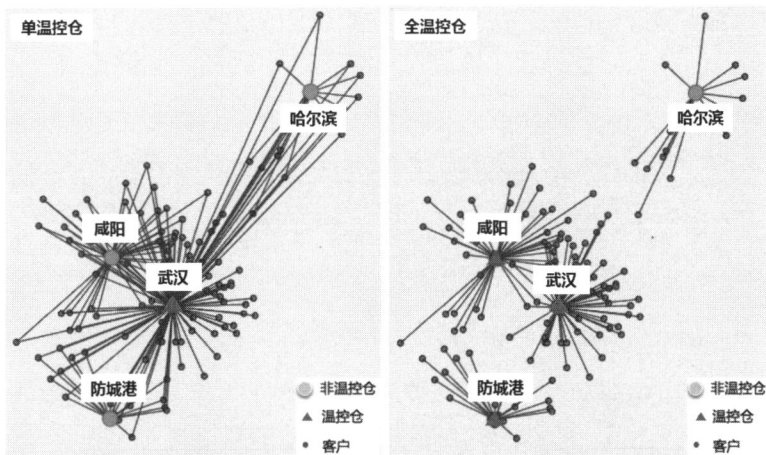

图8-5 单温控仓与全温控仓方案下的客户覆盖关系

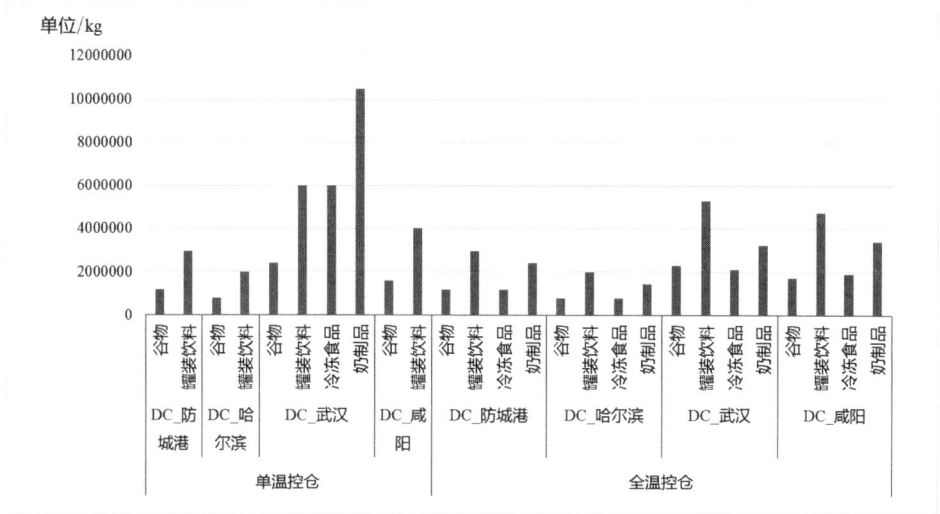

图 8-6　单温控仓与全温控仓方案下各仓库吞吐量

表 8-4　单温控仓与全温控仓方案成本情况

方案	总成本 / 万元	仓库运营成本 / 万元	运输成本 / 万元
单温控仓	5048	950	4098
全温控仓	4627	1400	3227

当只有一个仓库同时设置常温库和冷库时，其需要满足全国所有客户对奶制品和冷冻食品的需求，这导致运输成本较高；但如果所有仓库都同时设置常温库和冷库，会使得仓库运营成本较高，由此产生了权衡点，需要我们分别进行分析。此时可以发现，选择全温控仓虽然比选择单温控仓多产生了 450 万元的仓库运营成本，但其运输成本的下降幅度远比仓库运营成本的上升幅度大，从而使得全温控仓方案的总成本较低，因此，全温控仓方案较优。

除了考虑成本，服务水平也是一个重要因素，因此 ZB 公司决定对服务水平进行考量，以做出更加全面的决策。取送货卡车的平均行驶速度 60km/h，驾驶员每天工作 8h，即车辆平均每天可以服务的最大距离为 480km。因此，1 日达要求客户与仓库的距离在 480km 内，2 日达则要求在 960km 内。基于场景 1 的输出结果分析服务水平，可得单温控仓与全温控仓方案下各品类 1 日达与 2 日达的服务水平，如表 8-5 所示。

表 8-5　单温控仓与全温控仓方案下各品类 1 日达与 2 日达服务水平

方案	产品	1 日达	2 日达
单温控仓	谷物	34.19%	96.55%
	罐装饮料	34.19%	96.55%
	冷冻食品	12.68%	50.76%
	奶制品	15.42%	48.81%
平均水平		24.12%	73.17%
全温控仓	谷物	33.36%	96.55%
	罐装饮料	33.35%	96.55%
	冷冻食品	33.48%	96.55%
	奶制品	38.64%	97.27%
平均水平		34.71%	96.91%

通过比较单温控仓和全温控仓两种方案，可见全温控仓方案对全品类的 1 日达与 2 日达服务水平都较高，而且总成本较低。所以与单温控仓方案相比，此场景下全温控仓方案为较优的方案。

8.3.2　场景 2：考虑服务水平

ZB 公司认为冷冻食品的 1 日达服务水平过低，为了提高竞争力，希望找到能够平衡服务水平和成本的选址方案。但是因为目前全温控仓方案下冷冻食品的服务水平也很低，所以目前公司仅有的武汉、咸阳、哈尔滨和防城港 4 个仓库明显已经不能使服务水平有更进一步的增长。为了进一步提升服务水平，ZB 公司增加了额外的待选设施点，决定增加新的仓库来解决该问题。但此时的难点在于，应该增加哪几个仓库，以及新增仓库后产品流如何分配等。

为了进一步提高服务水平，在全温控仓方案下，对冷冻食品的 1 日达服务水平进行灵敏度分析，以 10% 为梯度，分别取 50%～80% 4 种方案。

（1）方案 1：限制冷冻食品的 1 日达服务水平为 50%。

（2）方案 2：限制冷冻食品的 1 日达服务水平为 60%。

（3）方案 3：限制冷冻食品的 1 日达服务水平为 70%。

（4）方案 4：限制冷冻食品的 1 日达服务水平为 80%。

将冷冻食品的 1 日达服务水平数据输入模型，运行可得各方案服务水平，如表 8-6 所示。

表 8-6　服务水平灵敏度分析

方案	产品	1 日达	2 日达
方案 1	谷物	48.24%	99.00%
	罐装饮料	49.47%	99.00%
	冷冻食品	54.60%	99.00%
	奶制品	58.49%	99.67%
平均水平		52.70%	99.17%
方案 2	谷物	50.65%	99.00%
	罐装饮料	50.65%	99.00%
	冷冻食品	60.05%	99.00%
	奶制品	67.31%	99.67%
平均水平		57.17%	99.17%
方案 3	谷物	53.75%	99.00%
	罐装饮料	55.77%	99.00%
	冷冻食品	70.17%	99.00%
	奶制品	71.48%	99.67%
平均水平		62.79%	99.17%
方案 4	谷物	57.20%	99.37%
	罐装饮料	54.56%	99.37%
	冷冻食品	80.00%	99.37%
	奶制品	80.03%	99.79%
平均水平		67.95%	99.48%

同时，可以得到 4 种方案下的成本（见表 8-7）及网络结构图（见图 8-7）。

表 8-7 各方案下的成本及站点数量

方案	总成本/万元	全品类1日达平均服务水平	全品类2日达平均服务水平	站点数量/个
方案1（限制冷冻食品的1日达服务水平为50%）	4888	52.70%	99.17%	5
方案2（限制冷冻食品的1日达服务水平为60%）	5201	57.17%	99.17%	6
方案3（限制冷冻食品的1日达服务水平为70%）	5537	62.79%	99.17%	7
方案4（限制冷冻食品的1日达服务水平为80%）	6229	67.95%	99.48%	9

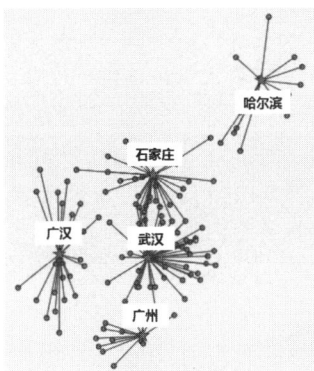

（a）方案1

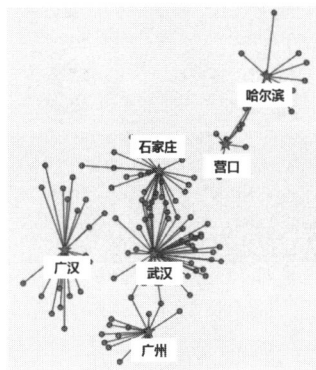

（b）方案2

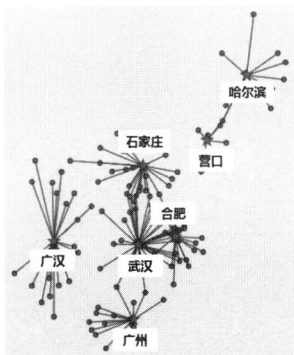

（c）方案3

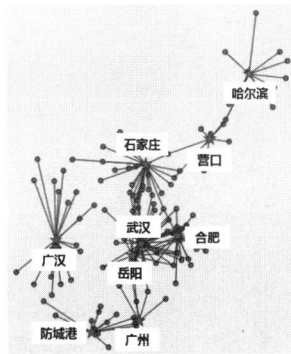

（d）方案4

图 8-7 各方案下的网络结构

在图 8-8 中，对比 4 种方案，随着冷冻食品 1 日达服务水平从 50% 上升到 80%，所建立的站点数量也在增加，全品类产品 1 日达服务水平亦平稳上升，2 日达服务水平基本维持在 99% 左右；总成本在方案 3 处出现了拐点，说明方案 4 以较高的成本换取了较高的服务水平，此场景下方案 3 较优。

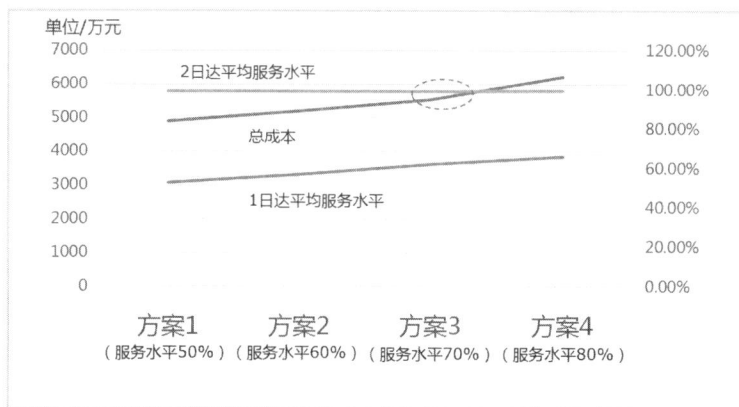

图 8-8　各方案总成本及服务水平折线图

综上，由于冷冻食品需要冷库存储，所以对冷库的选址进行决策，并对单温控仓与全温控仓方案进行选择，对两者的仓库运营成本及运输成本进行权衡后可得全温控仓方案的总成本较低。然后，不同产品的时效要求引发了服务水平与成本的权衡，由此进行服务水平灵敏度分析，比较各方案的服务水平与成本后进行择优。从中可以发现，在权衡中，为了提高冷冻食品的服务水平，必然需要付出更高的成本，主要用于新建仓库以缩短平均运输距离。

第 **9** 章

多级供应链网络设计

前面章节以仓库/配送中心到客户为例，着重介绍了基础的两级供应链网络设计与优化方法。在实际生产消费过程中，供应链网络是由多个层级构成的，一条经典的供应链表现为"原材料供应商—工厂—经销商—客户"，就已经扩展了好几个层级，即使聚焦于分销网络，常见的也是"分拨中心—配送中心—客户"的结构。产品供需一般会通过多级供应链来完成，以克服空间和时间限制，因此，多级供应链在供应链网络设计中更普遍。由于供应链上下游的传递性，多级供应链网络设计更加逼近全局性设计，所以也更为复杂。本章在二级供应链网络设计的基础上，揭示多级供应链网络设计中需要着重考虑的因素和策略。

A 汽物流战略规划部 B、C、D 3 名规划人员分别向部长提交了一份规划方案，部长认为规划人员 D 的方案最契合实际需求。出于业务扩张的考虑，部长提出，不仅需要考虑产成品，还要将 A 集团上游零部件物流纳入网络中。

目前上游零部件直接从供应商工厂运输至 A 集团天津主机厂，因为大部分零部件供应商位于江苏、福建一带，与主机厂距离相对较远，主机厂至少需要存储 7～15 天的零部件周转量，以保证生产稳定性。部长希望在主机厂附近配置零部件仓库（Supporting Parts Warehouse, SPW），实现主机厂内部仓库外移，由 A 汽物流来完成从 SPW 到主机厂的线边上送。

在图 9-1 中，规划人员 D 增加了 SPW，并需要对新的供应链网络成本、服务水平进行测算。

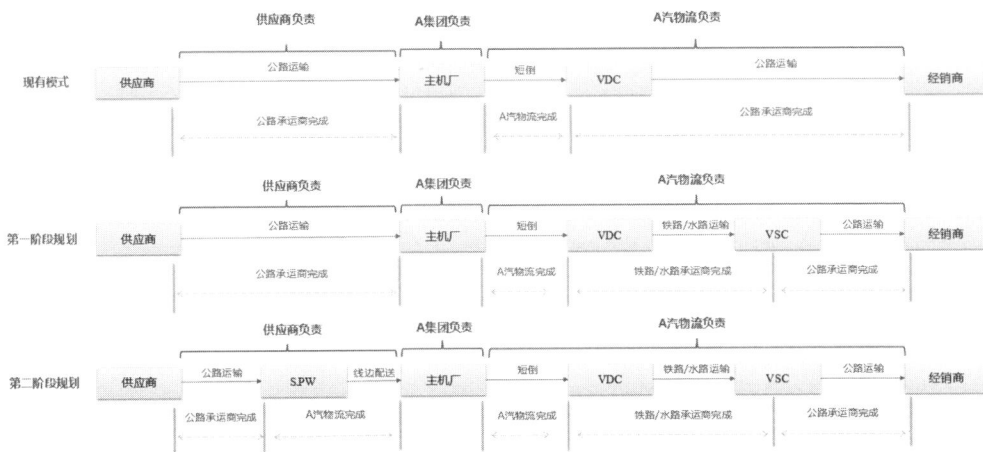

图 9-1 A 汽物流多级供应链网络规划

9.1 多级供应链定义

多级供应链是指从上游供应商到客户，供应链有三个层级及以上的网络体系，例如贸易公司的多级分销网络、生产公司的多级产销网络等。图 9-2 所示为多级供应链示意图。

图 9-2 多级供应链示意图

研究供应链网络时，对上游供应商的定义不同，供应链级数也不同。在图 9-2 中，以总仓为供应商时，"总仓—配送中心—客户"是"三级供应链"结构；当工厂作为供应商时，"工厂—总仓—配送中心—客户"是"四级供应链"结构。以此类推，可以定义所研究的供应链网络层级，每个层级都涉及多个设施或运营主体，最终形成"多级供应链"网络。

9.2 多级供应链网络需拓展的主要因素

从二级供应链网络到多级供应链网络，核心变化是除供应链起点层级和终点层级外，其他中间层级都具有双重角色，它们既是上游的客户，又是下游的供应商。因此，相对于二级供应链网络，这些具有双重角色的中间层级之间就会形成多种产品流组合关系，两个角色的子目标要求也可能相互冲突，成本结构也更加多变。了解影响这些变化的主要因素，对于建立合理的优化模型，确定关键参数和有的放矢地制定策略是非常重要的。

9.2.1 增加出入站环节

图 9-3 展示了多级供应链的出入站环节图。在图中的二级供应链中，只考虑从配送中心到客户的出站环节；供应链层级由二级变为三级时，配送中心作为其中的衔接点，增加了总仓到配送中心的入站环节；供应链层级由三级变为四级时，此时，衔接点为总仓，在原有的三级供应链基础上增加了工厂到总仓的入站环节。

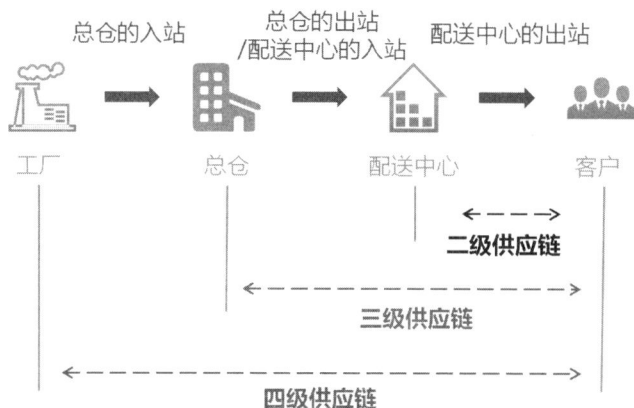

图 9-3　多级供应链的出入站环节图

在供应链中，越靠近上游，运输批量越大，就越有机会采用大批量、低成本的运输方式，比如更多地采用水路、铁路运输等方式，以降低运输成本。由于不同运输批量对应的运价计量方式不同，即使同样使用公路运输，批量较大时也可以选择整车运输以获得更低的运输价格。越靠近下游，客户数量越多，需求越分散，运输批量较小，往往只能选择零担运输或者更昂贵的快递，运输成本就很高。一般而言，总仓通过整车运输将货物运送到配送中心；由于客户订购的产品数量较少，配送中心通过零担运输将货物运送至每个客户点。在配送中心的选址过程中，随着配送中心位置的变化，其出入站成本也相应发生改变。如图 9-4 所示，假设在平面图中，横坐标表示配送中心位置，当配送中心位置往左侧移动时，总仓与配送中心的距离缩短，配送中心与客户的距离增加，导致入站成本降低、出站成本升高。从供应链网络优化的角度来看，就需要寻找一个合理的配送中心位置，以尽可能让整车运输距离最大化和零担运输距离最小化。

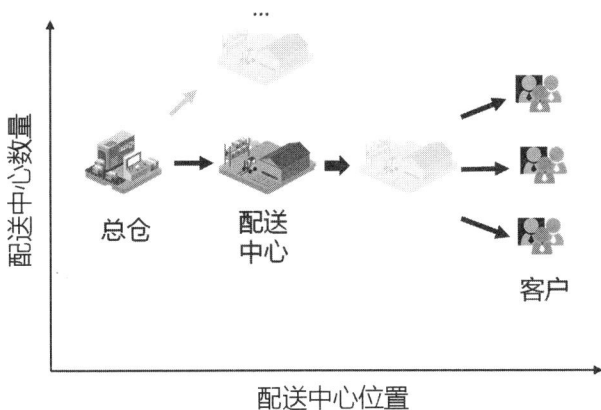

图 9-4 配送中心位置变化对出入站成本的影响

用横坐标表示配送中心数量，纵坐标表示物流成本，可得配送中心数量与出入站成本、设施运营成本及总成本的关系，如图 9-5 所示。由于配送中心数量增加使得配送中心更靠近客户，出站成本随着配送中心数量的增加而减少；由于配送中心数量增加，总仓向各个配送中心发出的运输批量减小，这使得产品批量无法支撑整车运输而改为零担运输，进而导致入站成本升高；此外，配送中心数量的增加带来配送中心设施运营成本的增加。出站、入站成本与配送中心设施运营成本构成了总成本，其曲线的底部对应总成本最低的解决方案。

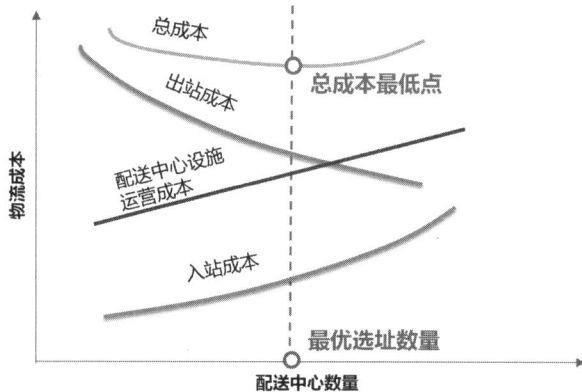

图 9-5　配送中心数量与各项成本的关系

9.2.2　综合考虑多级服务水平

在"配送中心—客户"二级供应链中，只考虑客户的服务水平要求；多级供应链中，中间层级的设施担任供给主体和需求主体的双重角色，这意味着这些设施同样存在服务水平要求，例如配送中心对总仓有服务水平要求，总仓对工厂有服务水平要求，如图 9-6 所示。

图 9-6　多级供应链服务水平要求示意图

服务水平跟距离直接相关，各级服务水平要求将对相关设施位置产生影响。在图 9-7（a）、图 9-7（b）中，在仅有一端服务水平要求的情况下，配送中心可以向客户端或总仓端移动来满足对应的服务水平要求；在图 9-7（c）中，两端都存在服务水平要求，此时便产生了权衡点，需要寻找能同时满足两端服务水平要求的合理位置。

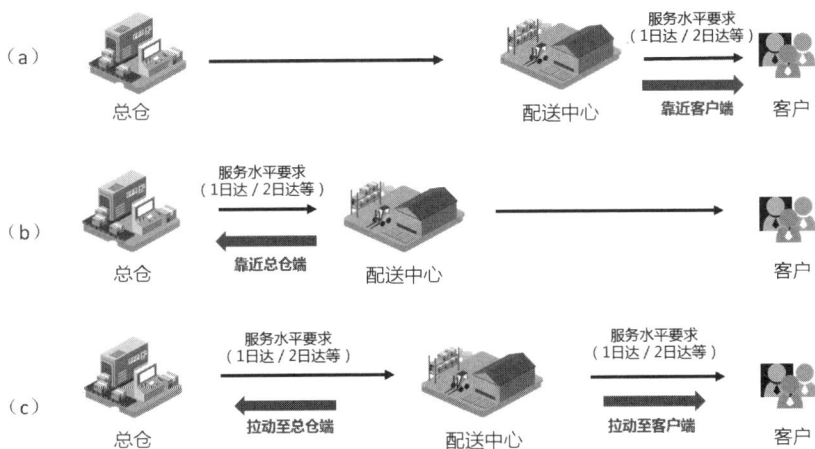

图 9-7　多级服务水平要求对配送中心位置的影响

同时，配送中心位置的移动伴随着出入站成本的增加或减少，这就引发了对服务水平与出入站成本的权衡，此时需要在满足一定服务水平要求的情况下找到总成本较低的方案。

9.2.3　供应规则的变化——存在跨级供应

上一章介绍供应约束时提到两种供应模式：单源供应和多源供应。在实际运作中，这两种供应模式对应着不同的供应规则。在多级供应链中，供应规则被拓展了，不仅要规定同级供应规则，还要规定跨级供应规则。跨级供应是指下一级客户/设施跨越上一级设施进行供应。在图 9-8 中，客户被允许不仅可以由配送中心供货，还可以由总仓跨级直接供货。

跨级供应使多级供应链网络层级关系更为复杂。如果不允许跨级供应，上下游之间层级分明；如果允许跨级供应，供应方就会兼具多个层级身份，这导致供应链网络产品流组合方式大幅增加。以图 9-8 中的总仓为例，在不允许跨级供应的规则下，总仓给配送中心供货，配送中心给客户供货；如果允许跨级供应，总仓直接给客户供货，其身份就相当于一个配送中心，于是总仓这个设施就兼具了总仓层级和配送中心层级的双重身份，就会既有向配送中心发出的大运量产品流，也有向客户发出的零星产品流。是否需要让总仓具有跨级供应功能，属于对设施功能混合性和上下游对应关系的决策，常常也是企业希望解决的问题，在供应链网络优化中，这些可能表现为不同策略，企业可通过多次运算，找到较优的方案。

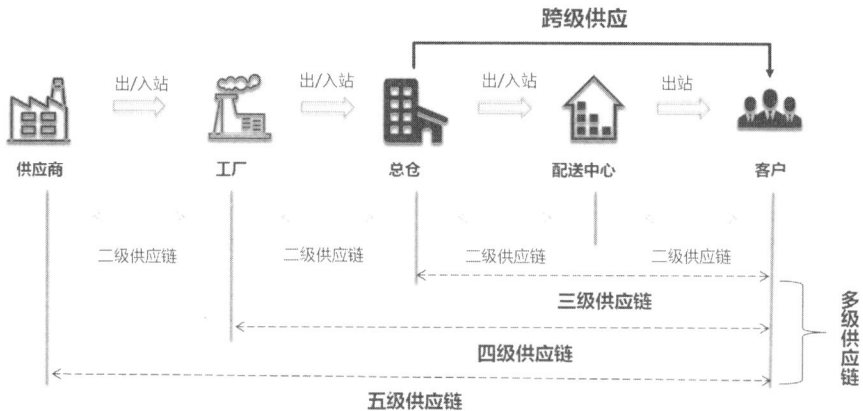

图 9-8　跨级供应示意图

9.3　多级供应链网络设计模型

集合及参数如下：

W = 备选配送中心集合；

w = 特定备选配送中心；

I = 配送中心集合；

i = 特定配送中心；

H = 总仓集合；

h = 特定总仓；

L = 工厂集合；

l = 特定工厂；

d_j = 客户 j 对产品的需求；

$transPS_{l,h}$ = 将产品从工厂 l 运送到总仓 h 的单位运输成本；

$transSW_{h,i}$ = 将产品从总仓 h 运送到配送中心 i 的单位运输成本；

$transWC_{i,j}$ = 将产品从配送中心 i 运送到客户 j 的单位运输成本；

$transSC_{h,j}$ = 将产品从总仓 h 运送到客户 j 的单位运输成本；

$whFix_{i,w}$ = 配送中心 i 的固定建设成本；

$vol_{i,j}$ = 配送中心中绑定给客户单位产品的容量；

$whCap_{i,w}$ = 配送中心的容量；

$pCap_l$ = 工厂的产能；

$dist_{l,h}$ = 工厂与总仓之间的距离；

$HighServiceDist_{l,h}$ = 工厂与总仓之间的服务需求距离；

$HighServiceDemand_{l,h}$ = 工厂到总仓的服务水平。

决策变量如下：

$X_{i,w}$ = 是否建立配送中心 i；

$Y_{i,j}$ = 配送中心 i 是否运送产品给客户 j；

$Z_{h,i}$ = 从总仓 h 运送到配送中心 i 的产品数；

$U_{l,h}$ = 从工厂 l 运送到总仓 h 的产品数；

$V_{h,j}$ = 总仓 h 是否运送产品给客户 j；

目标函数如下：

$$\min \sum_{l \in L} \sum_{h \in H} (transPS_{l,h}) U_{l,h}$$

$$+ \sum_{h \in H} \sum_{i \in I} (transSW_{h,i}) Z_{h,i} + \sum_{i \in I} \sum_{j \in J} transWC_{i,j} d_j Y_{i,j} \qquad （公式 9-1）$$

$$+ \sum_{h \in H} \sum_{j \in J} (transSC_{h,j}) d_j V_{h,j} + \sum_{i \in I} \sum_{w \in W} whFix_{i,w} X_{i,w}$$

目标函数为总成本最小化，总成本由以下 5 个部分构成。

（1）工厂—总仓运输成本：

$$\sum_{l \in L} \sum_{h \in H} (transPS_{l,h}) U_{l,h} \qquad （公式 9-2）$$

（2）总仓—配送中心运输成本：

$$\sum_{h\in H}\sum_{i\in I}(\text{transSW}_{h,i})Z_{h,i} \qquad （公式 9-3）$$

（3）配送中心—客户运输成本：

$$\sum_{i\in I}\sum_{j\in J}\text{transWC}_{i,j}d_jY_{i,j} \qquad （公式 9-4）$$

（4）总仓—客户跨级运输成本：

$$\sum_{h\in H}\sum_{j\in J}(\text{transSC}_{h,j})d_jV_{h,j} \qquad （公式 9-5）$$

（5）配送中心运营成本：

$$\sum_{i\in I}\sum_{w\in W}\text{whFix}_{i,w}X_{i,w} \qquad （公式 9-6）$$

约束条件如下：

$$\sum_{i\in I}Y_{i,j}=1, \forall j\in J \qquad （公式 9-7）$$

$$\sum_{h\in H}V_{h,j}=1, \forall j\in J \qquad （公式 9-8）$$

$$\sum_{i\in I}\sum_{w\in W}X_{i,w}=P \qquad （公式 9-9）$$

$$\sum_{w\in W}X_{i,w}\leqslant 1, \forall i\in I \qquad （公式 9-10）$$

$$\sum_{j\in J}\text{vol}_{i,j}Y_{i,j}\leqslant\sum_{w\in W}\text{whCap}_{i,w}X_{i,w}, \forall i\in I \qquad （公式 9-11）$$

$$\sum_{l\in L}U_{l,h}=\sum_{j\in J}d_jY_{i,j}+\sum_{j\in J}d_jV_{h,j}, \forall i\in I, \forall h\in H \qquad （公式 9-12）$$

$$\sum_{h\in H}U_{l,h}\leqslant\text{pCap}_l, \forall l\in L \qquad （公式 9-13）$$

$$Y_{i,j}\leqslant\sum_{w\in W}X_{i,w}, \forall i\in I, \forall j\in J \qquad （公式 9-14）$$

$$\sum_{l\in L}\sum_{h\in H}(\text{dist}_{l,h}>\text{HighServiceDist}_{l,h}?0:1)U_{l,h}\geqslant$$
$$\text{HighServiceDemand}_{l,h} \qquad （公式 9-15）$$

$$\sum_{h\in H}\sum_{i\in I}(\text{dist}_{h,i}>\text{HighServiceDist}_{h,i}?0:1)Z_{h,i}\geqslant$$
$$\text{HighServiceDemand}_{h,i} \qquad （公式 9-16）$$

$$\sum_{i \in I} \sum_{j \in J} (\text{dist}_{i,j} > \text{HighServiceDist}_{i,j}?0{:}1)\, d_j\, Y_{i,j} \geq$$
$$\text{HighServiceDemand}_{i,j} \qquad \text{（公式 9-17）}$$

$$\sum_{h \in H} \sum_{j \in J} (\text{dist}_{h,j} > \text{HighServiceDist}_{h,j}?0{:}1)\, d_j\, V_{h,j} \geq$$
$$\text{HighServiceDemand}_{h,j} \qquad \text{（公式 9-18）}$$

$$Y_{i,j} \in \{0,1\},\ \forall i \in I,\ \forall j \in J \qquad \text{（公式 9-19）}$$

$$X_{i,w} \in \{0,1\},\ \forall i \in I,\ \forall w \in W \qquad \text{（公式 9-20）}$$

$$Z_{h,i} \geq 0,\ \forall h \in H,\ \forall i \in I \qquad \text{（公式 9-21）}$$

$$U_{l,h} \geq 0,\ \forall l \in L,\ \forall h \in H \qquad \text{（公式 9-22）}$$

$$V_{h,j} \in \{0,1\},\ \forall h \in H,\ \forall j \in J \qquad \text{（公式 9-23）}$$

约束条件 1 表示每个客户对某种产品的需求只能选择一个配送中心作为服务提供者，指的是允许客户从不同的配送中心接收不同的产品，但不允许客户从多个配送中心接收相同的产品。

约束条件 2 表示总仓与客户的对应关系，指的是一个客户只能由一个总仓提供服务。

约束条件 3 限制了最终的配送中心数量。

约束条件 4 表示必须从备选配送中心集合中进行选择。

约束条件 5 为配送中心的容量约束。

约束条件 6 为供需守恒约束，表示所有工厂发出的产品数等于终端客户的总需求数。

约束条件 7 表示工厂的产能约束。

约束条件 8 表示不允许将客户分配给未选择的配送中心。

约束条件 9 ～ 12 表示多级供应链中各设施存在的服务水平约束，包括工厂到总仓的服务水平、总仓到配送中心或客户的服务水平以及配送中心到客户的服务水平。

约束条件 13、14 表示 0-1 变量约束。

约束条件 15、16 为非负约束。

约束条件 17 为 0-1 变量约束。

9.4 案例：ZB 公司多级供应链网络设计

前文讲过，ZB 公司是一家大型杂货零售商，总部位于湖北武汉，主要经营冷冻食品、饮料等，在国内经营着120家商店，其商店空间布局及需求量大小如图9-9所示。

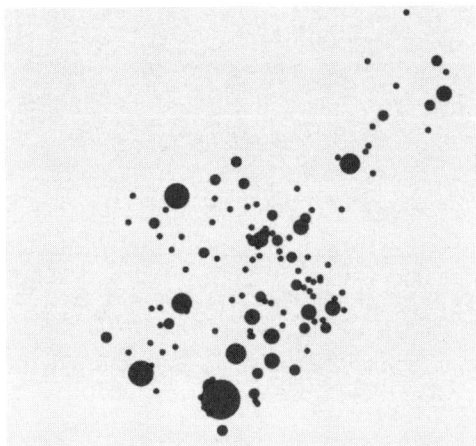

图 9-9　ZB 公司的商店空间布局及需求量大小

为了对 ZB 公司的供应链网络进行规划设计，现建立 5 个场景，以区别和分析各因素对供应链网络设计的影响。

场景 1：仅考虑二级供应链的配送中心选址。

场景 2：配送中心选址不变，添加入站成本。

场景 3：添加入站成本后配送中心重新选址。

场景 4：考虑多级服务水平的配送中心重新选址。

场景 5：允许跨级供应后配送中心重新选址。

9.4.1　场景 1：仅考虑二级供应链的配送中心选址

在只考虑配送中心与客户的二级供应链的情况下，ZB 公司需要在 25 个备选配送中心中进行选择，每个配送中心的运营成本为 200 万元，单位运输成本为 0.01 元 /（件·km）。总成本最低的方案选择了 6 个配送中心，分别是哈尔滨、咸阳、郑州、南昌、重庆和防城港，通过计算得到运输成本为 2479 万元、配送中心运营成本为 1200 万元、总成本为 3679 万元，各个配送中心服务客户的情况如图 9-10 所示。

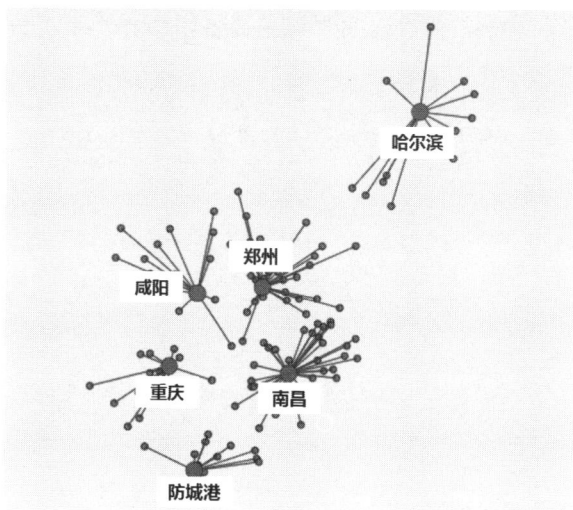

图 9-10　二级供应链最优方案下各个配送中心服务客户的情况

9.4.2　场景 2：配送中心选址不变，添加入站成本

随着业务量的增长，ZB 公司在成都建立总仓，采用"总仓—配送中心—客户"的三级供应链，仍使用哈尔滨、咸阳、郑州、南昌、重庆和防城港 6 个配送中心，但纳入入站成本，并且在总仓与配送中心之间使用整车运输，单位运输成本取 0.004 元 /（件·km）。运行模型，可对比场景 1、2 在最优方案下的供应链网络（见图 9-11）和各项成本（表 9-1）。

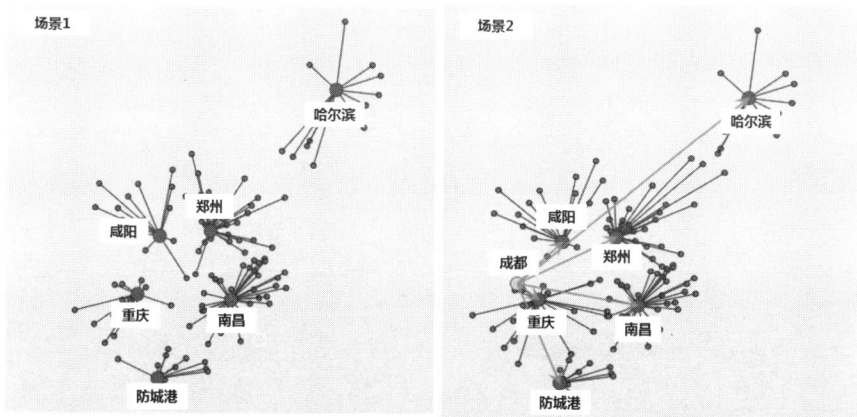

图 9-11　场景 1 与场景 2 供应链网络对比

表 9-1　场景 1 与场景 2 各项成本对比

场景	总成本/万元	配送中心运营成本/万元	总运输成本/万元	入站成本/万元	出站成本/万元
场景 1（仅考虑二级供应链的配送中心选址）	3679	1200	2479	0	2479
场景 2（配送中心选址不变，添加入站成本）	6676	1200	5476	2827	2649

　　场景 2 与场景 1 相比，由于增加了入站成本，总运输成本发生了改变，而且为了得到成本较低的方案，配送中心和客户间的产品流发生了变化，部分客户改由更接近总仓的配送中心来覆盖。

9.4.3　场景 3：添加入站成本后配送中心重新选址

　　在三级供应链网络中，为了得到成本更低的方案，需要对配送中心重新进行选址。运行模型后，6 个配送中心变为了 5 个，分别为广汉、郑州、营口、岳阳和防城港。对比场景 2 可以发现，除郑州与防城港两个配送中心的位置不变，其他配送中心的位置均向总仓靠近，如图 9-12。在此情况下，配送中心与客户的总距离增加，出站成本上升；总仓与配送中心距离减小，入站成本下降；配送中心数量减少，运营成本减少。由于配送中心运营成本减少幅度较总运输成本增加幅度大，所以场景 3 的总成本与场景 2 相比较低，如表 9-2 所示。

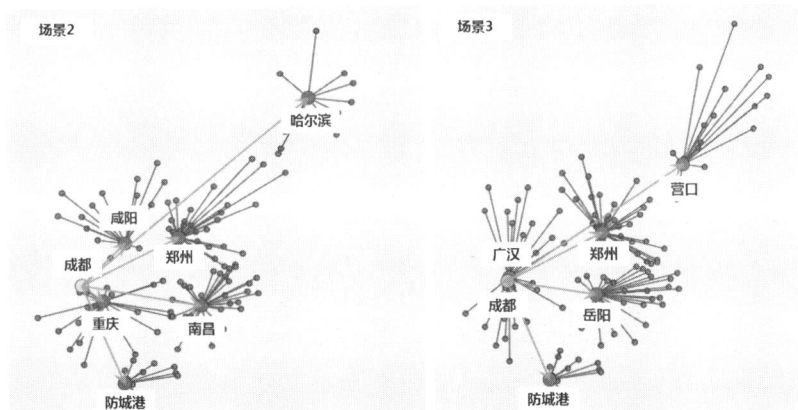

图 9-12　场景 2 与场景 3 供应链网络对比

表 9-2　场景 2 与场景 3 各项成本对比

场景	总成本/万元	配送中心运营成本/万元	总运输成本/万元	入站成本/万元	出站成本/万元
场景 2（配送中心选址不变，添加入站成本）	6676	1200	5476	2827	2649
场景 3（添加入站成本后配送中心重新选址）	6500	1000	5500	2495	3005

9.4.4　场景 4：考虑多级服务水平的配送中心重新选址

在场景 3 中，满足"配送中心—客户"1 日达要求的服务水平为 51.42%，满足"总仓—配送中心"3 日达要求的服务水平为 86.73%。由于客户服务水平需优先考虑，ZB 公司认为目前客户服务水平比较低，至少要达到 80%。重新选址后得到如下结果。

从表 9-3、表 9-4 中可以发现，场景 4 通过增加配送中心的数量，缩短了配送中心与客户的距离，提高了服务水平，而且是以总成本 5.6% 的升高换取了客户服务水平 28.58% 的提高。

表 9-3　场景 3 与场景 4 服务水平对比

场景	1 日达服务水平	3 日达服务水平	配送中心数量/个
场景 3（添加入站成本后配送中心重新选址）	51.42%	86.73%	5
场景 4（考虑多级服务水平的配送中心重新选址）	80.00%	60.19%	9

表 9-4　场景 3 与场景 4 各项成本对比

场景	总成本/万元	配送中心运营成本/万元	总运输成本/万元	入站成本/万元	出站成本/万元
场景 3（添加入站成本后配送中心重新选址）	6500	1000	5500	2495	3005
场景 4（考虑多级服务水平的配送中心重新选址）	6864	1800	5064	2902	2162

9.4.5 场景 5：允许跨级供应后配送中心重新选址

允许跨级供应，即总仓直接向客户发货，重新选择配送中心位置及数量，跨级供应中总仓到客户采用零担运输，单位运输成本取 0.01 元 /（件·km）。输出结果如图 9-13（b）所示，各项成本对比如表 9-5 所示。

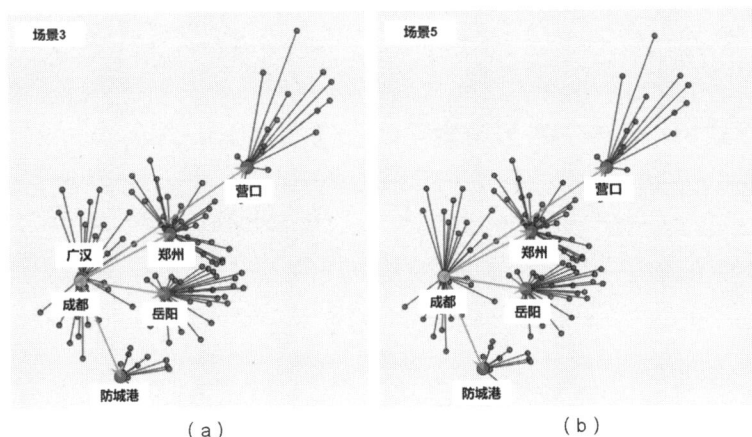

图 9-13 场景 3 与场景 5 供应链网络对比

表 9-5 场景 2、场景 3 与场景 5 各项成本对比

场景	总成本 / 万元	配送中心运营成本 / 万元	总运输成本 / 万元	入站成本 / 万元	出站成本 / 万元
场景 2（配送中心选址不变，添加入站成本）	6676	1200	5476	2827	2649
场景 3（添加入站成本后配送中心重新选址）	6500	1000	5500	2495	3005
场景 5（允许跨级供应后配送中心重新选址）	6278	800	5478	2468	3010

图 9-13 和表 9-5 中可以发现，场景 3 中由广汉配送中心服务的客户在场景 5 中直接由成都总仓跨级供货，总仓同时承担了配送中心功能，广汉配送中心取消，配送中心数量减少，运营成本减少；运输方面，减少了成都总仓到广汉配送中心的入站环节，但出站成本增加。

第 **10** 章

引入 BOM 的多级
供应链网络设计

区别于以产成品为研究对象的流通型供应链网络，以原材料、半成品为研究对象的生产型供应链网络增加了物料在工厂的加工和存储过程，物料和产成品在流经生产设施前后形态和数量均发生了变化，如图 10-1 所示。

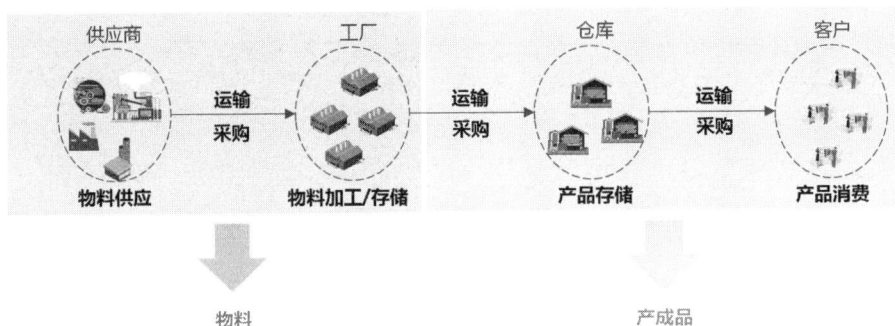

图 10-1　生产型供应链

因此，围绕生产工艺和设计要求形成的生产产成品所需的原材料和半成品配方通常称为"物料清单"（Bill of Material, BOM）。生产型供应链网络是以 BOM 为基础构建的，本章将介绍引入 BOM 的多级供应链网络设计，帮助读者理解什么是 BOM 表，在供应链网络设计中引入它会产生什么影响，以及引入它后如何建模求解等。

先来了解一汽丰田的例子。一汽丰田在天津、成都、长春 3 个城市建立了制造基地，生产普锐斯、兰德酷路泽、皇冠、锐志、卡罗拉、花冠、威驰、RAV4 等车型。汽车一般由发动机、底盘、车身和电子电气设备等部分组成。发动机包含机体、曲柄连杆机构、配气机构、冷却系统、润滑系统、燃料系统和点火系统等组成。机体由气缸体、气缸盖、气缸盖罩、气缸衬垫、主轴承盖以及油底壳等组成。按照上述结构不断拆解，一辆汽车基本由 1 万～ 3 万个不可拆解的零部件构成。整车 BOM 表示例如表 10-1 所示。

表 10-1 一汽丰田卡罗拉汽车整车 BOM 表示例

			车型名称			文件名称		版本号
			卡罗拉			整车 BOM 表		
序号	零部件图号	ERP 编码	零部件名称	数量	单位	状态描述	备注	
1			车架总成	1	个			
2			车厢总成	1	个			
3			后桥总成	1	个			
4			变挡手柄	1	个			
5			变挡拉锁	1	根			
6			保险杠总成	1	个			
7			控制器	1	个			
8			360 空气开关	1	个			
9			外胎	3	个			
10			内胎	3	个			
11			板轮	3	个			
12			充电座	1	个			
……								

整车 BOM 表中涉及的零部件，少部分由主机厂生产，其他绝大多数由零部件供应商提供。其零部件供应商分布在全国各地，甚至国外，供应商供货数量、品类也各有差异。表 10-2 列出了部分供应商名录，可以看出，有些零部件由一家供应商提供，例如手动变速器由唐山爱信齿轮有限责任公司提供，自动变速器由天津艾达自动变速器有限公司提供；一些零部件可由多家供应商提供，例如乘用车用子午胎可以从住友橡胶（常熟）有限公司和正新橡胶（中国）有限公司两家供应商处采购；还有一种情况是一家供应商可以提供若干种零部件，例如天津市神驰汽车零部件有限公司、爱三（天津）汽车部件有限公司提供了两种或两种以上的零部件。

表 10-2　一汽丰田部分供应商

供应商	零部件
唐山爱信齿轮有限责任公司	手动变速器
天津艾达自动变速器有限公司	自动变速器
天津市神驰汽车零部件有限公司	ZR 型发动机及其铸件和零部件
爱三（天津）汽车部件有限公司	空气滤清器、空气滤油器
住友橡胶（常熟）有限公司	乘用车用子午胎
正新橡胶（中国）有限公司	乘用车用子午胎
……	……

与其他供应链网络相比，一汽丰田的生产型供应链网络需要额外解决的问题如下。

（1）一汽丰田的 3 个主机厂应该怎样分配生产的车型？每个主机厂都生产全部车型，还是生产一部分车型？

（2）每个主机厂应该由哪些供应商供货？供应商分别供应哪些品类？

这便是引入 BOM 的多级供应链网络设计将要面对和解决的问题。本章将介绍 BOM 的概念、BOM 对供应链网络设计的影响、如何构建模型中的 BOM、如何设置引入 BOM 的单产品和多产品网络设计约束，并展示相关案例，以此来带领读者全面认识和学习引入 BOM 的多级供应链网络设计。

10.1　BOM 的概念

一般地，把在产品的形成过程中的实体统称为物料项，BOM 则是一种对物料项之间的结构关系（包括装配关系、加工关系、基准依赖关系和互换关系等）的形式化表示方法。BOM 根据承载内容的范围广度，可以分为狭义的 BOM、广义的 BOM 和拓展的 BOM 3 类。

1．狭义的 BOM

狭义的 BOM 通常称为"物料清单"，也就是产品结构。它对产品物理结构按照一定的划分规则进行简单分解，描述产品的物理组成。物料清单 / 产品结构示例如图 10-2 所示。

在狭义的 BOM 的定义中，由于没有加上工艺流程，所以单纯根据功能划分的 BOM 层次结构非常容易引起歧义。每个人根据自己的理解或者现实生产情况的不同，对于同一产品均可能做出不同的 BOM 定义。例如，对于一张方桌，正确的 BOM

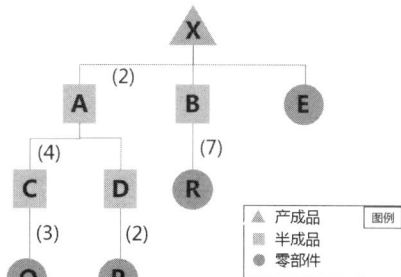

图 10-2 物料清单 / 产品结构示例

应如图 10-3 所示，但是由于缺少对工艺流程的认知，就会出现如图 10-4 所示的理解偏差。

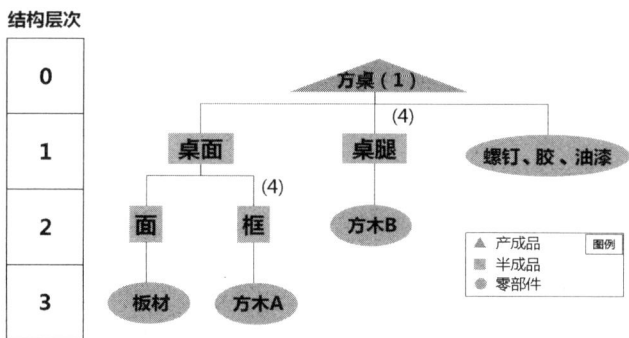

图 10-3 一张方桌的 BOM

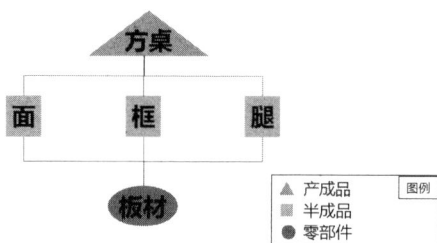

图 10-4 理解偏差的 BOM

2. 广义的 BOM

广义的 BOM 是产品结构和工艺流程的结合体，二者不可分割。广义的 BOM 将工艺流程和物料清单结合，即广义的 BOM = 产品结构 + 工艺流程。离开工艺流程单谈产品结构，没有现实意义。

广义的 BOM 可以按照如下步骤构建：（1）确定产品的工艺流程；（2）描述每道工序（工艺流程的顺序）所用的物料；（3）根据生产组织方式及各子物料相应的子工艺流程，确定每道子工序所用的物料。这样就根据生产组织方式确定了 BOM 的层次。图 10-5 所示的广义的 BOM 结构包含"原材料、自制半成品、外购件 A、外购件 B"的产品结构、"加工""装配"等工艺流程以及发生在加工之前所必需的采购过程。

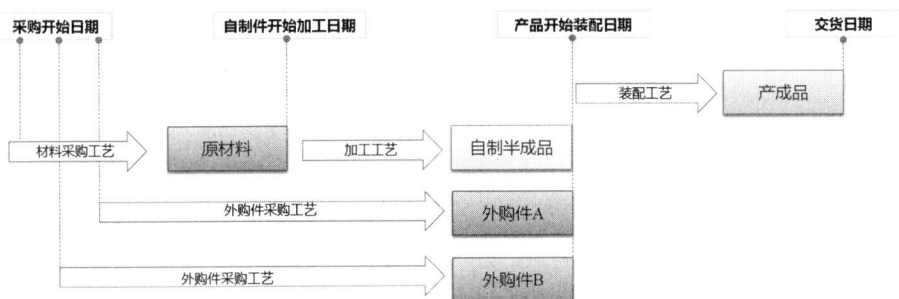

图 10-5　广义的 BOM 结构示意图

3．拓展的 BOM

由于 BOM 在形式上是以数据格式来描述产品结构的文件，是计算机可以识别的数据文件，所以它也是 ERP（Enterprise Resource Planning, 企业资源计划）主导文件之一。但广义的 BOM 没有体现"资源"的特征，即工序中所需消耗的设备资源、人员资源、资金（成本）资源等没有体现。因此在 ERP 系统中，BOM 的概念被再次拓展。

拓展的 BOM 相较于传统意义上的 BOM 能够更加深入地体现"资源"的意义，其不仅仅包含工艺流程和产品结构，而且加入了对设备、人员和资金信息的集成和体现，即拓展的 BOM = 工艺流程 + 产品结构 + 资源（设备、人员、资金等）。

如何把资源嵌套进广义的 BOM 中呢？可以引入工作中心概念，工作中心包括设备资源和人员资源信息。其中，设备信息包括设备数量/编号、设备能力、设备工作时间/效率/利用率、设备价值/折旧等；人员信息包括人员数量/编号、人员能力、人员工作时间/效率/利用率、人员工资等。

工艺流程是工序的集合，每道工序对应相应的工作中心，工作中心的设备和人员信息会被传递到具体工序上，附加带有本道工序特点的信息（如加工时间、排队时间等）——用以计算成本。

然后，在工艺流程的基础上定义物料清单（狭义的 BOM），由于物料成本信息的导入，加上工作中心所附带的成本费率和工时等信息，BOM 的资金信息就形成了。至此，拓展的 BOM 基本构建完成，如图 10-6 所示。

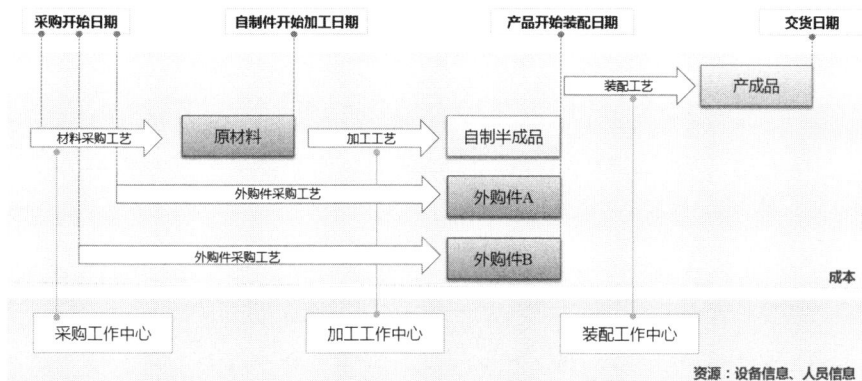

图 10-6　拓展的 BOM

随着企业实际生产管理需求的变化，BOM 的内涵不断丰富，最终包含产品结构、工艺流程和"资源"的 BOM 是我们在供应链网络设计过程中进行数学建模时所借鉴的 BOM 内涵。

狭义的 BOM、广义的 BOM、拓展的 BOM 三者之间的关系如图 10-7 所示。

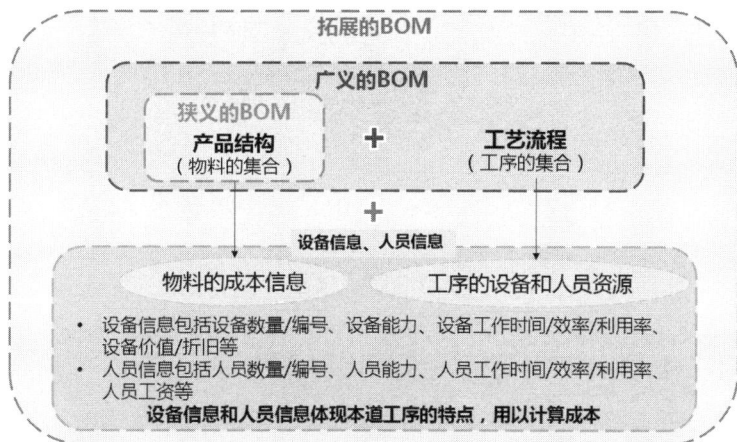

图 10-7　3 种不同 BOM 的关系

10.2 BOM 对供应链网络设计的影响

10.2.1 引入 BOM 的供应链网络设计步骤

为了探究 BOM 对供应链网络设计（以下多简称"网络设计"）的影响，首先需了解引入 BOM 的供应链网络设计步骤，如图 10-8 所示。

（1）确定网络设计的服务对象：为哪些产品的供应设计 / 优化网络？

（2）确定产品 BOM 对应的设施：对于原材料来说，确定其可来源于哪些供应商；对于半成品和产成品来说，确其可由哪些工厂生产（或下一步可去往哪些工厂进行再加工），可由哪些仓库存储 / 分拨。

（3）确定设施备选集：在确定产品 BOM 中的原材料 / 半成品 / 产成品对应的功能设施后，要在其中确定网络设计的设施备选集。

（4）网络设计决策：根据一定的成本和服务水平的决策目标，进行网络设计决策，即选址决策和产品流分配。

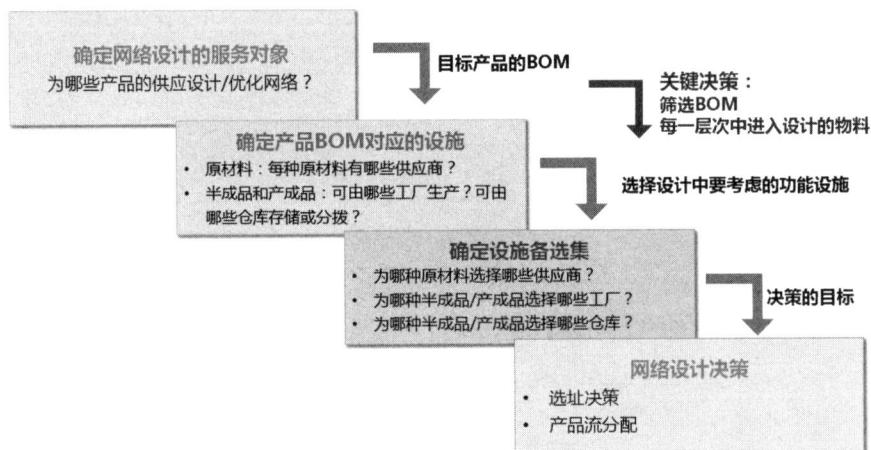

图 10-8　引入 BOM 的供应链网络设计

10.2.2 引入 BOM 的供应链网络优化特殊性

引入 BOM 需考虑两个特殊性。

1．需要筛选进入优化模型的 BOM

在确定网络设计针对的产品后，需要根据目标产品的 BOM 确定网络中有哪些货物（原材料／半成品／产成品），然后才能够确定对应的功能设施。但是，出于对设计效率和成本的考虑，只能选择部分原材料／半成品进入网络设计，因此要筛选 BOM 中每一层次进入设计的物料，从而决定供应链网络的层级以及每一层级的设施及其备选集。

2．需要在优化模型中增加约束

按照物料流经的设施主体，约束分为物料在工厂内和物料从供应商到工厂两类，如图 10-9 所示。

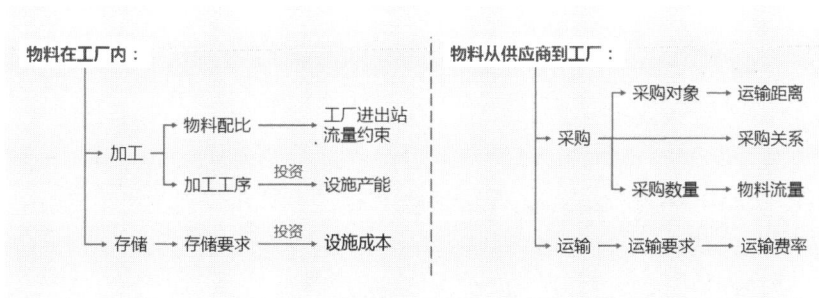

图 10-9　需要在优化模型中增加的约束

对于物料在工厂内的过程，BOM 影响了设施产能、工厂进出站流量约束、设施成本。

（1）设施产能。基于物料对存储和加工的要求，结合投资限制，可以得到工厂存储和加工物料（产成品）的产能，产能约束会影响网络产品流分配。

（2）工厂进出站流量约束。BOM 表中产成品和物料的数量配比，决定了工厂进出站流量约束，从而影响网络产品流分配。

（3）设施成本。一定产能限制下的投资，即设施固定成本，对工厂来说，可分为固定生产成本和固定存储成本两部分。不同物料的单位处理成本通常是不同的，例如，对于生产冰棍的工厂来说，冰棍 BOM 中的饮用水、白砂糖、黄油等物料的入库操作及条件要求均不同。因此，在计算总成本时，需要在原有三级网络基础上考虑不同物料的工厂入库成本。

对于物料从供应商到工厂的过程，BOM 影响了采购和运输。

（1）采购关系。供应商不同或供应商供应的 BOM 中的物料不同，会形成不同的采购关系，而明确采购关系是确定产品流分配的前提。

（2）物料流量。产成品的需求量通过 BOM 表约束了每种物料的总采购量。当相应的供应商有产能约束时，采购量会进一步受到约束，从而影响物料流量的分配。

（3）运输距离。可利用 BOM 表确定在供应链网络中有哪些供应商，添加供应商位置后，会得到从供应商集合到工厂集合中每一个设施对之间的距离，该距离可用来计算运输成本。

（4）运输费率。每种原材料从相应的供应商运到工厂，由于运输条件和运输方式不同，运输费率一般不同。有时因为运输批量和运输距离的差异，同种原材料的运输费率也会出现差异。

10.3　如何搭建模型中的 BOM

为了构建引入 BOM 的多级供应链网络设计模型，须清楚如何搭建模型中的 BOM。本节通过啤酒制造的例子说明构建模型中 BOM 的影响因素。

10.3.1　模型 BOM 构建举例——啤酒制造

一家啤酒制造商在全国范围内拥有由 4 个啤酒厂组成的网络，该啤酒制造商正在寻求优化 4 个啤酒厂的啤酒生产策略的方法，包括各啤酒厂生产哪些品类，分别从哪些供货商处订购原材料和包装材料等。啤酒厂的产品包括瓶装酒、罐装酒、桶装酒。

啤酒制造的基本工艺流程如图 10-10 所示。啤酒的关键成分包括水、大麦、啤酒花和酵母。从生产和产品成本的角度来看，这些是关键成分，但是是否所有的成分都应该纳入网络优化建模中 BOM 的范畴，还需要进一步评估。

水是啤酒中占比最高的成分，但水通常是在本地采购的，不需要从遥远的地方运送到啤酒厂，可获得性很强，获得成本低。因此，尽管水是关键成分，但水对网络优化的影响很小，所以可以不考虑它。

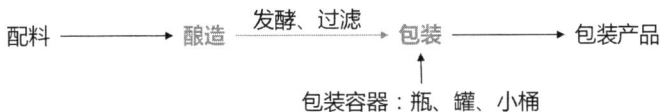

配料 ⟶ 酿造 ——发酵、过滤—→ 包装 ⟶ 包装产品

包装容器：瓶、罐、小桶

图 10-10　啤酒制造的基本工艺流程

大麦和啤酒花属于农作物原料，通常是从理想生长地点的农场运到啤酒厂的，而且一些 BOM 可能还会在特定类型的啤酒中使用特定类型的大麦和啤酒花。这两种成分的供应源相对固定，采购关系也有特定指向性，因此在网络优化中必须考虑这两种成分。

酵母在生产工艺中可能是最关键的成分，然而考虑到生产中使用的酵母可以很容易地以相对较低的运输成本获得，酵母对网络优化的影响很有限，因此也不必考虑。最后筛选出的啤酒成分如图 10-11 所示。

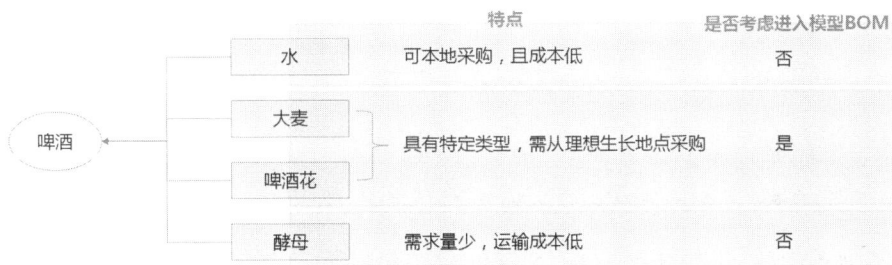

	特点	是否考虑进入模型BOM
水	可本地采购，且成本低	否
大麦	具有特定类型，需从理想生长地点采购	是
啤酒花		
酵母	需求量少，运输成本低	否

啤酒 →

图 10-11　啤酒成分

啤酒的生产过程分为两大类：酿造和包装。虽然酿造过程由制麦芽、碾磨、过滤、煮沸、发酵、调理和过滤等步骤组成，但是从网络优化的角度来看，这些步骤都是在生产车间内部转换完成的，没有网络节点间的物料转换，也没有涉及新的供应商和成分的投入，因此可以把它们整合为同一工艺大类，不需要拆分。

原材料水、大麦、啤酒花、酵母经过酿造就转化成了啤酒，可以包装成各种类型的产成品。包装过程需要加入包装材料，如各种尺寸的空玻璃瓶、铝罐和小桶。这些包装材料来自特定的供应商，并且采购量大，包装材料供应商与生产工厂之间形成了上下游之间跨越空间距离的产品流关系，因此包装材料必须被纳入优化范围。

图 10-12 展示了最终用于建模的 BOM 示例。此 BOM 包含成分（啤酒花、大麦和包装材料）及生产过程（酿造和包装）。这个例子可以进一步扩展，比如添加不同类型的啤酒花或大麦的变化，以对应于不同类型的啤酒。

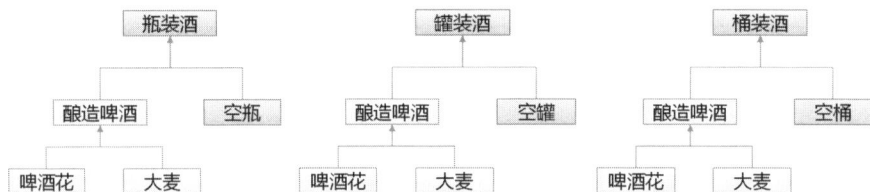

图 10-12　用于建模的 BOM 示例

由此可以看到，通过筛选进入模型中的 BOM 的过程，不仅要区分产成品和原材料，还要区分产品成分和工艺流程。

10.3.2　物料筛选影响因素

为了构建模型中的 BOM，进行物料筛选，需要综合考虑如下因素。

1．物料成本占产品总成本的比重

物料筛选的重点应该放在成本占产品总成本很大一部分的组件上，而非对单位成本影响较小的组件，例如汽车配件中的螺钉、螺母和螺栓等。因为它们的成本仅占产品成本的很小一部分，并且生产地点的变化可能不会对这些组件的入站成本产生明显影响，所以不用考虑这些物料。

2．物料物流条件限制

应考虑在运输条件、仓储条件、出入库条件等方面具有特定要求的物料，因为它们将直接影响运输费率。

3．物料物流量

考虑对应产品需求量大且 BOM 中数量配比较大的物料，因为这将直接决定成本（如采购成本、加工成本、运输成本、存储成本等）的增加幅度。

4．物料采购限制

考虑从供应时间、供应地点、供应对象、供应数量等角度来看，具有采购约束的特定物料，例如啤酒制造例子中的大麦和啤酒花。

5．物料对关键成本决策的影响

考虑工艺流程中需要昂贵设备的物料，此处的昂贵设备指直接与生产特定产品相关的设备，而非通用设备。这会影响该物料由哪个工厂加工的决策，从而影响设施成本。

10.4 引入 BOM 和供应商的网络优化场景组合

根据需要优化的产品数量、供应商与物料的对应关系、工厂与产品的对应关系、多产品 BOM 间的关联，供应链网络将初步出现以下几种细分场景互相组合的情况，如图 10-13 所示。（这里供应商和工厂数量均大于 1 个，且供应商和工厂均有产能限制，否则不具有研究意义。）

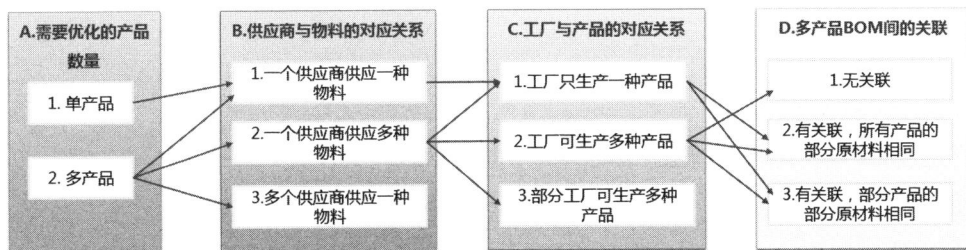

图 10-13 添加 BOM 后的供应链网络场景组合

排除自相矛盾或添加 BOM 后对四级供应链网络没有影响的场景后，按照产品维度进行划分，得到以下 45 种场景。

对于单产品网络，只有 A1-B1 或 B3-C1-D2 或 D3 具有研究意义，A1-B1-C1-D1 和没有引入 BOM 的供应链网络没有区别，因此一共有 3 种场景。

对于多产品网络，有 A2-B2 或 B3-C1 或 C2 或 C3-D1 或 D2 或 D3 等多种组合，共 42 种场景。

10.5 引入 BOM 的单产品网络设计

在单产品 BOM 表中，一部分物料由一个供应商供应，另一部分物料中的每一种都由多家供应商供应。在图 10-14 中，物料 a（实线）和物料 b（虚线）均可以由供应商③供应，物料 a 可以由供应商①、②、③、④供应。

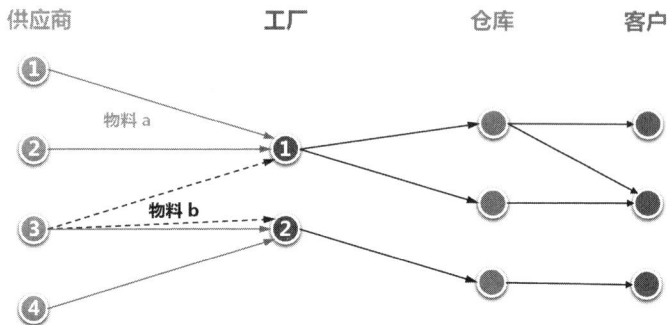

图 10-14　添加 BOM 的单产品网络示例

在决策时，整个网络的目标函数由于形式上的不同实际上可以分为两个部分：供应商—工厂的成本最小化，以及工厂至后续环节的成本最小化，总目标函数即这两个目标函数的和最小化。工厂至后续环节的成本计算方法见第 9 章。供应商—工厂的目标函数可以表述为：

$$\min F_{\text{供应商-工厂}} = \sum_{m \in M} \sum_{s \in S} \sum_{l \in L} (\text{transPL}_{s,l,m} + \text{pvar}_{l,m}) Z_{s,l,m} \quad （\text{公式 10-1}）$$

其中，

S、L、M 分别表示供应商集合、工厂集合、BOM 中的物料集合；

s、l、m 分别表示某个供应商、某个工厂、某种物料；

$\text{transPL}_{s,l,m}$ 表示把物料 m 从供应商 s 运至工厂 l 的运输费率；

$\text{pvar}_{l,m}$ 表示工厂 l 处理物料 m 的入库成本（设施可变成本）；

$Z_{s,l,m}$ 表示物料 m 从供应商 s 至工厂 l 的运输量。

在约束条件上，与原三级网络相比，主要添加了工厂进出站流量约束：

$$\sum_{s \in S} \sum_{l \in L} \sum_{m \in M} Y_{s,l,m} \text{vol}_{s,l,m} = \sum_{l \in L} \sum_{m \in M} \text{vol}_l B_m \quad （\text{公式 10-2}）$$

其中，

$\text{vol}_{s,l,m}$ 表示从供应商 s 到工厂 l 的物料 m 的流量；

$Y_{s,l,m}$ 表示工厂 l 是否由供应商 s 供应物料 m；

vol_l 表示工厂 l 的出货量；

B_m 表示每生产一单位的产品，需要消耗的物料 m 的数量。

相应地，决策变量在原三级网络的基础上，增加了两个：

$Y_{s,l,m}$ 表示工厂 l 是否由供应商 s 供应物料 m；

$Z_{s,l,m}$ 表示物料 m 从供应商 s 至工厂 l 的运输量。

10.6　引入 BOM 的多产品网络设计

对于多产品网络，比较复杂的情况是每个工厂都可以生产网络中的所有产品，多产品 BOM 之间有关联，部分产品的某些原材料相同，存在一个供应商供应多种物料和多个供应商供应一种物料的情况。

添加 BOM 后，多产品网络模型与单产品网络模型最大的区别在于以下两个方面。

（1）对于工厂来说，产成品的产能限制涉及多种产品及其原材料。

（2）工厂进出站的流量约束更为复杂，具体如下：所有物料的总流量≤工厂进站流量限制；所有产品的总流量≤工厂出站流量限制；在一个完整的生产周期内，进站物料流量和出站产品流量在数值上至少要和 BOM 表对应。当然可能还会有废料产生，为了简化问题，在此不考虑。

与单产品四级网络数学模型类似，多产品四级网络对应的数学模型依然可以分为两个部分：供应商—工厂的成本最小化，以及工厂至后续环节的成本最小化，总目标函数即这两个目标函数的和最小化。工厂至后续环节的成本计算方法见第 9 章。供应商—工厂的目标函数可以表述为：

$$\min F_{供应商—工厂} = \sum_{m_k \in M_k} \sum_{s \in S} \sum_{l \in L} \sum_{k \in K} (\text{transPL}_{s,l,m_k} + \text{pvar}_{l,m_k}) Z_{s,l,m_k} \qquad （公式 10\text{-}3）$$

其中，

S、L、K、M_k 分别表示供应商集合、工厂集合、产品集合、产品 k 的 BOM 中的物料集合；

s、l、k、m_k 分别表示某个供应商、某个工厂、某种产品、某种物料；

$\text{transPL}_{s,l,m_k}$ 表示把产品 k 的物料 m_k 从供应商 s 运至工厂 l 的运输费率；

pvar_{l, m_k} 表示工厂 l 处理产品 k 的物料 m_k 的入库成本；

Z_{s, l, m_k} 表示产品 k 的物料 m_k 从供应商 s 至工厂 l 的运输量。

在约束条件上，与原三级网络相比，主要添加了工厂的进出站流量约束，改变了工厂产能约束的定义：

$$\sum_{k \in K} \sum_{s \in S} \sum_{l \in L} \sum_{m_k \in M_k} Y_{s, l, m_k} \mathrm{vol}_{s, l, m_k} = \sum_{k \in K} \sum_{l \in L} \sum_{m_k \in M_k} \mathrm{vol}_{l, k} B_{m_k} \qquad （公式 10\text{-}4）$$

其中，

vol_{s, l, m_k} 表示由供应商 s 到工厂 l 的产品 k 的物料 m_k 流量；

Y_{s, l, m_k} 表示工厂 l 是否由供应商 s 供应产品 k 的物料 m_k；

$\mathrm{vol}_{l, k}$ 表示工厂 l 的产品 k 的出货量；

B_{m_k} 表示每生产一单位的产品 k，需要消耗的物料 m_k 的数量。

相应地，决策变量在原三级网络的基础上，增加了两个：

Y_{s, l, m_k}——工厂 l 是否由供应商 s 供应产品 k 的物料 m_k；

Z_{s, l, m_k}——产品 k 的物料 m_k 从供应商 s 至工厂 l 的运输量。

10.7 案例：GF 制衣公司考虑 BOM 的产品流优化及供应商选择

10.7.1 案例背景

GF 制衣公司生产 4 种衬衣、1 种毛衣、1 种卫衣，该公司目前优化了工厂—仓库—客户（经销商）的三级供应链。工厂在生产出成衣之后，将其运送至配送中心，所有的客户在配送中心中采购成衣。随着服饰中低端市场逐渐饱和，GF 制衣公司决定发展高端市场，在原来优化的三级供应链网络基础上增加供应商到工厂的产品流优化，其要研究的供应链网络由原来的三级供应链网络变为四级供应链网络，如图 10-15 所示。

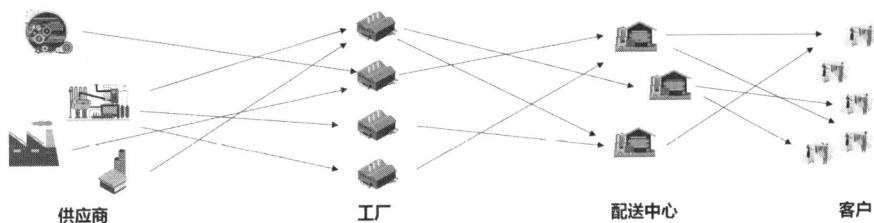

图 10-15 GF 制衣公司供应链网络示意图

该公司高端市场有 50 个客户，每个客户都有不同的需求，总需求量约为 40 万件，包含 6 种产品。有 5 个工厂可以生产这 6 种产品。进行三级供应链网络优化时选出了咸阳、天津、广州 3 个配送中心，优化后的网络结构如图 10-16 所示。

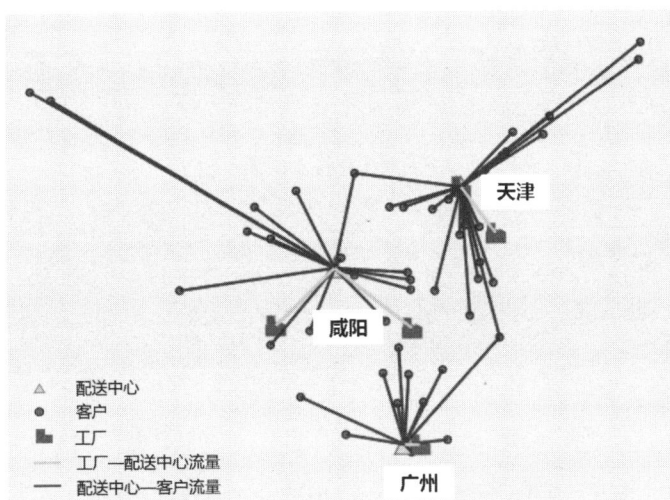

图 10-16 GF 制衣公司的三级供应链网络

基本参数设置（在整个设计周期内）：工厂的产能限制为 10 万件，每个工厂的运营成本为 15 万元，每个配送中心的固定运营成本为 8 万元，不考虑生产成本。运输费率：从供应商到工厂为 0.1 元 /（kg·km），从工厂到配送中心为 0.07 元 /（kg·km），从配送中心到客户为 0.5 元 /（kg·km）。

10.7.2 加入供应商和 BOM

随着 GF 制衣公司的业务逐渐稳定，与该公司合作的供应商也已基本稳定，并且在一段时间内不会变动，此时需要将供应商与工厂这两个层级的关系添加到现有模型中,并优化产品流。稳定的供应商有 6 个,分别位于东莞、天津、常州、广州、成都、西安。每个供应商提供不同的原材料,工厂按照表 10-3 所示 BOM 表(默认物料配比均为 1)进行生产。

表 10-3　6 种产品的 BOM 表

BOM 名称	BOM_FG_ 白衬衣	BOM_FG_ 黑衬衣	BOM_FG_ 黄衬衣	BOM_FG_ 蓝衬衣	BOM_FG_ 毛衣	BOM_FG_ 卫衣
所用原材料	白染料	黑染料	黄染料	蓝染料	涤纶	涤纶
	扣子	扣子	扣子	扣子	棉花	棉花
	领口	领口	领口	领口	羊毛	化纤
	棉花	棉花	棉花	棉花	羊毛线	
	棉线	棉线	棉线	棉线		
	袖口	袖口	袖口	袖口		

每个供应商供应原材料的情况如表 10-4 所示。

表 10-4　供应商供应原材料的情况

站点	原材料	限制类型	限制值 / 件
Supplier_ 常州	黑染料	Max	800000
Supplier_ 东莞	黑染料	Max	500000
Supplier_ 常州	白染料	Max	500000
Supplier_ 东莞	白染料	Max	400000
Supplier_ 常州	黄染料	Max	450000
Supplier_ 东莞	黄染料	Max	300000
Supplier_ 常州	蓝染料	Max	100000
Supplier_ 东莞	蓝染料	Max	100000
Supplier_ 成都	化纤	Max	300000
Supplier_ 常州	化纤	Max	200000
Supplier_ 东莞	化纤	Max	200000
Supplier_ 成都	羊毛	Max	200000
Supplier_ 常州	羊毛	Max	250000
Supplier_ 东莞	羊毛	Max	300000

站点	原材料	限制类型	限制值 / 件
Supplier_广州	棉花	Max	1500000
Supplier_成都	涤纶	Max	600000
Supplier_西安	袖口	Max	1500000
Supplier_广州	袖口	Max	1500000
Supplier_天津	领口	Max	1000000
Supplier_成都	领口	Max	2000000
Supplier_东莞	棉线	Max	1700000
Supplier_天津	扣子	Max	1500000
Supplier_西安	扣子	Max	2000000
Supplier_广州	扣子	Max	1600000
Supplier_天津	羊毛线	Max	200000
Supplier_西安	羊毛线	Max	250000
Supplier_广州	羊毛线	Max	250000

目前所有工厂根据当前的订单，按照就近原则，从最近的供应商处采购原材料，图 10-17 反映了现有采购规则下的供应链网络结构。

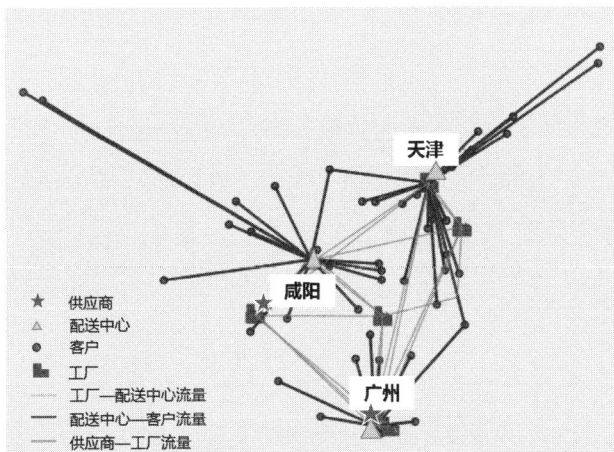

图 10-17　GF 制衣公司加入供应商后的四级供应链网络

10.7.3 四级供应链网络产品流优化

1. 优化结果

考虑了供应商与 BOM 之后，供应链网络模型中的工厂增加了上游成本。由于制作不同产品所需要的原材料不同，工厂制作不同产品时要考虑原材料成本，以及原材料到工厂的运输成本，那么每个工厂制作相同产品的成本不再相同。

在不改变现有三级供应链网络节点的条件下重新进行产品流优化。优化前后的供应链网络结构对比如图 10-18 所示，可以看到节点对应的采购关系的变化。

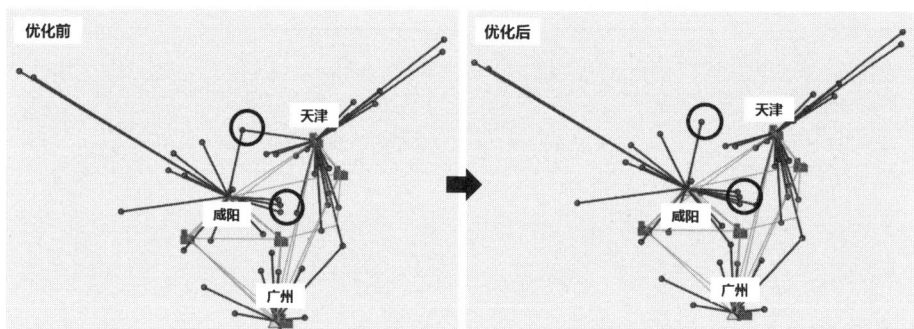

图 10-18　优化前后的供应链网络结构对比

2. 结果分析

由表 10-3 可知，4 种衬衣除染料颜色不同外，其他物料均相同；毛衣和卫衣也都有涤纶、棉花两种物料。因此分别将毛衣和卫衣归为一类，4 种衬衣归为另一类进行分析。

首先进行卫衣和毛衣的产品流分析。

从图 10-19 中可以看出，从总体上看，添加 BOM 前后，卫衣的产地并未发生变化。而在产量分布上，天津、惠州工厂的部分产量转移到了成都工厂。

由卫衣的 BOM 表可知，卫衣由涤纶、棉花、化纤制造而成。化纤的供应商分别位于成都、常州、东莞，靠近成都和惠州工厂，离天津工厂相对较远；棉花的供应商位于广州，靠近惠州工厂；涤纶的供应商位于成都。其中，化纤是卫衣独有的物料，涤纶是成都供应商独有的原材料。

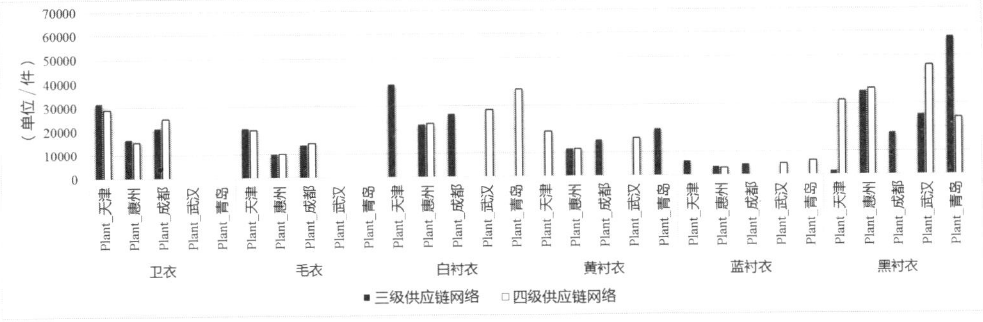

图 10-19 四级供应链网络优化前后的 SKU 产地变化

通过定量数据进行分析，把供应商—工厂的服务距离按降序排列，发现产品流优化后，化纤、棉花、涤纶的流量向距离较近的供应商—工厂对转移，为了使工厂更加靠近原材料供应商，卫衣制造向成都转移，如表 10-5 所示。

表 10-5 卫衣原材料流量的转移情况

原材料	来源站点	目的站点	服务距离 /km	四级供应链网络产品流优化前流量 /件	四级供应链网络产品流优化后流量 /件	流量变化 /件
卫衣-化纤	Supplier_常州	Plant_天津	965	31827	29107	-2720
	Supplier_东莞	Plant_惠州	110	16773	15518	-1255
	Supplier_成都	Plant_成都	20	21209	25184	3975
卫衣-棉花	Supplier_广州	Plant_天津	2125	100000	100000	0
	Supplier_广州	Plant_青岛	1893	77936	67527	-10409
	Supplier_广州	Plant_成都	1453	100000	39984	-60016
	Supplier_广州	Plant_武汉	977	25352	95777	70425
	Supplier_广州	Plant_惠州	169	100000	100000	0
卫衣-涤纶	Supplier_成都	Plant_天津	1819	52934	49363	-3571
	Supplier_成都	Plant_惠州	1579	27037	25782	-1255
	Supplier_成都	Plant_成都	20	35158	39984	4826

卫衣在成都工厂生产优势最大，但产量也不能完全转移至成都，这是因为在四级供应链网络中，还存在着工厂—配送中心、配送中心—客户的流量约束。在

表 10-6 中，三大仓库 DC_ 咸阳、DC_ 广州、DC_ 天津覆盖的客户需求百分比相对均衡，优化前分别为 30%、24%、46%，优化后有 6% 的卫衣产量由其他两个仓库转移到成都工厂服务的咸阳仓库，由此取得了总体流量优化平衡。

表 10-6　卫衣产量的转移情况

来源站点	目的站点	产品	流量/件	服务距离/km	四级供应链网络产品流优化前	四级供应链网络产品流优化后
Plant_成都	DC_咸阳	FG_卫衣	21209	660	30%	36%
Plant_惠州	DC_广州	FG_卫衣	16773	137	24%	22%
Plant_天津	DC_天津	FG_卫衣	31827	0	46%	42%

同理，添加供应商和 BOM 前后，毛衣的部分产量由天津转移到了成都。

接下来进行衬衣的产品流分析。

由白、黄、蓝、黑 4 种颜色的衬衣 BOM 表可知，4 种衬衣除了染料颜色不同外，都要用到扣子、领口、棉花、棉线、袖口，而 4 种颜料分别为东莞和常州的供应商所有，惠州工厂靠近东莞供应商，青岛工厂和武汉工厂（稍远）靠近常州供应商，因此 4 种衬衣的产品流将向惠州工厂、青岛工厂、武汉工厂转移。

武汉工厂虽无本地供应商支撑，但相对处于天津、广州、西安、成都、东莞、常州等供应商所在地的地理中心，以及 3 个仓库 DC-咸阳、DC-天津、DC-广州的地理中心，如图 10-20 所示，因此该处货物集散较为方便，4 种衬衣均在此地加大生产力度。

袖口、领口、扣子在天津、西安、成都分布较为分散，为了更直观地分析，我们对供应源进行打分，如表 10-7 所示。成都本地供应优势最弱，同时距离异地供应商较远，因此 4 种衬衣均不再由成都工厂生产。

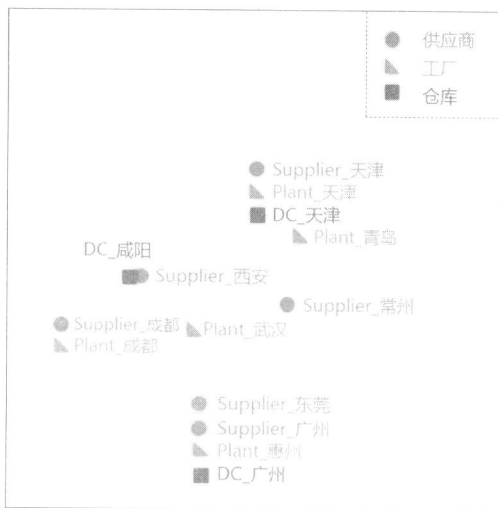

图 10-20　网络设施位置示意

表 10-7　物料供应源打分表

原材料	站点是否供应（1/0）					
	Supplier_广州	Supplier_天津	Supplier_西安	Supplier_成都	Supplier_东莞	Supplier_常州
棉线					1	
棉花	1					
袖口	1		1			
领口		1		1		
扣子	1	1	1			
白染料					1	1
黄染料					1	1
蓝染料					1	1
黑染料					1	1
站点得分	3	2	2	1	5	4

3．工厂生产策略分析

每个工厂的生产品类和数量都发生了变化，5 个工厂卫衣和毛衣的产量在小范围内浮动，衬衣的产量变动较大。其中，总产量增减幅度最大的工厂分别为武汉工厂、成都工厂，这是由与优势供应站点的距离及配送中心的需求决定的。

优化结果如表 10-8 所示。

表 10-8　四级供应链网络产品流优化后的生产策略

站点名称	产品	产品流量 / 件
Plant_天津	FG_卫衣	29107
Plant_天津	FG_毛衣	20256
Plant_天津	FG_黄衬衣	19080
Plant_天津	FG_黑衬衣	31557
Plant_惠州	FG_卫衣	15518
Plant_惠州	FG_毛衣	10264
Plant_惠州	FG_白衬衣	22707
Plant_惠州	FG_蓝衬衣	3371

续表

站点名称	产品	产品流量/件
Plant_惠州	FG_黄衬衣	11791
Plant_惠州	FG_黑衬衣	36349
Plant_成都	FG_卫衣	25184
Plant_成都	FG_毛衣	14800
Plant_武汉	FG_白衬衣	28412
Plant_武汉	FG_蓝衬衣	5028
Plant_武汉	FG_黄衬衣	16270
Plant_武汉	FG_黑衬衣	46067
Plant_青岛	FG_白衬衣	36959
Plant_青岛	FG_蓝衬衣	6260
Plant_青岛	FG_黑衬衣	24308

4. 总成本及成本结构分析

GF制衣公司决定依据此生产策略进行生产，由此产生的成本与优化前的成本对比如表10-9所示。产品流优化后，这总成本降低了0.18%，这主要是运输成本降低的结果。

表 10-9 四级供应链网络优化前后的成本对比

情景	总成本	运营成本	运输成本	运输成本占比
基线模型	136013092元	9900000元	126113092元	92.72%
产品流优化后	135768471元	9900000元	125868471元	92.71%
成本变化	-0.18%	—	-0.19%	近似无变化

供应链网络各个层级运输成本的变化情况不同，如图10-21所示。供应商—工厂的运输成本下降幅度较大，工厂—配送中心的运输成本上升，这与工厂生产的产品结构和数量变化有关。

并不是所有物料的运输成本都会降低，如图10-22所示。物料运输成本与其参与的BOM对应产品的需求量、在BOM之间的重复度、运输距离呈正相关关系。

单位 / 元

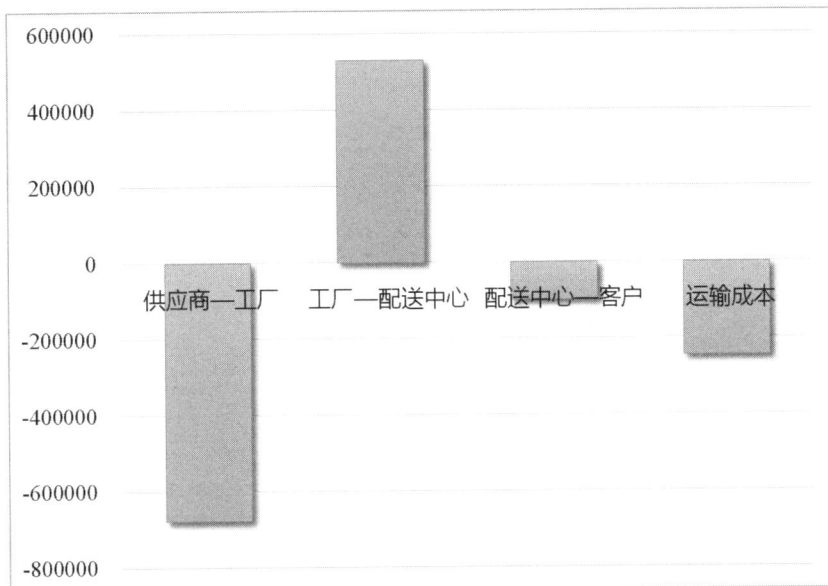

图 10-21　四级供应链网络优化前后运输成本变化

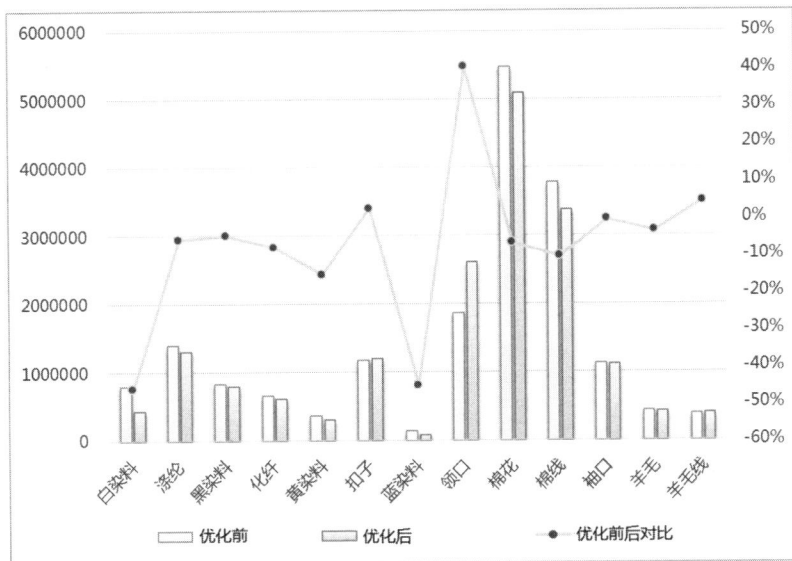

图 10-22　四级供应链网络优化前后物料运输成本变化

图 10-23 显示，每种产品的 BOM 表对应的物料运输成本均下降或不变，其

中黑衬衣的物料运输成本下降最多，黄衬衣的物料运输成本下降率最高。

单位：元　　　　　　　　　　　　　　　　　　　　单位：成本变化率

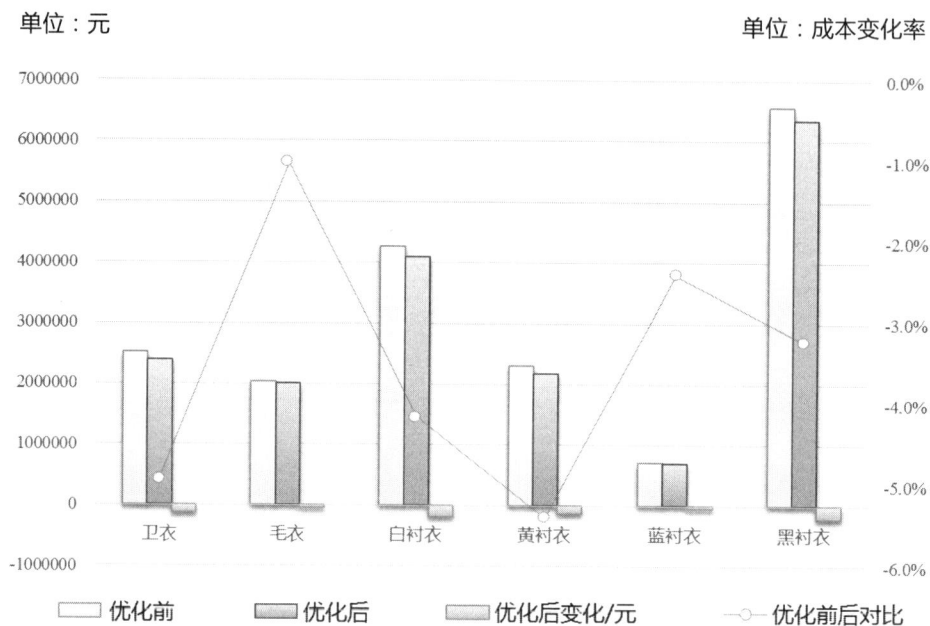

图 10-23　四级供应链网络优化前后各产品物料运输成本变化

综上，优化的逻辑是使产品生产向更靠近其原材料供应商的工厂转移。

第 **11** 章

多场景供应链网络设计综合案例

前面分别为读者详细介绍了成本和服务水平指导下的多级、多产品、引入BOM的供应链网络设计相关模型，本章将综合以上模型，根据企业供应链生产现状，以综合案例为载体构建更加复杂的供应链网络设计综合模型。该综合案例的复杂性主要体现在以下4点。

（1）更复杂的供应链结构：考虑多产品、引入 BOM、多层级的供应链网络。

（2）更高的目标：总成本最小、达到一定客户服务水平、保证多级设施的服务水平。

（3）更复杂的模型：前提条件收窄、目标增加、约束增加、决策变量增加。

（4）更多变的场景：聚焦更复杂的供应链网络结构和更高的目标，针对每一个变化点设计不同场景，明确每一次决策调整的原因，为企业寻找成本与服务水平的最佳平衡点。

11.1　案例背景及场景设计

本节以 GF 制衣公司为例，构建四级供应链网络结构，如图 11-1 所示。优化目标为总成本最小化和保证两级（工厂—仓库、仓库—客户）服务水平。其中，按照 1 日运送距离 480km 的基准，仓库到客户要求 1 日达（480km），工厂到仓库要求 2 日达（960km）。

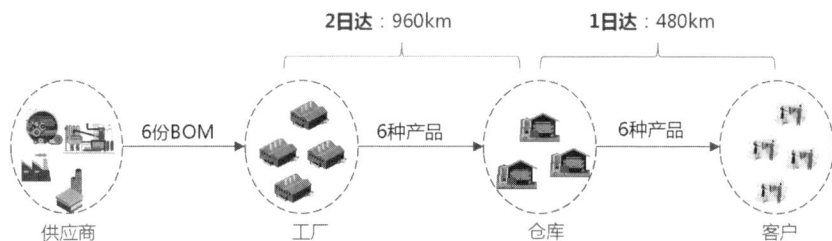

图 11-1　GF 制衣公司供应链网络示意图

在该网络结构中，第一级为供应商层，共有 6 个供应商，它们分别为下游工厂提供各种所需物料。其中，供应商对每种物料均有产能限制，并不是无限制提供的；一种物料可由多个供应商供应；一个供应商也可供应多种物料。

第二级为工厂层，共有 8 个工厂，负责根据 6 份 BOM，对供应商供应的物料进行加工，生产制造 6 种产品。其中，每个工厂的产能限制为 10 万件，固定运营成本为 15 万元。

第三级为仓库层，共有 25 个仓库，负责为 6 种产品提供仓储、搬运等各种物流服务。每个仓库的固定运营成本为 8 万元。

第四级为客户层，通过对所有客户进行区域划分，共产生了 50 个客户区域，每个区域的需求均不相同，总需求量约为 40 万件。

为了能够更加清楚地比较不同服务水平要求下的成本、产品流及选址结果等，需先明确案例场景设计及分析的思路，如图 11-2 所示，然后根据约束条件和供应链目标的不同，设计以下 4 个场景。

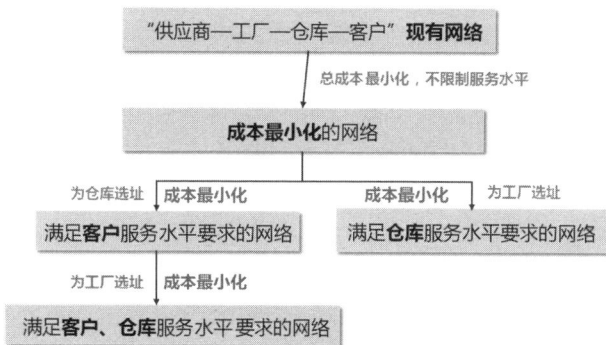

图 11-2 案例场景设计及分析的思路

（1）场景 1：不限制服务水平，仅追求总成本最小化，为工厂和仓库选址。

（2）场景 2：在场景 1 基础上，追求仓库—客户 1 日达服务水平最高，为仓库选址。

（3）场景 3：在场景 1 基础上，追求工厂—仓库 2 日达服务水平最高，为工厂选址。

（4）场景 4：在场景 2 基础上，追求工厂—仓库 2 日达服务水平最高，为工厂选址。

那么，在不同的场景中，随着供应链网络设施服务水平要求的不断提高，成本结构应如何调整？成本提升的幅度如何？设施选址如何变化？产品流如何变化？如何权衡成本和服务水平？这些都是我们在案例分析中要着重考虑的问题。

11.2　复杂供应链网络优化数学模型

11.2.1　模型考虑因素

（1）目标——供应链总成本最小化，保证工厂—仓库 2 日达和仓库—客户 1 日达服务水平。

（2）假设——界定固定量和决策变量，如固定供应商和客户层参与者；工厂和仓库存在备选集，对工厂和仓库进行布局决策。

（3）决策——工厂和仓库两级设施的布局决策，物料流及产品流的规划决策。

（4）约束——每一层级各个设施的产能约束，采购限制相对宽松。

（5）参数——各级设施备选集中各设施的位置信息、固定成本、可变成本等；不同层级设施之间的运输方式及运输费率，如零担/整车、统一费率/分区费率等。

11.2.2　模型表达式

模型以供应链总成本最小化为目标，总成本包括 4 个分项：供应商到工厂的运输（入站）成本、工厂到仓库的运输（出入站）成本、仓库到客户的运输（出入站）成本、工厂和仓库的设施成本。模型的目标函数如下：

$$\min F = \sum_{k \in K} \sum_{m_k \in M_k} \left\{ \sum_{s \in S} \sum_{l \in L} (\text{transSP}_{s,l,m_k} + \text{p var}_{s,l,m_k}) Z_{s,l,m_k} + \sum_{l \in L} \sum_{i \in I} (\text{transPW}_{l,i,k}) Z_{l,i,k} \right.$$

$$\left. + \sum_{i \in I} \sum_{j \in J} (\text{transWC}_{i,j,k} + \text{whVar}_{i,k}) d_{i,j,k} + \sum_{l \in L} \sum_{i \in I} (\text{whFix}_l \cdot X_l + \text{whFix}_i \cdot X_i) \right\}$$

（公式 11-1）

1．集合及参数含义

S、L、I、J 分别表示供应商集合、工厂集合、仓库集合、客户集合。

s、l、i、j 分别表示某个供应商、某个工厂、某个仓库、某个客户。

K、M_k 分别表示产品集合、BOM 中产品 k 的物料集合。

k、m_k 分别表示某种产品、某种物料。

2．决策变量

X_l 为 0-1 变量，表示是否选择工厂 l。

X_i 为 0-1 变量，表示是否选择仓库 i。

Z_{s,l,m_k} 表示产品 k 的物料 m_k 从供应商 s 运至工厂 l 的流量。

$Z_{l,i,k}$ 表示产品 k 从工厂 l 运至仓库 i 的流量。

$d_{i,j,k}$ 表示仓库 i 满足客户 j 对产品 k 的需求量。

3．设施成本相关参数

pvar_{l,m_k} 表示工厂 l 处理产品 k 的物料 m_k 的单位成本。

$\mathrm{whVar}_{i,k}$ 表示仓库 i 处理产品 k 的单位成本。

whFix_l 表示工厂 l 的固定运营成本。

whFix_i 表示仓库 i 的固定运营成本。

4．运输成本相关参数

$\mathrm{transSP}_{s,l,m_k}$ 表示把产品 k 的物料 m_k 从供应商 s 运至工厂 l 的运输费率。

$\mathrm{transPW}_{l,i,k}$ 表示把产品 k 从工厂 l 运至仓库 i 的运输费率。

$\mathrm{transWC}_{i,j,k}$ 表示把产品 k 从仓库 i 运至客户 j 的运输费率。

5．约束条件

补充工厂产能约束和服务水平约束。与三级供应链网络相比，添加了工厂进出站流量约束，改变了工厂产能约束的定义：

$$\sum_{k\in K}\sum_{s\in S}\sum_{l\in L}\sum_{m_k\in M_k} Y_{s,l,m_k}\mathrm{vol}_{s,l,m_k} = \sum_{k\in K}\sum_{l\in L}\sum_{m_k\in M_k} \mathrm{vol}_{l,k}B_{m_k} \qquad （公式 11-2）$$

其中，

vol_{s,l,m_k} 表示由供应商 s 到工厂 l 的产品 k 的物料 m_k 流量；

Y_{s,l,m_k} 表示工厂 l 由供应商 s 供应产品 k 的物料 m_k；

$\mathrm{vol}_{l,k}$ 表示工厂 l 的产品 k 的出货量；

B_{m_k} 表示每生产一单位的产品 k，需要消耗的物料 m_k 的数量。

11.3 服务水平优化和约束逻辑

11.3.1 服务水平优化逻辑

在优化过程中，对于成本和服务水平这两个优化目标，需要进行权衡。因此，基于成本最小化方案提升服务水平的本质便是以最小的运输成本牺牲，将原本不在服务范围内的产品流纳入某个设施的服务范围内，其优化逻辑如图 11-3 所示。

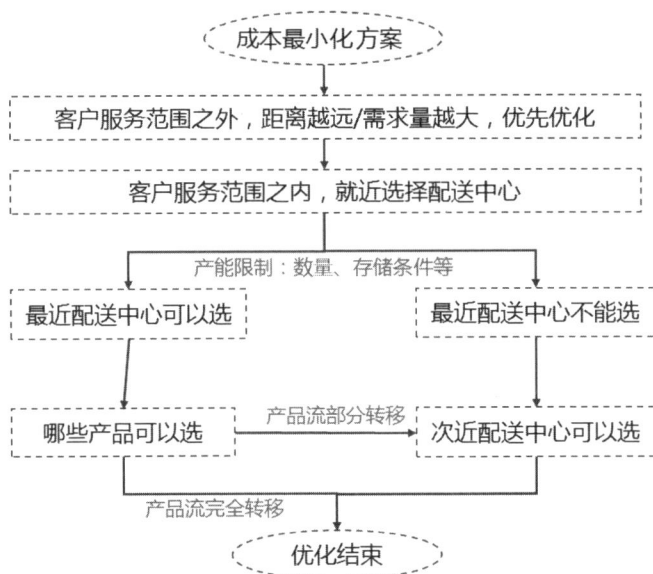

图 11-3 服务水平优化逻辑

11.3.2 服务水平约束逻辑

在模型的处理过程中，我们的直接目标是总成本最小化，将服务水平作为约束，不满足服务水平约束条件的产品流将以高运输费率被惩罚，如图 11-4 所示。

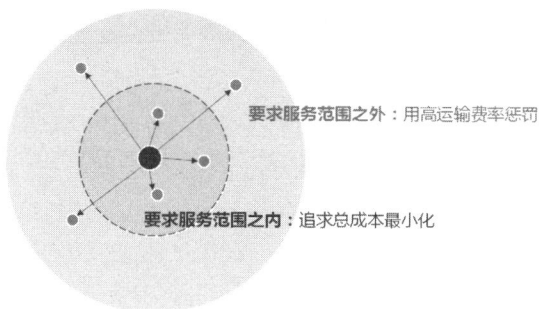

要求服务范围之外：用高运输费率惩罚

要求服务范围之内：追求总成本最小化

图 11-4　服务水平约束逻辑

11.4　案例优化方案分析

11.4.1　4 个场景下的供应链网络设计结果

分别对 4 个场景进行优化运算。场景 1 优化选择了 5 个工厂和 15 个配送中心，场景 2 优化选择了 8 个工厂和 21 个配送中心，场景 3 优化选择了 5 个工厂和 14 个配送中心，场景 4 优化选择了 8 个工厂和 21 个配送中心，如图 11-5 所示，城市名称详见表 11-1。

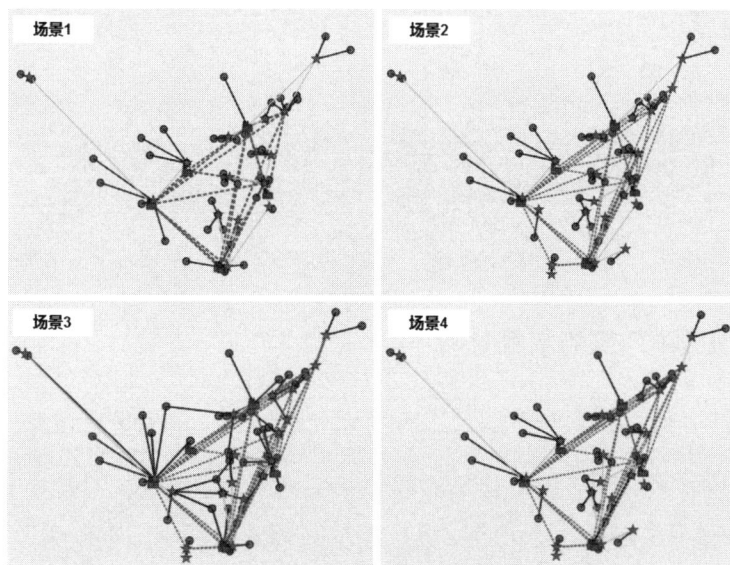

图 11-5　4 个场景下的供应链网络设施选址

表 11-1　4 个场景下的供应链网络设施选址方案

设施类型	场景 1（5 个工厂 +15 个配送中心）	场景 2（8 个工厂 +21 个配送中心）	场景 3（5 个工厂 +14 个配送中心）	场景 4（8 个工厂 +21 个配送中心）
工厂	Plant_天津 Plant_成都 Plant_营口 Plant_苏州 Plant_惠州	Plant_天津 Plant_南宁 Plant_青岛 Plant_成都 Plant_营口 Plant_咸阳 Plant_苏州 Plant_惠州	Plant_天津 Plant_成都 Plant_营口 Plant_苏州 Plant_惠州	Plant_天津 Plant_南宁 Plant_青岛 Plant_成都 Plant_营口 Plant_咸阳 Plant_苏州 Plant_惠州
配送中心	DC_哈尔滨 DC_广州 DC_咸阳 DC_连云港 DC_南昌 DC_天津 DC_石家庄 DC_青岛 DC_昌吉 DC_周口 DC_广汉 DC_营口 DC_岳阳 DC_杭州 DC_秦皇岛	DC_哈尔滨 DC_广州 DC_咸阳 DC_深州 DC_泉州 DC_连云港 DC_南昌 DC_天津 DC_石家庄 DC_武汉 DC_青岛 DC_昌吉 DC_重庆 DC_周口 DC_广汉 DC_营口 DC_岳阳 DC_杭州 DC_合肥 DC_秦皇岛 DC_防城港	DC_哈尔滨 DC_广州 DC_咸阳 DC_连云港 DC_南昌 DC_天津 DC_石家庄 DC_青岛 DC_周口 DC_广汉 DC_营口 DC_岳阳 DC_杭州 DC_秦皇岛	DC_哈尔滨 DC_广州 DC_咸阳 DC_深州 DC_泉州 DC_连云港 DC_南昌 DC_天津 DC_石家庄 DC_武汉 DC_青岛 DC_昌吉 DC_重庆 DC_周口 DC_广汉 DC_营口 DC_岳阳 DC_杭州 DC_合肥 DC_秦皇岛 DC_防城港

11.4.2　总成本与服务水平分析

由图 11-6 可知，4 个场景下平均服务水平从高到低为场景 4 > 场景 2 > 场景 1、场景 3 > 场景 1。从优化结果可以看出，随着平均服务水平的逐步提升，供应链网络总成本也在逐步升高，总成本从高到低的排序与服务水平排序相同：场景 4 > 场景 2 > 场景 1、场景 3 > 场景 1。

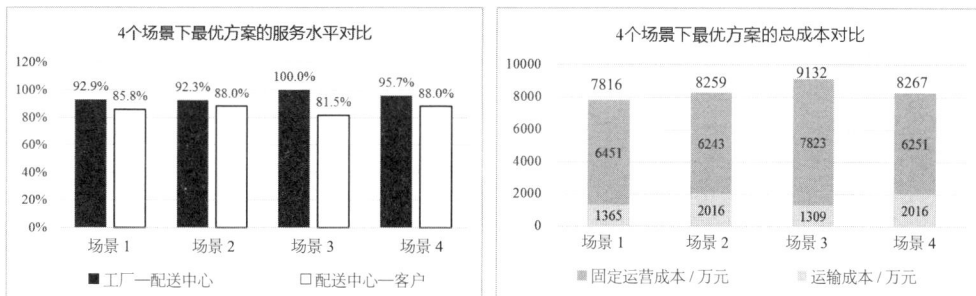

图 11-6　4 个场景下最优方案的服务水平和总成本对比

场景 1 未对服务水平进行约束，可作为基础场景。

（1）与场景 1 相比，场景 2 以成本升高 5.7% 的代价使得配送中心—客户的服务水平升高 2.2%，但同时导致了工厂—配送中心的服务水平下降 0.6%。

（2）与场景 1 相比，场景 3 以成本升高 16.8% 的代价使得工厂—配送中心的服务水平升高 7.1%，但同时导致配送中心—客户的服务水平下降 4.3%。

（3）与场景 1 相比，场景 4 则是以成本升高 5.8% 的代价使得工厂—配送中心、配送中心—客户的服务水平分别升高了 2.8%、2.2%。同时，该场景在场景 2 的基础上将工厂—配送中心的服务水平提高了 3.4%，并付出了成本升高 0.1% 的代价。

综上，在成本最小化、服务水平无约束的网络布局的基础上，成本会随着单级设施服务水平的提升和服务水平要求层级的增加而升高，如场景 1 → 场景 2（单级设施服务水平升高）→ 场景 4（层级增加）。同时，在成本最小化的网络基础上，只提高网络中一级设施的服务水平，不仅会使总成本升高，也可能会使其他层级设施的服务水平降低，如场景 1 →场景 2、场景 3。

11.4.3　成本结构分析比较

在本案例中，供应链网络总成本包括设施成本和运输成本两部分。因此，本小节将分别对这两个成本分项进行分析。

1．设施成本分析

设施成本包括设施固定成本和设施可变成本。设施固定成本指的是开设设施的一项金额固定的支出费用，它与相应设施数量的增加呈正相关关系。供应链网络的总设施可变成本是不变的，因为不同设施费率相同，且流经网络的总产品流流量不变，但是由于选址结果的变化，单个设施的可变成本可能是不同的。

分析图 11-7，可知设施数量（或固定成本投入）与服务水平的关系如下。

（1）某一级的设施固定成本与其下一级的服务水平大致呈正相关关系。

（2）不同场景下的供应链网络某一级拥有相同数量的设施，其服务水平不一定相同，因为可能会受到下一级设施数量不同的影响。下一级设施数量不同，其服务水平不同，从而有可能导致本级服务水平不同。如，在场景 1、3 中，工厂数量相同，场景 3 配送中心数量比场景 1 少 1 个，配送中心的客户服务水平场景 3 < 场景 1，受到配送中心数量不同的影响，工厂的配送中心服务水平也不相同，即场景 3 > 场景 1。

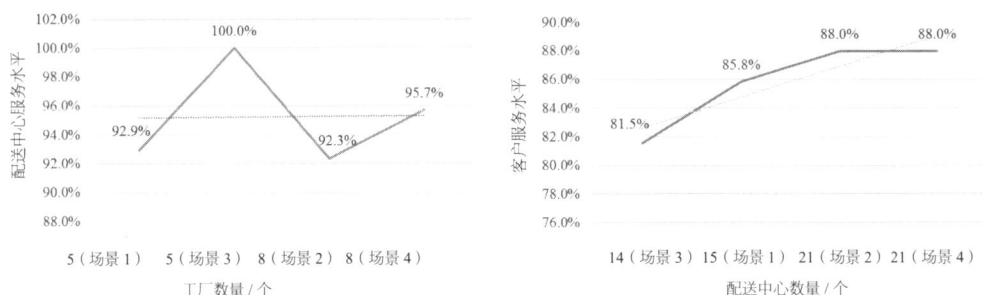

图 11-7　配送中心及客户服务水平和对应设施数量的关系

2．运输成本分析

分析图 11-7 和图 11-8，可得出以下结论。

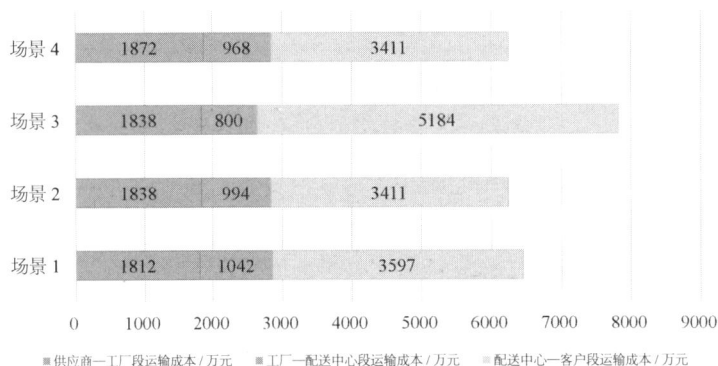

图 11-8　4 个场景的分段运输成本

（1）与场景 1 相比，场景 2 追求较高的客户服务水平，即配送中心—客户 1 日达服务水平。优化结果显示，配送中心数量由 15 个增加到 21 个，会有更多的配送中心去满足客户的需求，配送中心—客户的平均运输距离就会缩短，运输成本也会随之降低。同时，由于配送中心数量增多，工厂可以选择更近的配送中心为其供货，工厂—配送中心段运输成本也会降低，供应商—工厂段运输成本基本不受影响。因此，场景 2 相较于场景 1，总运输成本是降低的。

（2）与场景 1 相比，场景 3 追求较高的配送中心服务水平，即工厂—配送中心 2 日达服务水平。优化结果显示，工厂数量不变，均为 5 个，但工厂生产策略进行了调整，同时减少 1 个配送中心并使配送中心紧靠工厂，配送中心服务水平升高使得工厂—配送中心段运输成本降低，但配送中心数量减少使得配送中心—客户段运输成本剧增。因此，场景 3 相较于场景 1，总运输成本是升高的。

（3）场景 4 相较于场景 2，优化前后的供应链网络设施布局不变。由于维持原有客户服务水平，配送中心—客户段运输成本不变。

（4）场景 4 还增加了配送中心服务水平要求，进行了产品流优化，最终以 0.1% 的成本增幅实现了配送中心服务水平 3.4% 的改善，优化效果是较为明显的。

11.4.4 产品流变化分析

1．场景 1 和场景 2

场景 2 与场景 1 相比，客户服务水平提高了 2.2%。

场景 2 要求配送中心—客户 1 日达服务水平最高。按照服务水平需求集中度的定义，这就意味着需要给场景 1 中与配送中心距离超过 1 日达服务距离的客户重新就近分配符合条件的配送中心。为此，我们对场景 1 布局结果进行筛选，不满足 1 日达条件的产品流如表 11-2 所示。

表 11-2　场景 1 配送中心—客户不满足 1 日达条件的产品流

来源地名称	客户名称	服务距离 /km	流量 / 件	占总需求量比重
DC_ 广汉	CZ_Haidong_franchise	1083	5257	
DC_ 广汉	CZ_Yushu_franchise	845	4353	

来源地名称	客户名称	服务距离 /km	流量 / 件	占总需求量比重
DC_ 咸阳	CZ_Wuwei_franchise	742	7876	
DC_ 天津	CZ_Eerduosi_franchise	718	8357	
DC_ 广汉	CZ_Anshun_franchise	643	7460	14.2%
DC_ 咸阳	CZ_Alashan_franchise	577	5619	
DC_ 咸阳	CZ_Lanzhou_franchise	545	17049	
DC_ 广州	CZ_Laibin_franchise	541	1098	

经过场景 2 的优化，有 8588 件产品转移到 1 日达服务范围内，约占产品总需求量（403288 件）的 2.2%。

其中，对于客户 CZ_Anshun_franchise 来说，通过筛选为其供货的配送中心发现，其在场景 1 中仅由 DC- 广汉（服务距离为 643km）提供服务，而在场景 2 中，其需求全部转移到配送中心备选集中距离它最近的 DC- 重庆（服务距离为 436km）。

对于客户 CZ_Laibin_franchise 来说，其在场景 1 中仅由 DC- 广州（服务距离为 541km）提供服务，而在场景 2 中，其需求全部转移到配送中心备选集中距离它最近的 DC- 防城港（服务距离为 280km）。

转移前后，配送中心—客户的产品流流量和产品结构均未发生改变，具体如表 11-3 所示。

表 11-3　场景 1 到场景 2 配送中心–客户优化后的产品流

来源地名称	客户名称	服务距离 /km	流量 / 件	优化流量占总需求量比重
DC_ 广汉	CZ_Haidong_franchise	1083	5257	
DC_ 广汉	CZ_Yushu_franchise	845	4353	
DC_ 咸阳	CZ_Wuwei_franchise	742	7876	
DC_ 天津	CZ_Eerduosi_franchise	718	8357	
DC_ 广汉	CZ_Anshun_franchise	643	7460	2.2%
DC_ 咸阳	CZ_Alashan_franchise	577	5619	
DC_ 咸阳	CZ_Lanzhou_franchise	545	17049	
DC_ 广州	CZ_Laibin_franchise	541	1098	

再来看，场景 2 与场景 1 相比，配送中心服务水平降低了 0.6%。

筛选场景 1、2 服务范围之外的产品流，可以看到，由于 DC_ 杭州的白衬衣、黄衬衣、蓝衬衣转由 Plant_ 惠州供应，其服务范围之外的产品流流量增加了 0.7%（见表 11-4）。

表 11-4　场景 1 到场景 2 工厂—配送中心的产品流变化

来源地名称	目的地名称	服务距离 /km	产品名称	场景1流量 / 件	场景2流量 / 件	服务范围之外的流量变化 / 件
Plant_ 成都	DC_ 昌吉	2457	FG_ 黄衬衣	2073	2073	0
			FG_ 卫衣	3151	3151	
			FG_ 黑衬衣	5693	5693	
			FG_ 蓝衬衣	600	600	
			FG_ 白衬衣	3855	3855	
			FG_ 毛衣	2020	2020	
Plant_ 天津	DC_ 哈尔滨	1247	FG_ 蓝衬衣	514	514	0
			FG_ 黑衬衣	5191	5191	
			FG_ 白衬衣	3049	3049	
			FG_ 黄衬衣	1580	1580	
Plant_ 惠州	DC_ 杭州	1146	FG_ 黑衬衣	709	554	2601（+0.7%）
			FG_ 白衬衣	—	1497	
			FG_ 黄衬衣	—	936	
			FG_ 蓝衬衣	—	323	

2．场景 1 和场景 3

场景 3 与场景 1 相比，配送中心服务水平提高了 7.1%。

筛选出场景 1 中不符合 2 日达服务要求的产品流，如表 11-5 所示，共有 28435 件产品。而在场景 3 中，所有产品流均满足 2 日达服务要求，优化后的产品流流量约占总流量的 7%，如表 11-6 所示，因此服务水平提高了 7.1%。

表 11-5　场景 1 中不符合 2 日达服务要求的产品流

来源地名称	目的地名称	产品名称	流量件	服务距离 /km
Plant_ 成都	DC_ 昌吉	FG_ 黄衬衣	2073	
Plant_ 成都	DC_ 昌吉	FG_ 卫衣	3151	
Plant_ 成都	DC_ 昌吉	FG_ 黑衬衣	5693	
Plant_ 成都	DC_ 昌吉	FG_ 蓝衬衣	600	2457
Plant_ 成都	DC_ 昌吉	FG_ 白衬衣	3855	
Plant_ 成都	DC_ 昌吉	FG_ 毛衣	2020	
Plant_ 天津	DC_ 哈尔滨	FG_ 蓝衬衣	514	
Plant_ 天津	DC_ 哈尔滨	FG_ 黑衬衣	5191	1247
Plant_ 天津	DC_ 哈尔滨	FG_ 白衬衣	3049	
Plant_ 天津	DC_ 哈尔滨	FG_ 黄衬衣	1580	
Plant_ 惠州	DC_ 杭州	FG_ 黑衬衣	709	1146

表 11-6　场景 1 到场景 3 工厂—配送中心优化后的产品流

来源地名称	目的地名称	服务距离 /km	产品名称	场景 1 流量 / 件	共计 / 件	占总流量 比重
			FG_ 黄衬衣	2073		
			FG_ 卫衣	3151		
Plant_ 成都	DC_ 昌吉	2457	FG_ 黑衬衣	5693		
			FG_ 蓝衬衣	600		
			FG_ 白衬衣	3855		
			FG_ 毛衣	2020	28435	7%
			FG_ 蓝衬衣	514		
Plant_ 天津	DC_ 哈尔滨	1247	FG_ 黑衬衣	5191		
			FG_ 白衬衣	3049		
			FG_ 黄衬衣	1580		
Plant_ 惠州	DC_ 杭州	1146	FG_ 黑衬衣	709		

再来看，场景 3 与场景 1 相比，客户服务水平降低了 4.3%。

根据服务水平约束逻辑，本案例的决策步骤如下。

（1）设施备选集中存在工厂—配送中心对满足 2 日达服务要求。

（2）寻求距离最短的工厂—配送中心对，尽可能满足所有需求。

（3）剩余未被满足的需求则由次近的工厂—配送中心来满足。

（4）在此基础上，对配送中心—客户的产品流进行分配。

相较于场景1，场景3在配送中心选址上，去掉了位于服务范围之外且位置偏远的DC_昌吉，工厂选址无变化。

场景1中，DC_昌吉服务的客户有CZ_Shihezi_franchise、CZ_Wulumuqi_retail，产品需求量共计17392件。从场景1到场景3，这两个客户的供应商由DC_昌吉变成DC_广汉，由于DC_广汉与客户的运输距离较远，该部分产品流流量超出了配送中心的1日达服务范围，约占总需求量的4%（见表11-7），因此，客户服务水平降低了4.3%。

表 11-7 场景 1 到场景 3 配送中心—客户的产品流变化

来源地名称	客户名称	服务距离 /km	转移的流量 / 件	占总需求量比重
DC_昌吉	CZ_Shihezi_franchise	117		
DC_昌吉	CZ_Wulumuqi_retail	41		
DC_广汉	CZ_Shihezi_franchise	2543	17392	4%
DC_广汉	CZ_Wulumuqi_retail	2392		

3．场景 2 和场景 4

场景4在场景3的基础上追求较高的配送中心服务水平，保持配送中心—客户的产品流分配不变。场景4相当于为一个多产品、引入BOM的"供应商—工厂—配送中心"三级供应链网络进行工厂的选址，使得配送中心服务水平在最大程度上满足2日达服务要求。

在输出结果中，场景2和场景4的设施选址恰巧完全相同，均为"8个工厂+21个配送中心"，即只进行产品流优化，就达到了场景4中的服务水平要求。

按照服务距离降序排列，分别筛选出场景2、场景4中超出工厂—配送中心2日达服务范围的产品流，如表11-8所示。二者之差约占总需求量的3.4%，因此配送中心服务水平提高了3.4%。产品流分析思路与前文类似，此处不再展开。

表 11-8　场景 2 到场景 4 优化后的产品流

来源地名称	目的地名称	服务距离 /km	产品名称	场景 2 流量 /件	场景 4 流量 /件	流量差 /件	占总需求量比重
Plant_成都	DC_昌吉	2457	FG_卫衣	3151	3151		
			FG_毛衣	2020	2020		
			FG_黑衬衣	5693	5693		
			FG_黄衬衣	2073	2073		
			FG_蓝衬衣	600	600		
			FG_白衬衣	3855	3855		
Plant_天津	DC_哈尔滨	1247	FG_蓝衬衣	514		13644	3.4%
			FG_黑衬衣	5191			
			FG_白衬衣	3049			
			FG_黄衬衣	1580			
Plant_惠州	DC_杭州	1146	FG_黑衬衣	554			
			FG_白衬衣	1497			
			FG_黄衬衣	936			
			FG_蓝衬衣	323			

通过以上分析，得出如下结论，并以图 11-9 进行展示。

（1）任意一级服务水平的升高通常会导致供应链网络总成本升高，也可能会使其他层级设施的服务水平降低。

（2）某一级服务水平的升高，通常会导致上游相邻一级设施数量增加，从而导致设施成本升高。

（3）某一级服务水平的升高，会导致上游相邻一级设施数量增加，因此，上游两级—上游一级的运输成本也会升高。

（4）任意一级服务水平的升高，通常会导致至少四级供应链网络设施之间的产品流变化。

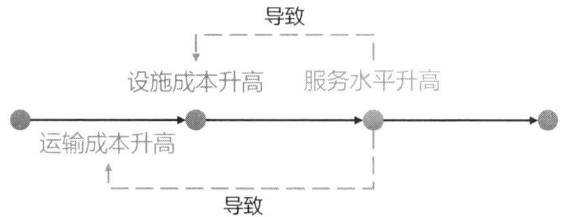

图 11-9　案例分析总结

第 4 篇

供应链网络优化数据
准备与现状诊断

第 **12** 章

建模数据准备

供应链网络优化建模结果的有效性很大程度上依赖输入数据和输出数据的质量。一个完整的供应链网络优化模型根据不同场景输入相应的基础数据和规则参数，经过模型运算与优化，输出信息形成完整的优化结果，如图 12-1 所示。

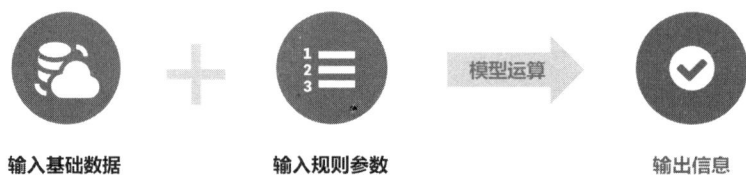

图 12-1　供应链网络模型数据的输入与输出

输入数据主要包括基础信息、策略与规则。一类输入数据来自企业实际运营数据，称为基础信息。企业运营数据极为繁杂，其中只有很少一部分与供应链网络优化建模相关，这要求建模人员能够搜集、识别和提取有用的基础运营数据用以建模。

另一类输入数据与运营规则相关，它们并不是直接可获得的数据，而是一套有机联系的约定性条件，反映了供应链运行的实际模式或优化策略。比如工厂需要的某种原材料被允许向哪几类特定的供应商采购，以及运输时能使用的特定运输方式等，都属于这类输入数据。这些约定性条件必须转化成可以被模型理解的数据结构才能被计算和使用，这就需要建模人员把这些有机联系的条件转变成特定的数据结构关系，以便正确反映场景规则和策略要义。

输出数据结构是对建模优化结果的完整描述，包括不同方案的成本及需求满足情况等。建模人员一般会根据优化目标要求结合输入和输出数据进行分析，得到输出报告和结论。

供应链网络优化数据库由结构元素和与之相关的数值元素组成。结构元素定义了供应链网络，包括供应商、设施和客户。数值元素描述了一个特定场景中的产品、成本、运输方式、资源等量化特征。数值元素根据结构元素进行组织，是供应链网络优化数据库的主要组成部分。

本章以结构元素为基础，给出输入和输出标准数据结构图表，并结合第 11 章案例对相关数据表字段内容进行说明，然后简要分析输入数据的来源和处理方法。

12.1 输入基础数据结构

模型输入表主要包括基础数据、约束类数据和策略类数据。基础数据和约束类数据从企业运营业务数据库或者通过调研方式采集获得，比如基础结构数据、产能约束、供应约束等，以及明确企业管理层对于供应链设计或优化的最低期望类约束，如设施选址数量约束、服务水平约束等，经过结构化处理后才能作为模型输入表。策略类数据是研究人员根据场景人为设定，对应模型输入中的规则表。图 12-2 展示了供应链网络设计与优化输入信息示意图。

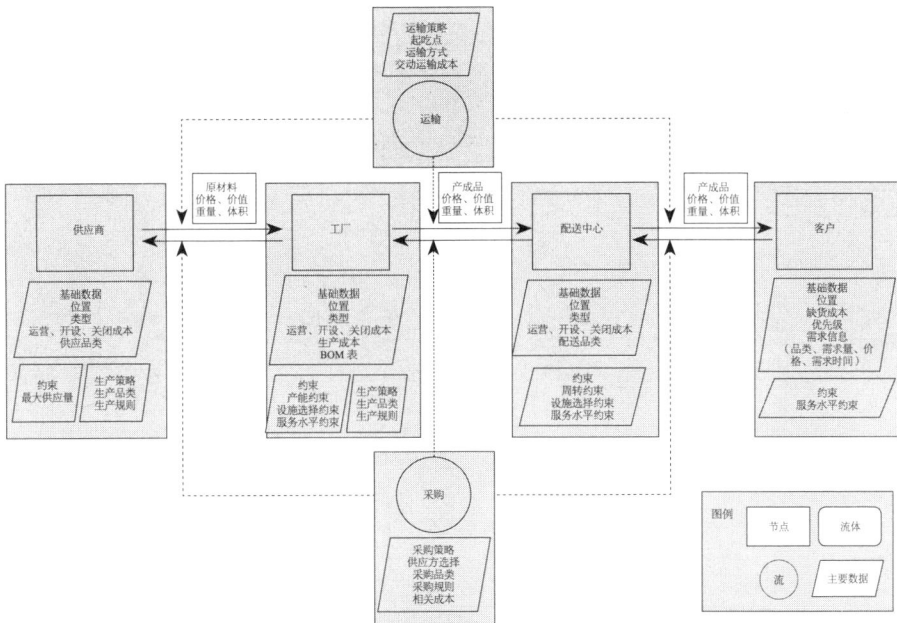

图 12-2 供应链网络设计与优化输入信息示意图

基础数据涉及网络物理元素、交易与需求预测、工艺或流程、站点 / 环节约束与成本核算 5 个组块。数据采集表主要内容如表 12-1 所示。

表 12-1　数据采集表主要内容

数据采集需求	原始业务数据	模型输入表	核心字段
网络物理元素	供应商、工厂、配送中心、门店等的数量、位置、固定运营成本等数据	站点	名称、经纬度、固定运营成本、固定开设/关闭成本、状态
	企业客户数量及位置分布	客户	名称、经纬度
	企业供应链中涉及的产成品、原材料	产品	名称、价值、价格、重量、体积
	运输工具数量、价值、重量、容积、载重量等相关信息	运输资产	运输工具名称、重量、容积、载重量、价值、折旧
	站点当前排产计划等	工时资源	周期、日工作时长、周工作天数
交易与需求预测	研究期内的客户历史需求	客户需求	客户、周期、产品、需求量、需求时间/频次/次数
	研究期内的客户历史订单	客户订单	客户、产品、数量、订货日期
	季节性需求波动系数、促销活动等影响需求的因素	需求季节性因素	周期、季节性因素
	研究期内的客户历史运单	运单	来源地、目的地、产品、数量、运输方式、发/到货时间、运输次数
工艺或流程	生产工艺所需BOM	物料清单	名称、产品、类型（原材料、半成品、产成品）、物料需求量
	不同产品对应的物料清单	物料清单分配	物料单、产品、站点、单位物料成本
	生产线生产流程步骤	生产流程表	名称、类型（开始/运行/完成）
	不同生产线对应的生产流程	生产流程分配	流程、站点、单位流程时间、单位流程成本、产出率
	起始地到目的地涉及的不同运输方式、运输环节等信息	运输流程	名称、类型（发送车辆/到达车辆）、运输方式
	不同流对应的运输流程	运输流程分配	来源地、目的地、流程、单位费率
	客户退货的目的地、退货原则等	退货流程	流程、流程步骤、下一流程步骤、流程规则
	需要以企业统计的平均退回比例作为建模支撑	退回产品比例	客户、产品、退回比例、退回数量

续表

数据采集需求	原始业务数据	模型输入表	核心字段
站点/环节约束	工厂、配送中心等站点的能力限制	站点限制	站点、产品、限制类型、限制值
	生产线的产能限制	生产限制	站点、产品、限制类型、限制值
	站点间的运输流量限制	运输限制	始发地、目的地、产品、限制类型、限制值
	站点的采购数量限制及客户最小起订量等限制	采购限制	站点、产品、限制类型、限制值
	退货流程中流量限制	退货限制	客户、产品、流程、目的地、限制类型、限制值
	企业对服务范围内客户的服务水平	服务水平限制	站点、限制类型、限制单位（重量、体积、数量）、限制值
	车辆、容器、站点库存量的最大或最小限制	资产和库存限制	站点、限制类型（库存、容器、车辆）、最大值
成本核算	不同运输等级/重量下的运输费率	运费	运输重量、运输等级、费率
	不同费率的区域划分情况	税收和关税区域	始发地、目的地、税率参考地
	不同税收区域的税率等信息	税率	税率参考地名称、区域经纬度范围

接下来，以第 11 章的案例数据为例，运用部分信息进行主要的模型输入表说明。

1．网络物理元素

网络物理元素是指供应链网络基础结构要素，包括靠近供应链上游端的供应商、工厂、配送中心等站点，以及客户、产品、运输资产和工时资源。

（1）站点。

选取第 11 章案例中的供应商、工厂、配送中心各 2 个，站点表核心字段数值示例如表 12-2 所示。站点的类型包括已有站点和潜在站点两类。已有站点表示该站点已存在，处于运营状态；潜在站点表示该站点可作为备选站点。由于不需对供应商进行选址，因此其运营成本为 0；当前站点均为已有站点，因此不存在开设成本；该案例不考虑站点的关闭成本。

表 12-2　站点表核心字段数值示例

序号	名称	类型	纬度	经度	运营成本/元	开设成本/元	关闭成本/元
1	供应商_广州	已有站点	23.12	113.26	0	—	—
2	供应商_成都	已有站点	30.57	104.06	0	—	—
3	工厂_天津	已有站点	39.13	117.18	150000	—	—
4	工厂_青岛	已有站点	36.06	120.30	150000	—	—
5	DC_上海	已有站点	31.23	121.47	80000	—	—
6	DC_重庆	已有站点	29.56	106.55	80000	—	—

（2）客户。

客户表核心字段如表 12-3 所示，客户名称标注了客户类型，其他信息为客户地理坐标。

表 12-3　客户表核心字段示例

序号	名称	纬度	经度
1	客户_深圳_经销商	22.54	114.06
2	客户_潍坊_直营店	36.71	119.16
3	客户_太原_直营店	37.87	112.55

（3）产品。

供应链中产品包括产成品和原材料。该案例中产品的具体信息如表 12-4 所示。

表 12-4　产品表

序号	名称	单位价值/元	单位价格/元	单位重量/kg	单位体积/m³	备注
1	黑衬衣	1500	3500	5	1	产成品
2	白衬衣	1500	3500	5	1	产成品
3	黄衬衣	1500	3500	5	1	产成品
4	卫衣	1000	2000	10	4	产成品
5	毛衣	2000	6000	20	6	产成品
6	黑染料	100	150	1	1	原材料
7	白染料	100	150	1	1	原材料

序号	名称	单位价值/元	单位价格/元	单位重量/kg	单位体积/m³	备注
8	黄染料	100	150	1	1	原材料
9	蓝染料	100	150	1	1	原材料
10	棉花	300	500	1	1	原材料
11	扣子	50	100	1	1	原材料
12	羊毛线	700	1000	3	1	原材料
13	涤纶	300	500	1	1	原材料
14	袖口	120	300	0.5	1	原材料
15	领口	170	400	1	1	原材料
16	棉线	20	50	1	1	原材料
17	羊毛	150	400	2	2	原材料
18	化纤	200	400	2	2	原材料

2．交易与需求预测

供应链中产品流是依托于各环节之间发生的交易而产生的，交易是需求的产物。因此，搭建供应链网络模型时，交易与需求预测必不可少，主要涉及客户需求、客户订单、需求季节性因素以及交易后产生的运单数据。值得注意的是，并非所有的供应链都存在季节性需求特征。

选取深圳、潍坊、太原客户的部分订单，如表 12-5 所示。

表 12-5　客户订单信息表

序号	客户	产品	运输方式	数量/件	订货日期
1	客户_深圳_经销商	白衬衣	卡车	52	2019-05-22
2	客户_潍坊_直营店	黑衬衣	卡车	86	2019-04-26
3	客户_太原_直营店	黄衬衣	卡车	48	2019-06-11
4	客户_深圳_经销商	蓝衬衣	卡车	13	2019-12-10
5	客户_潍坊_直营店	毛衣	卡车	31	2019-02-09
6	客户_太原_直营店	卫衣	卡车	20	2019-07-22

3．工艺或流程

工艺主要用于有生产线的供应链网络，产成品的生产工艺及生产线的生产工艺，分别对应物料清单（BOM）和物料清单分配表、生产流程表和生产流程分配表。流程指供应链中的物流流程，涉及正向的运输／配送流程和逆向的退货流程。

（1）物料清单。

以黑衬衣为例，其物料清单如表 12-6 所示。有时物料清单表的产品类型包括原材料、半成品和产成品。产成品可单独售卖，也可作为其他产品或产品套装的原材料或零部件。

表 12-6 物料清单

序号	名称	产品	类型	需求量／件
1	BOM_黑衬衣	黑染料	原材料	1
2	BOM_黑衬衣	棉花	原材料	1
3	BOM_黑衬衣	扣子	原材料	1
4	BOM_黑衬衣	袖口	原材料	1
5	BOM_黑衬衣	领口	原材料	1
6	BOM_黑衬衣	棉线	原材料	1

（2）物料清单分配表。

供应链中涉及多种产成品时，会产生多个物料清单，需要在物料清单分配表中明确不同的产成品分别对应的物料清单，如表 12-7 所示。

表 12-7 物料清单分配表

序号	周期	站点	产品	物料清单
1	所有周期	工厂	FG_毛衣	BOM_FG_毛衣
2	所有周期	工厂	FG_黑衬衣	BOM_FG_黑衬衣
3	所有周期	工厂	FG_蓝衬衣	BOM_FG_蓝衬衣
4	所有周期	工厂	FG_黄衬衣	BOM_FG_黄衬衣
5	所有周期	工厂	FG_白衬衣	BOM_FG_白衬衣
6	所有周期	工厂	FG_卫衣	BOM_FG_卫衣

（3）生产流程表。

有的生产线需要经过多个生产流程才能完成产品生产，因此，需要使用生产流程表来定义生产管理流程，明确不同生产线各自的流程时间、步骤顺序以及成本等情况。在表 12-8 中，WC_1 生产线生产一件产品需要经过 2 个流程，第一个流程为搅拌（Blend），第二个流程为填充（Fill），产出率为 1 是指该流程产出的半成品或者产成品数量为 1 件。

表 12-8　生产流程表

序号	流程	步骤	下一流程步骤	生产线	单位流程成本 / 元	单位流程时间 /h	产出率 / 件
1	流程 1	Blend	Fill	WC_1	40	1.2	1
2	流程 2	Fill	（无）	WC_2	5	0.2	1

（4）生产流程分配表。

生产流程分配表是为了明确产品生产流程与生产线及工厂的对应关系。在表 12-9 中，流程 1 和流程 2 对应的是工厂 MFG_1、生产线 WC_1 生产润滑油的工艺过程。

表 12-9　生产流程分配表

序号	工厂	产品	流程
1	MFG_1	润滑油	流程 1
2	WC_1	润滑油	流程 2

4．站点 / 环节约束

除了基础信息之外，站点 / 环节也存在着一定的限制。

（1）站点限制。

供应商有最大供应能力，不同供应商供应能力不同，同一供应商对于不同产品的供应能力也不同。工厂存在产能约束，配送中心也有吞吐量约束。该案例中供应商对不同产品的供应能力如表 12-10 所示，2 个工厂均能生产制造 6 种产品，每个工厂产能限制为 10 万件；配送中心的吞吐量无限制。限制类型包括最大限制（Max）、最小限制（Min）、固定限制（Fixed）3 种。比如表 12-10 中的第一行数据表示，成都供应商对化纤的最大供应能力为 30 万件。最小限制（Min）同理，固定限制（Fixed）表示固定供应量。

表 12-10　站点限制表

序号	站点	品类	限制类型	限制时间 / 年	限制量 / 件
1	供应商 _ 成都	化纤	Max	1	300000
2	供应商 _ 成都	羊毛	Max	1	200000
3	供应商 _ 成都	涤纶	Max	1	600000
4	供应商 _ 成都	领口	Max	1	2000000
5	供应商 _ 广州	棉花	Max	1	1500000
6	供应商 _ 广州	袖口	Max	1	1500000
7	供应商 _ 广州	扣子	Max	1	1600000
8	供应商 _ 广州	羊毛线	Max	1	250000
9	工厂 _ 天津	（所有产品）	Max	1	100000
10	工厂 _ 青岛	（所有产品）	Max	1	100000
11	DC_ 上海	（所有产品）	—	—	—
12	DC_ 重庆	（所有产品）	—	—	—

（2）服务水平限制。

服务水平作为供应链网络优化的限制条件，工厂、配送中心、客户均有各自的最低服务水平要求，如表 12-11 所示。

表 12-11　服务水平限制表

序号	名称	限制类型	限制值
1	工厂 _ 天津	Min	80%
2	工厂 _ 青岛	Min	80%
3	DC_ 上海	Min	80%
4	DC_ 重庆	Min	80%
5	客户 _ 深圳 _ 经销商	Min	80%
6	客户 _ 潍坊 _ 直营店	Min	80%
7	客户 _ 太原 _ 直营店	Min	80%

5．成本核算

由于不同企业对成本核算的内容要求不同，部分供应链网络可能需要设置不同区域的运输费率或者税率，并将其作为成本的影响因素。

12.2 输入规则参数结构

输入上述 5 个组块的基础数据后，供应链网络物理结构数据基础就搭建起来了。为了还原供应链经营现状，还需要补充采购、生产、运输、库存、退货等环节的供应链运营相关策略及规则参数，才可建立供应链网络各环节之间的内在联系。结构化的相关规则表及其核心字段如表 12-12 所示。

表 12-12　结构化的相关规则表及其核心字段

供应链环节	规则表	表含义	核心字段		
			字段类型	字段名称	
采购	客户采购规则	定义从一个站点到一个客户的源	关系字段		客户
					产品
					来源地
				采购规则	多源采购/单源采购
					就近采购/订单优先级等
			时间字段		采购提前期
					单位采购时间
					固定采购时间
			数量字段		单批采购数量
					最小起订量
			成本字段		固定采购成本
	站点采购规则	定义从一个站点到另一个站点的源	同"客户采购规则"的核心字段		
生产	生产规则	定义站点生产线的生产方式、时间及成本等	关系字段		站点
					产品
				生产规则	按需生产
					按计划生产

供应链环节	规则表	表含义	核心字段		
			字段类型	字段名称	
生产	生产规则	定义站点生产线的生产方式、时间及成本等	时间字段	单位生产时间	
				生产间隔时间	
			其他字段	碳排放	
运输	运输规则	定义不同层级间的运输方式、成本、时间等	关系字段	产品	
				来源地	
				目的地	
				运输方式	
				运输方式	整车运输
					零担运输
				是否要求返程运输	
			时间字段	运输时间	
				保证服务时间、最长/最短服务时间	
				单位/固定装卸货时间	
				返程运输时间	
				运输间隔时间	
			数量字段	单批运输数量	
			成本字段	返程运输成本	
				单位/固定装卸货成本	
				运输工具固定成本	
			其他字段	税率、折扣率、燃油附加费、碳排放等	
库存	库存规则	定义站点库存的控制策略、管理成本及量等	关系字段	站点	
				产品	
				库存规则	TS/RQ/SS/base stock 等
			时间字段	最长服务时间、最短服务时间	
				最短停留时间、最长停留时间	

供应链环节	规则表	表含义	核心字段		
			字段类型	字段名称	
库存	库存规则	定义站点库存的控制策略、管理成本及量等	数量字段	规则参数	再订货点
					订货批量
					再订货量
				安全库存量、安全库存量最大/最小值	
				入库最大吞吐量、出库最大吞吐量	
				最大库存量、最小库存量	
			成本字段	单位/固定出入库成本	
				单位弃置成本	
				固定/单位寄售成本、固定寄售成本	
				库存持有成本百分比	
			其他字段	产品库存价值、产品应税额、库存周转率等	
退货	退货规则	定义客户到某个站点的逆向源	关系字段	客户	
				产品	
				退货规则	最近目的地
					指定单一目的地
			成本字段	单位退货成本	

同样以第 11 章的案例数据为基础，介绍相关规则表的主要内容。

1．采购规则表

采购包括单源采购和多源采购。单源采购表示该站点仅能从某一上游站点进行采购，多源采购表示该站点可从上游多个站点进行采购。一般地，单纯供应链网络优化项目较少考虑采购时间和数量规则，如果实施供应链网络和库存联合优化，就需要仔细制定这些规则。只有采购成本在总成本中占比较高，供应链网络优化才会将其纳入考虑范围，否则可以忽略。

在表 12-13 所示的站点采购策略表中，上海、重庆配送中心可以向所有工厂采购所有产品，天津、青岛工厂可以向所有供应商采购所有原材料。在表 12-14 所示的客户采购策略表中，深圳、潍坊、太原 3 个客户可以向所有配送中心采购所有产品，该案例不考虑采购成本的影响。

表 12-13 站点采购策略表

序号	站点	品类	供应方	采购规则	单位采购成本/元	固定采购成本/元
1	DC_上海	（所有产品）	（所有工厂）	多源采购	—	—
2	DC_重庆	（所有产品）	（所有工厂）	多源采购	—	—
3	工厂_天津	（所有原材料）	（所有供应商）	多源采购	—	—
4	工厂_青岛	（所有原材料）	（所有供应商）	多源采购	—	—

表 12-14 客户采购策略表

序号	客户	品类	供应方	采购规则	单位采购成本/元	固定采购成本/元
1	客户_深圳_经销商	（所有产品）	（所有配送中心）	多源采购	—	—
2	客户_潍坊_直营店	（所有产品）	（所有配送中心）	多源采购	—	—
3	客户_太原_直营店	（所有产品）	（所有配送中心）	多源采购	—	—

2．生产规则表

生产规则分为按需生产和按计划生产。按需生产表示在订单下达后开始生产，又称即时生产。按计划生产表示根据各站点的生产计划进行生产。

供应商和工厂都有各自的生产规则。工厂和供应商的生产规则如表 12-15 所示。所有工厂可以生产所有产品，但一个供应商则只能提供部分原材料。二者在收到下游订单时立刻开始生产，不受生产设备开启和关闭时间的限制。无论产量多少，均需要 5 天时间进行生产，同时不考虑生产成本。

表 12-15 生产规则表

序号	站点	品类	生产规则	固定生产成本/元	固定生产时间/天
1	（所有工厂）	（所有产品）	按需生产	—	5
2	供应商_成都	化纤	按需生产	—	5

续表

序号	站点	品类	生产规则	固定生产成本/元	固定生产时间/天
3	供应商_成都	羊毛	按需生产	—	5
4	供应商_成都	涤纶	按需生产	—	5
5	供应商_成都	领口	按需生产	—	5
6	供应商_广州	棉花	按需生产	—	5
7	供应商_广州	袖口	按需生产	—	5
8	供应商_广州	扣子	按需生产	—	5
9	供应商_广州	羊毛线	按需生产	—	5

3．运输规则表

运输规则比较复杂，可以分为很多种。比如在供应商—工厂和工厂—配送中心两个环节中，受运输批量和运输时限影响，可能选择不同的运输工具，如飞机、火车、轮船或者卡车，它们的成本差异很大。在配送中心—客户环节，运输批量比较小，一般选择卡车运输。即使同样使用卡车，由于批量和时间不同，常常有不同折扣。整车运输费率较低，零担运输费率较高。运输费用常常是供应链网络优化的主要成本构成项，由于有各种不同的计费方式，优化算法会很复杂，所以在一般的供应链网络优化中，常常简化这些方式。表12-16所示的案例中，所有站点间、配送中心与客户间均采用卡车进行运输，供应商—工厂和工厂—配送中心两段运输过程为整车运输，配送中心—客户过程中因客户订单量较小，采取的运输方式为零担运输，所有的成本关系都是线性的。

表 12-16　运输规则表

序号	来源地	目的地	产品	运输工具	运输方式	可变运输成本/元·kg^{-1}·km^{-1}
1	供应商	（所有工厂）	（所有原材料）	卡车	整车	0.1
2	工厂	（所有配送中心）	（所有产品）	卡车	整车	0.07
3	配送中心	（所有客户）	（所有产品）	卡车	零担	0.5

一般情况下，供应链网络设计与优化不考虑库存规则。库存成本也只考虑在途库存成本和库存持有成本。因此，本节不做过多介绍。

12.3 输出数据结构

输入网络模型所需的基础数据和规则参数后，经过模型运算，可以得到输出信息。根据设计与优化对象的不同，供应链网络中不同节点（如供应商、工厂、配送中心、客户等）与不同环节分别对应不同的输出信息，如图 12-3 所示。

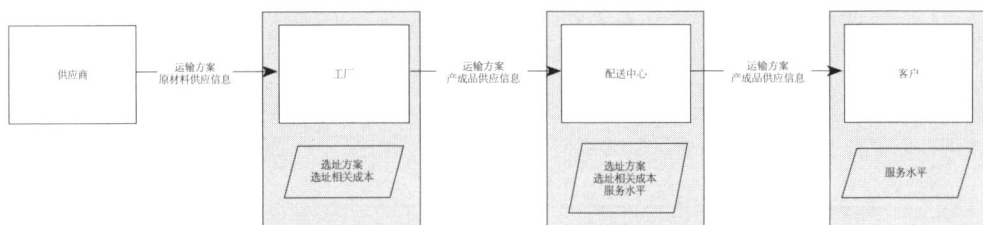

图 12-3　供应链网络设计与优化输出信息示意图

通过对输出信息的分析与整理，研究人员可获得不同模拟场景下的供应链运营状况，明确供应链网络布局方案以及不同环节之间的产品流线关系，形成完整的供应链网络优化方案集，最后以企业期望为筛选条件，比对不同方案的输出成本、服务水平等情况，选出满意的方案。

模型的输出表可按"网络""点""线"3 个维度进行分类，其标准结构如表 12-17 所示。

从整个网络的角度来看，输出表可分为网络总结表和财务总结表，主要方便研究人员直观快速地分析不同场景下整个供应链的成本、利润等的变化情况。

从"点"的角度来看，输出表主要包括网络站点总结表、站点需求总结表和客户需求总结表，由此可以获知各个站点的成本情况，并通过需求统计表判断比较不同场景下客户需求满足情况。若部分需求未被满足，可精准聚焦于该部分需求，分析其未被满足的原因，这样做有利于进一步加快供应链响应速度。

从"线"的角度来看，供应链中的产品流主要发生在不同站点之间和站点与客户之间，由此输出客户流量表和站点间流量表。在这些表中，研究人员可清楚地观察到供应链中每种产品的流线、各个站点的能力使用情况，从而判断站点存在的必要性，为网络选址或产品流优化提供有力的数据支撑。

表 12-17 供应链网络模型主要输出表及其核心字段

类型	表名称	表含义	核心字段		
			字段类型	字段名称	
网络	网络总结表	汇总整个供应链网络的利润、成本和收入	模型定义字段	场景	
				模型期限	
			财务输出字段	总成本	总固定启动成本
					总固定运营成本
					总安全库存成本
					总关闭成本
					总生产成本
					总入库成本
					总出库成本
					总运输成本
					总退货成本
					总税收成本
					总仓储成本
					总采购成本
					总碳排放成本
					总库存持有成本
					总需求惩罚成本
				总收入	
				总利润	
			需求统计字段	未满足的需求量总计	
				差距百分比	
	财务总结表	显示财务信息,包括启动、运营和关闭成本,折旧和资本投资	财务输出字段	总成本	
				总收入	
				资本投资	
				折旧	
				固定启动成本	
				固定运营成本	

类型	表名称	表含义	核心字段	
			字段类型	字段名称
点	站点总结表	汇总网络中不同层级每个站点的吞吐量和成本项	模型定义字段	场景
			站点状态字段	站点
				初始状态
				周期
				吞吐量级别
			成本输出字段	总成本及各成本项（同网络总结表）
	站点需求总结表	汇总每个站点及所对应的产品的需求详细信息	模型定义字段	场景
			站点状态字段	站点
				产品
			需求统计字段	总需求量
				满足的需求量
				未满足的需求量
				需求满足百分比
	客户需求总结表	汇总每个客户、所有周期内所有产品的需求详细信息	"客户"+"站点需求总结表"的"需求统计字段"	
线	客户流量表	汇总网络中站点向客户发送货物的详细信息	模型定义字段	场景
			流线关系字段	来源地
				发货周期
				客户
				到货周期
				产品
				运输方式
			流量统计字段	总需求满足量
				流量
				总需求量
	站点间流量表	汇总网络中站点之间所有产品流的详细信息	同"客户流量表"的核心字段（除"客户"）	
其他	约束总结、生产流程总结、采购流程总结、盘点流程总结、退货流程总结、运输流程总结等			

以第 11 章案例中场景 2 的输出数据为例，介绍部分输出表的核心字段。

1．网络

（1）网络总结表。

网络总结表主要描述该场景下供应链网络为满足服务水平要求所需支付的各项成本及总的财务状况，具体字段如表 12-18 所示。

表 12-18　场景 2 网络总结表

总利润	133750 万元	总成本	8258 万元
总收入	142008 万元	总固定启动成本	0 万元
总固定运营成本	2016 万元	总税收成本	0 万元
总采购成本	0 万元	总仓储成本	0 万元
总库存持有成本	0 万元	总运输成本	6242 万元
总碳排放成本	0 万元	总生产成本	0 万元
未满足的需求量总计	1.15E-10		

（2）财务总结表。

财务总结表的核心字段与网络总结表的相似。一般情况下，分析网络总结表数据即可。财务总结表如表 12-19 所示。

表 12-19　场景 2 财务总结表

总利润	总成本	总收入	固定启动成本	固定运营成本	资本投资	折旧
133750 万元	8258 万元	142008 万元	0 万元	2016 万元	0 万元	0 万元

2．点

（1）站点总结表。

站点总结表为研究人员详细提供了每一个站点的成本及吞吐量情况，以便找出供应链的薄弱之处。此处选取部分配送中心、供应商和工厂的情况进行展示，如表 12-20 所示。其中，吞吐量基础是指站点吞吐量的统计单位。以 DC_南昌为例，该配送中心以产品数量为吞吐量的统计单位，模型计算期内的吞吐量为 7863 件，站点总成本包括总固定运营成本、总入库出库成本，共计 126 万元。

表 12-20 场景 2 站点总结表

站点	吞吐量级别	吞吐量基础	总成本/万元	总固定启动成本/万元	总固定运营成本/万元	总入库成本/万元	总出库成本/万元	吞吐量/件
DC_南昌	7863	产品数量	126	0	56	30	40	7863
DC_周口	31711	产品数量	283	0	56	91	136	31711
Plant_南宁	1098	产品数量	110	0	105	4.2	0.8	1098
Supplier_东莞	456349	产品数量	491	0	0	0	491	456349
Supplier_天津	316013	产品数量	139	0	0	0	139	316013

（2）站点需求总结表。

站点需求总结表输出了站点对同一种产品的所有客户的需求满足情况，研究人员由此可以判断站点对于客户的服务水平是否符合企业期望。若不符合企业期望，研究人员可重点针对某个站点进行分析与优化。由表 12-21 可知，DC_昌吉的 3 种产品的需求满足百分比均为 100%。

表 12-21 场景 2 站点需求总结表

站点	产品	运输方式	总需求量/件	满足的需求量/件	流量/件	流量重量/kg	流量体积/m³	未满足的需求量/件	需求满足百分比
DC_昌吉	FG_白衬衣	卡车	3855	3855	3855	1927.5	3855	0	100%
DC_昌吉	FG_毛衣	卡车	2020	2020	2020	4040	12120	0	100%
DC_昌吉	FG_卫衣	卡车	3151	3151	3151	3151	12604	0	100%

（3）客户需求总结表。

客户需求总结表的核心字段与站点需求总结表的"需求统计字段"大致相同，该表主要输出不同客户的订单需求总量及需求满足情况。选取以下 3 位客户的数据，如表 12-22 所示。可以看出，这 3 位客户的需求得到了 100% 的满足。

表 12-22 场景 2 客户需求总结表

客户	流量/件	流量重量/kg	流量体积/m³	总需求量/件	最小需求量/件	未满足的需求量/件	需求满足百分比
CZ_Lanzhou	9222	7136	19884	9222	9222	0	100%
CZ_Leshan	8462	6309.5	17229	8462	8462	0	100%
CZ_Loudi	7647	5576.5	15245	7647	7647	0	100%

3. 线

（1）客户流量表。

客户流量表主要输出客户所需不同产品的需求满足情况：由谁满足、如何满足。由表 12-23 可以看出福州（CZ_Fuzhou2_franchise）客户的 6 种产品需求均被DC_南昌满足，同时可以看到被满足的总需求量、服务时间、服务距离以及在途库存等输出信息。

表 12-23 场景 2 客户流量表

来源地	客户	产品	运输方式	总需求量/件	总需求满足量/件	流量/件	服务时间/h	服务距离/km	在途库存占比
DC_南昌	CZ_Fuzhou2_franchise	FG_卫衣	卡车	1409	1409	1409	2.55	140.13	0.410154
DC_南昌	CZ_Fuzhou2_franchise	FG_毛衣	卡车	758	758	758	2.55	140.13	0.220651
DC_南昌	CZ_Fuzhou2_franchise	FG_白衬衣	卡车	2234	2234	2234	2.55	140.13	0.650308
DC_南昌	CZ_Fuzhou2_franchise	FG_蓝衬衣	卡车	283	283	283	2.55	140.13	0.08238
DC_南昌	CZ_Fuzhou2_franchise	FG_黄衬衣	卡车	1024	1024	1024	2.55	140.13	0.298082
DC_南昌	CZ_Fuzhou2_franchise	FG_黑衬衣	卡车	2155	2155	2155	2.55	140.13	0.627312

（2）站点间流量表。

站点间流量表主要输出不同站点之间的产品流，如表 12-24 所示。以常州供应商—青岛工厂和成都工厂—昌吉配送中心两个不同层级的产品流为例，从站点间流量表中可以得到不同产品在站点间的运输方式、流量、服务时间、服务距离和在途库存占比等数据。

表 12-24　场景 2 站点间流量表

来源地	目的地	产品	运输方式	流量/件	流量重量/kg	流量体积/m₃	服务时间/h	服务距离/km	在途库存占比
Plant_成都	DC_昌吉	FG_卫衣	卡车	3151	3151	12604	44.67	2456.89	16.06794
Plant_成都	DC_昌吉	FG_毛衣	卡车	2020	4040	12120	44.67	2456.89	10.30062
Plant_成都	DC_昌吉	FG_白衬衣	卡车	3855	1927.5	3855	44.67	2456.89	19.65786
Plant_成都	DC_昌吉	FG_蓝衬衣	卡车	600	300	600	44.67	2456.89	3.059589
Plant_成都	DC_昌吉	FG_黄衬衣	卡车	2073	1036.5	2073	44.67	2456.89	10.57088
Plant_成都	DC_昌吉	FG_黑衬衣	卡车	5693	2846.5	5693	44.67	2456.89	29.0304
Supplier_常州	Plant_青岛	化纤	卡车	5161	1032.2	10322	10.1	555.43	5.950468
Supplier_常州	Plant_青岛	白染料	卡车	6498	649.8	6498	10.1	555.43	7.491986
Supplier_常州	Plant_青岛	羊毛	卡车	3488	697.6	6976	10.1	555.43	4.021553
Supplier_常州	Plant_青岛	蓝染料	卡车	1147	114.7	1147	10.1	555.43	1.322454
Supplier_常州	Plant_青岛	黄染料	卡车	3656	365.6	3656	10.1	555.43	4.215251
Supplier_常州	Plant_青岛	黑染料	卡车	9972	997.2	9972	10.1	555.43	11.4974

研究人员通过分析输出数据，进一步对方案进行对比，从而选出最优方案。

12.4　基础数据来源

供应链网络设计与优化往往需要大量数据，本节将介绍供应链网络设计与优化所需数据的获取途径，如企业业务运作单据、财务报告、公开发布的信息、现场访谈、实地调研等途径。

12.4.1　业务运作单据

企业业务运作单据有很多，供应链网络设计与优化所需要的数据应从物流业务单据或与物流密切相关的业务单据中获得。

比如，从销售订单及其附带单据中可知客户地址、订货及到货时间、订货数量、品名及规格等；从物流托运单中可以获取运费、付款方式、运输量、地址等信息，如图 12-4 所示。

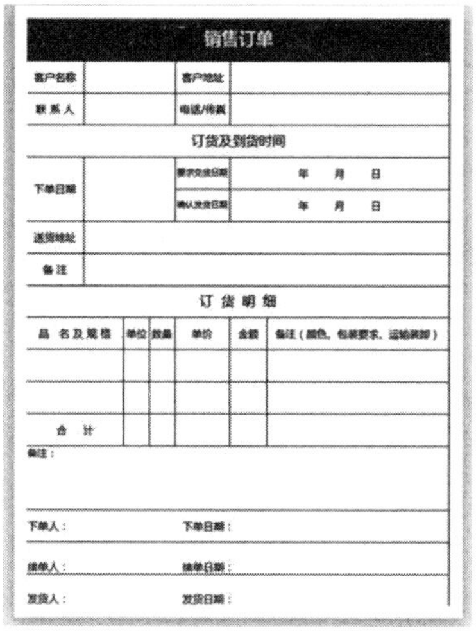

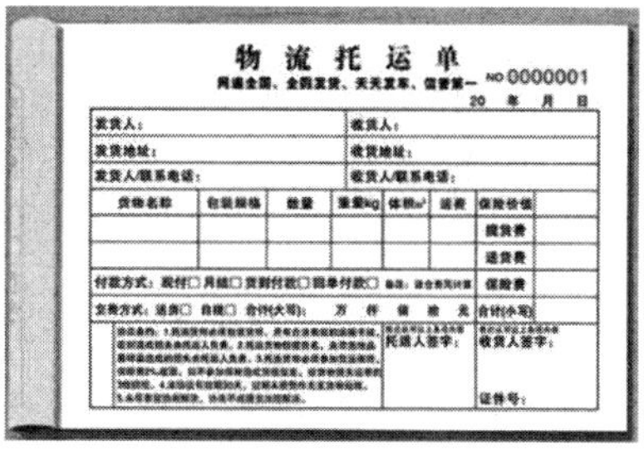

图 12-4　企业业务运作单据

除上述业务运作单据以外，企业日常运作的 ERP 系统、SAP 系统、TMS（Transportation Management System，运输管理系统）、WMS（Warehouse Management System，仓库管理系统）等信息系统中也有大量物流数据。

部分输入数据可以直接通过单据或者物流信息系统（见图 12-5）获取，也有一些数据需要经过处理才能成为模型的输入数据。

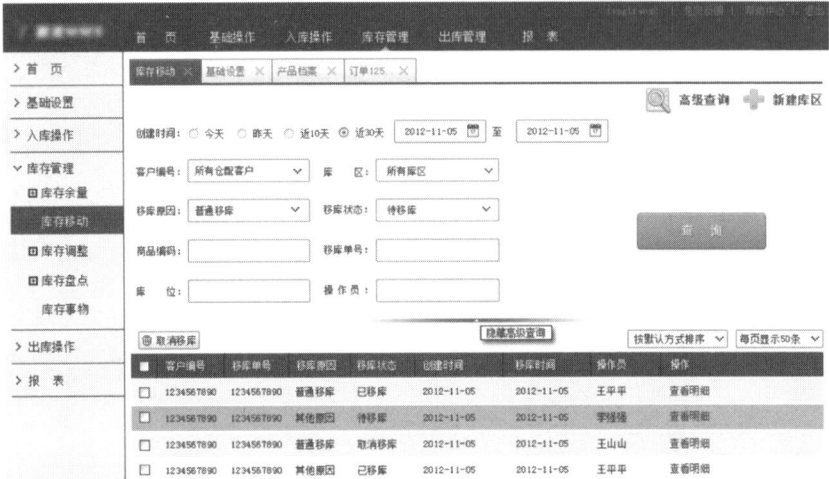

图 12-5　物流信息系统中的数据

12.4.2　财务报告

　　财务报告也是数据的重要来源。

　　现实情况下，企业会计科目中，只把支付给外部运输、仓库运营企业的费用列入物流成本，这种核算方法难以掌握物流费用的实际情况，物流成本冰山效应明显，如图 12-6 所示。

图 12-6　物流成本冰山效应

　　因此在获取物流成本输入数据时，除会计科目类的物流成本（物流可见成本），其他与物流相关的费用（物流隐性成本），例如物流基础设施建设费，企业利用自有车辆运输货物、利用自有仓库保管货物、安排自有员工对货物进行包装和装卸产生的费用等都需要列入物流成本。

12.4.3　公开发布的信息、现场访谈、实地调研

供应链网络设计与优化所需数据还可从公开发布的信息中获取，包括行业研究报告、行业数据、上市企业财务报表、行业期刊杂志等，研究人员从中可以得到同行业其他企业的运营数据、行业发展趋势、技术进步等的相关信息。

企业经理、咨询顾问、销售人员、运营人员、供应商、承运商也都是企业数据来源，研究人员可以通过现场访谈、实地调研等方式，获取需要的数据信息。供应链网络运营主体的人为判断都应当被视为物流数据的一部分，这些数据的获取往往无需任何投资。

12.5　数据处理

12.5.1　处理定性数据

对于一些不适合量化或者在模型中直接考虑的定性数据，需要重点关注它在具体场景中是如何影响模型的，并给出量化方法。比如，每个企业都有自己的竞争策略，并且可能希望自己的物流成本更低或服务水平更高。如果决策者对服务水平要求高，就可以以服务水平最高为目标，把服务水平转化成最大服务距离限制等约束予以量化。

12.5.2　处理定量数据

可以直接获取的定量数据只需要进行适当的标准化处理。而有些数据并不能直接获得，需要进行一些预处理才可以得到。

比如在计算运费时，所用公式为"运费 = 运距 × 运量 × 费率"，从公式可以看出运费与运距、运量、费率高度相关，运量、运距是确定的，但费率会随着两地间运输方式的变化而发生变化。

在整车运输中，运费函数是阶跃函数（见图 12-7），并且运费随运距的增加而增加，所以费率也具有阶梯特性。

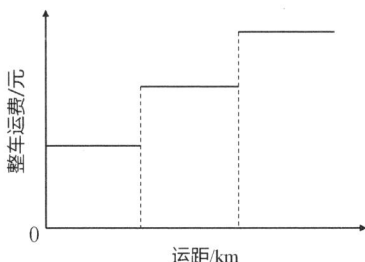

图 12-7　整车运费和运距的关系

在整车运输中，车辆满载和半载情况（见图 12-8）下，单位产品的运输成本不同，满载的费率会偏低。

图 12-8　车辆满载和半载情况示意图

在零担运输中，不同区域的费率有差异，从 A 地运到 B 地的费率和从 A 地运到 C 地的费率是不同的，如图 12-9 所示。

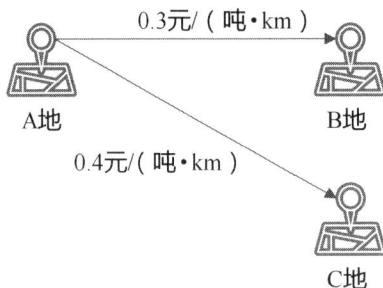

图 12-9　不同区域的费率有差异

运输成本结构会受到运输方式和运输公司报价方式的影响。运输方式分为公路运输、铁路运输、水路运输、多式联运，由于运输公司对不同运输方式的管控能力不同、运输方式的特点不同，费率的影响因素也不尽相同，这导致运输成本结构存在差异。

但模型需要标准化数据，这时需要将总运输成本转换为单位运输成本，让其作为标准化输入数据，将多种费率统一换算成每单位货物从 i 地运到 j 地的费率。此时费率的计算公式是：费率 = 一批货物的运费 ÷ 这批货物的重量，而一批货物的运费就取基价和距离费用中的较大者。

在处理定量数据时，除了数据预处理外，可能还需要考虑究竟选择哪种颗粒度的数据来建模比较合适，并非数据越精确越好。在供应链网络优化建模时，如果数据的颗粒度过小，就更偏向运营决策，比如考虑需求应该按年度汇总还是按天汇总，对于战略和战术层的供应链网络优化建模，需求就应该按年度汇总。

企业可根据建模的实际需求对数据进行颗粒度的衡量和选择，不同颗粒度的数据处理依据的是聚类思想，下面提供了供应链网络优化常用的聚类思路。

（1）产品：从许多不同的单个产品到少数产品系列。

（2）客户：从许多不同的实际交付地点到代表一个地理区域中具有其他类似特征的所有客户的数百个汇总点。

（3）卖方：从数百个卖方到少数重要的卖方或同一地理区域的卖方。

（4）时间段：选择一年而不是一天。

（5）费用类型：从许多不同的订单项到一个费用数字。

第 **13** 章

供应链网络现状模拟与评价

　　第 2 篇、第 3 篇主要介绍供应链网络设计，即基于企业供应链网络设计需求，搭建网络结构、构建数学模型，将企业提供的原始数据进行标准化处理，明确相关约束及策略规则，并将其输入模型中相应字段，借用软件工具运算求解，对输出结果进行分析比选，获得满意方案。但在进行供应链网络优化之前，首要任务是准确识别现实运营中存在的问题。

　　供应链网络现状模拟与评价是企业发现问题并进行供应链网络设计与优化非常重要的前提和基础。如果现状分析结果与实际不符，优化策略和结果就不具有现实指导意义。这就要求企业搭建与现实相符的供应链网络模型，确定相关参数，将现状映射到模型中以作为优化基准；并不断调整使得模型尽可能真实反映供应链网络运营现状和规则，以确保随后对供应链网络运营现状的分析与诊断与实际相符。通过对比优化前后的数据，企业便可说明成本节约了多少，服务水平改善了多少，产品流如何分配等。

　　通过本章的学习，希望大家可以掌握：

　　（1）如何将实际供应链网络运营场景映射到数学模型中；

　　（2）如何评价模拟的供应链网络现状，并发现当前运营中的关键问题；

　　（3）如何提出优化思路并进行场景设计，以达到优化供应链网络的目的。

13.1　供应链网络现状模拟

13.1.1　基线模型

　　供应链网络现状模拟首先要建立基线模型，因为所有的优化都应从一定的结构开始，而不是从零开始建设。基线模型主要包括实际基线模型、优化基线模型、修订基线模型和其他基线模型4类。

1．实际基线模型

实际基线模型，顾名思义，是反映当前供应链网络实际运营状况的供应链网络模型。

在构建前面介绍的各种供应链网络模型时，主要决策内容包括两个部分：一是供应链网络结构，二是供应链网络产品流。建立实际基线模型的目的是还原当前供应链网络实际运营状况，因此这两部分决策内容在实际基线模型中都是确定的，不存在优化求解过程。

实际基线模型的既定要素如下。

（1）网络结构。实际基线模型中所有的站点设施及客户都是已知的，不存在设施选址优化的过程。

（2）产品流。在网络结构既定的前提下，所有设施之间、设施与客户之间的产品流线及流量也是固定的，其数据来源是事先进行的网络调研。

（3）成本结果。网络结构和产品流既定使得实际基线模型的运行结果与现实大致相符，基线模型运行的成本结果与实际运营成本的比较是检验基线模型是否符合实际情况的重要方法。

建立基线模型的过程与前面章节所述的供应链网络模型的构建过程大致相同，因为二者均是根据实际情况建立不同的模型。但对比前面章节所讲的模型求解过程，建立基线模型的本质是根据实际数据资料为各种不同的参数及决策变量直接赋值的过程。其中，模型要素（如站点、客户、订单需求等）、不同物流环节涉及的策略规则（如采购、生产、库存、运输、退货规则等）以及其他相关数据（如成本费率等），在模型中都必须被赋值。

建立实际基线模型的主要步骤如下。

（1）建立数学模型，即搭建当前供应链网络结构模型，这一过程需要明确供应链网络所有参与者及其基本情况（如客户订单、设施位置、设施能力等）。

（2）锁定所有决策。供应链网络结构模型搭建完成后，需通过对实际场景进行假设，确定与实际相符的相关参数，明确网络参与者之间的物流关系，即指定网络各层级之间从设施到设施/客户的产品流。前面章节所述的优化后方案中几乎所有设施布局及产品流分布都相对合理且清晰，然而实际基线模型的情况可能并不是这样的。相较于优化后方案，实际基线模型的决策存在不合理之处，体现出来的设施布局或产品流可能是杂乱的，这说明了供应链网络进一步优化的必要性。例如，在实际基线模型中，即使上海有工厂，也可能存在北京工厂向上海客户发货的不合理情况，此类不合理情况在实际供应链中无时无刻不在发生。

构建完实际基线模型后，建模人员应如何判断实际基线模型能否反映现实呢？

判断方法是衡量实际基线模型输出的成本数据和企业实际运作所产生的各项成本之间的差距。通常，期望模型成本误差控制在实际成本的1%～10%都被认为是合理的。

管理者期望实际基线模型成本误差接近实际成本的1%是因为供应链网络设计与优化属于战略层面的决策内容，只有实际基线模型的模拟结果更真实有效，其用于优化前后的方案对比时才更有参考价值。实际基线模型的输入数据为供应链网络实际历史经营数据，模型成本与实际成本应该能够匹配，若不能匹配或出入较大，则搭建的实际基线模型可能存在问题。

管理者之所以认为实际基线模型成本误差在实际成本的10%以内也是可以接受的，往往是因为存在如下条件限制。

（1）数据可用性不强，有时会需要使用假设数据来进行补充，这就可能导致两者的成本无法完全匹配。例如，如果缺失了一部分配送中心—客户的运输数据，建模时可以输入一些其他可用的运输数据进行代替，并允许模型通过优化来确定未知的配送中心—客户的产品流。此时的产品流可能与实际情况略有不同，由此得到的实际基线模型成本可能会比实际成本低一些。但这不一定不可取，因为我们将通过优化基线模型（下文将会讲述）生成相似的结果，所以这种方法在分析过程中也可广泛使用。

（2）供应链网络是复杂且变化的，完全准确地通过建模进行模拟是几乎不可能的。因此，一定的误差是允许的。

除了将模型总成本与实际总成本进行比较外，还应对每一层级每个设施的成本分项进行对比，例如某个运输环节的运输成本、某个仓库的仓储成本等，以进一步确定实际基线模型的准确性。这样不仅可以测试模型成本的有效性，还可以测试模型的网络结构是否与现实场景匹配。如果某个成本分项出现误差较大的情况，还可以对所建立的实际基线模型进行细微调整，以确保成本朝既定的方向变化。

在对总成本及各级成本分项进行对比检验之后，现有实际基线模型可以作为一个参考模型。该基线模型虽通过了成本有效性检验，但其结构有效性仍有待检验。

2．优化基线模型

优化基线模型，通常也被称作"净化"版实际基线模型。实际基线模型是基于供应链网络实际运营状况构建的，而供应链网络实际运营状况往往会存在一些不符合常理的地方。因此，建模人员有必要在优化求解软件中对实际基线模型进行优化，以得到优化基线模型，如图 13-1 所示。比如，在优化基线模型中，期望上海客户从上海工厂而不是北京工厂获取产品。

实际基线模型（一个模型＋一个参考点）

⬇

成本有效性检验

⬇

结构有效性检验

⬇

优化基线模型

图 13-1　如何得到优化基线模型

构建优化基线模型的目标是"净化"实际基线模型，以得出较为合理的基线模型。通常，优化基线模型具有以下结构特点。

（1）供应链网络结构中包含所有现有设施，所有设施既定。

（2）利用现有设施分配产品给下一级设施或客户。在优化基线模型的调整中，可以适当放宽此约束，让客户从不同层级的设施获取产品，即对实际基线模型中不合理的产品流进行优化。

那么，优化基线模型的作用是什么呢？

（1）该模型有助于检验基线模型模拟的准确性。供应链网络实际运营场景非

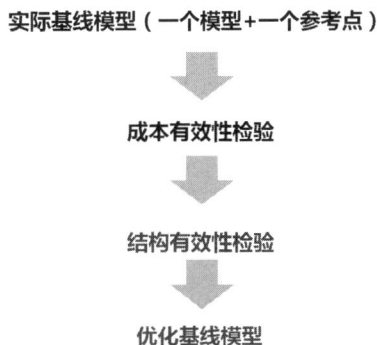

常复杂，而模型只是实际场景的近似模拟。当优化基线模型使得产品按计划流动时，得到的成本是否合理？策略规则是否得以执行？这就需要我们不断评估基线模型的运行结果。因此，要对模拟的基线模型保持怀疑的态度，以确保基线模型的运行结果能够尽可能真实地反映供应链网络实际运营状况，以便做出更加合理且经济的决策。

（2）该模型有助于明确供应链网络中可能存在的不合理问题。若实际基线模型与优化基线模型之间出现较大成本差异，则证明该供应链网络存在可优化空间。在不改变供应链网络结构的基础上，优化基线模型仅对产品流进行优化，即通过调整不同设施之间的物流关系、设施的物流策略与规则、硬性约束等参数，就可能为供应链网络节省大量成本，达到很好的优化效果。相较于重新进行供应链网络设计，对现有网络进行产品流优化有利于节约重建设施成本，且难度较小。

（3）该模型为后续供应链网络优化方向提供了良好的基线。优化基线模型输出方案中的设施布局与产品流不会出现非常不合理的问题。因此，在优化基线模型的基础上进行后续供应链网络优化时，若优化场景的运行成本与优化基线模型的成本变化趋势相同且均降低，则证明优化场景的调整方向是合理的，反之则会增加成本或降低供应链网络服务水平。

3．修订基线模型

在某些情况下，之前所述的实际基线模型和优化基线模型可能无法完全还原实际的供应链网络运营场景。例如，正在建模的供应链网络在过去一年中发生了重大变化。

假设企业在过去一年中开设和关闭了许多重要设施，或者以戏剧性的方式改变了产品结构，这意味着过去一年的实际成本数据将无效，并且可能无法为基线模型的成本与结构有效性检验提供可靠的参照。

解决此问题的方法是运行 2 个或 3 个不同的基线模型。基线模型将模拟以下几种场景。

（1）如果未发生变化，供应链网络运营后的成本。

（2）如果年初发生变化，供应链网络运营后的成本。

（3）试图与实际发生的成本相匹配的组合成本。

然后，继续进行分时，使用以变化时间为起点的模型作为优化场景的基础，修订基线模型，如图 13-2 所示。

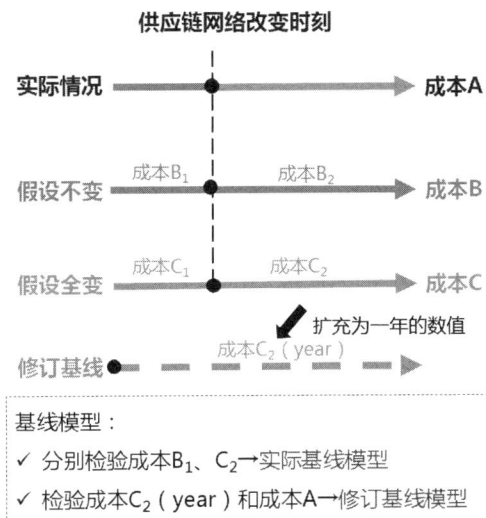

供应链网络改变时刻

实际情况 ➡ 成本A

假设不变 成本B_1　成本B_2 成本B

假设全变 成本C_1　成本C_2 成本C

扩充为一年的数值

修订基线 • 成本C_2（year）➡

基线模型：
- ✓ 分别检验成本B_1、C_2→实际基线模型
- ✓ 检验成本C_2（year）和成本A→修订基线模型

图 13-2　修订基线模型

例如，假设一家公司在去年 7 月关闭了工厂 M。工厂按计划关闭后，截至 7 月之前的几个月中该工厂的产量逐步下降，直到 7 月及以后，其他工厂的产量增加。在这种情况下，可以搭建两个基线模型：1 月—7 月，工厂 M 不关闭的供应链网络；8 月—12 月，工厂 M 关闭的供应链网络。在使用各自的成本数据进行模型检验之后，为了保持与未来实际运营场景的一致性，应采用第二个基线模型（8 月—12 月）作为优化基础，将其数据年度化，并基于此模型（称为修订基线模型）将需求增长预测结果应用于后续优化场景中。

4．其他基线模型

如果正在建模的供应链没有逻辑基线或历史数据缺失，出现这种情况的原因要么是要建模的供应链是全新的，要么是要建模的供应链与现在相隔太远，以至于上一年的需求不可作为有效起点数据。

因此，需要遵循基线模型的构建逻辑，具体如下。

（1）需要建立多个基线模型。

（2）需要一种方法来检验模型的成本和结构是否合理。在某些情况下，可以考虑初步预算，将其用作参考数据进行成本检验，或者可以使用优化基线模型的一个版本作为基线，利用供应链网络现有结构去确定新业务的成本。这里没有标准答案，但建立的基线模型与现有网络的相似度越高，检验模型就越容易。

13.1.2 案例：电子产品供应链网络现状模拟

本小节以第 2 篇中 MX 公司的案例来说明供应链网络现状模拟过程。

MX 公司生产 FG_Laptop 笔记本电脑、手机、平板，并从全国各地的专业制造商处采购生产产品所需的零件，这一过程的运输费用由供应商承担。产品下生产线后送到天津、芜湖、广汉 3 个仓库，再由 3 个仓库分别配送到 385 家线下门店，然后销售给客户。

每个仓库负责相应的客户区域。根据区域划分结果，客户的订单需求发送至对应的仓库，由负责的仓库直接给客户送货。客户包括设在全国各地的原厂设备制造商、分销商和零售商。其供应链网络如图 13-3 所示。

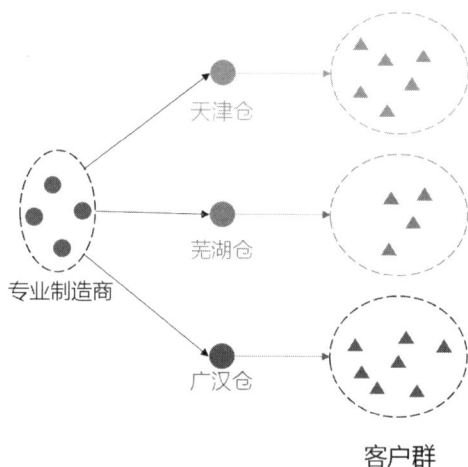

图 13-3　MX 公司电子产品供应链网络示意图

当前供应链网络的仓库—客户产品流如图 13-4 所示。其中圆点代表 365 家门店，线段分别表示 3 个仓库与相应客户之间的产品流。

通过分析该公司的供应链网络运营状况，估算出每年会产生大约 1400 万元的运输成本。

该公司的管理团队已经 5 年多没有进行过供应链网络分析与诊断了，所以他们想知道是否有机会降低运输成本，同时希望通过建模分析对仓库—客户的产品流进行评估。

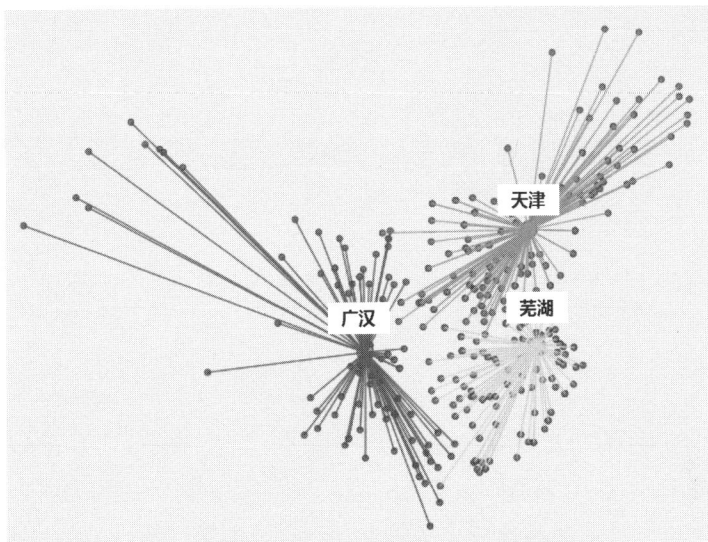

图 13-4　仓库—客户产品流

1．建立实际基线模型

首先需要建立实际基线模型，要求该模型可以准确表示 MX 公司供应链网络的运作方式。为建立实际基线模型，需要收集实际历史运作数据进行分析，并将其作为实际基线模型的输入数据。

通过收集历史发货数据建立模型中客户和需求的对应关系。

发货表部分样本数据如表 13-1 所示。该数据可以为供应链建模提供以下便利：完善实际基线模型中的客户需求数据，包括每个客户的位置、需求量及总需求量；可以掌握在过去的一年里各个仓库服务客户需求量及相应的成本数据；明确实际基线模型中客户的采购规则，确定供应链网络结构。

表 13-1　发货表部分样本数据

场景	仓库	客户名称	产品名称	运输方式	总需求量/个	流量/个	服务时间/h
基线	DC_天津	CZ_Alashan_franchise	FG_Laptop	汽运零担	489	489	13.75
基线	DC_天津	CZ_Alashan_franchise	FG_Phone Black	汽运零担	1825	1825	13.75
基线	DC_天津	CZ_Alashan_franchise	FG_Phone Blue	汽运零担	230	230	13.75

场景	仓库	客户名称	产品名称	运输方式	总需求量/个	流量/个	服务时间/h
基线	DC_天津	CZ_Alashan_franchise	FG_Phone_Gold	汽运零担	803	803	13.75
基线	DC_天津	CZ_Alashan_franchise	FG_Phone_Silver	汽运零担	1199	1199	13.75
基线	DC_天津	CZ_Alashan_franchise	FG_Tablet	汽运零担	1073	1073	13.75

可以使用发货数据来识别客户位置（"目的地"字段）和实际基线模型的总需求量（各个客户需求量的总和）。由于发货数据中可能有多个行项目的目的地相同，这些行项目将被分组为单个客户。为了创建客户列表，需将所有相同目的地的客户划分为一组，总需求量等于每个行项目的需求量总和。

获取数据后，进行该网络实际基线模型的搭建。应根据发货数据中预先分配的产品流来建模。每个商业网络建模软件都有自己的将数据输入模型的方法，一般操作都是指定从每个仓库到每个客户的总运输流量（在本案例中以 kg 为单位）。

表 13-2 所示是仓库—客户 CZ-Wuzhou-franchise 预分配的产品流示例，即运输流量限制。根据发货数据可知，该客户由广汉仓库提供的最小流量是 45kg，即如果 CZ-Wuzhou-franchise 要从广汉仓库进货，该客户的最小起订量为 45kg。其余仓库的最小起订量为 0kg。然后在软件中调整相关变量以输入这些约束条件。

表 13-2　仓库 – 客户 CZ_Wuzhou_franchise 运输流量限制

始发地仓库序号	始发地仓库	目的地客户	最小流量/kg
1	DC_天津	CZ-Wuzhou-franchise	0
2	DC_芜湖	CZ-Wuzhou-franchise	0
3	DC_广汉	CZ-Wuzhou-franchise	45

在本案例中，供应商承担上一环节中的运输费用，故此处仅考虑仓库的出站成本，即仓库—客户这一段的运输成本，使用 kg 作为度量单位。在明确了产品流线及流量之后，仍需进行单位运输成本、发货重量等基础数据的补充。本案

例中，我们使用回归分析法来获取该模型每千米的运输成本。为了完成这一过程，以所有产品流作为样本的快速回归分析结果，本案例将使用统一运输费率0.05 元 /(kg·km) 作为输入参数。

在上一小节的学习中，我们了解到将实际基线模型成本误差控制在实际成本的 1% ～ 10% 通常是可以接受的。如果数据质量很差，则需要使用假设数据来替代真实数据。如果搭建并运行该实际基线模型，且其输出成本误差在这个范围内，那就达到了实际基线模型搭建的目标。

实际基线模型中的映射描述了当前供应链网络在现实场景中是如何满足客户需求的。本案例中实际基线模型输出产品流如图 13-5 所示。

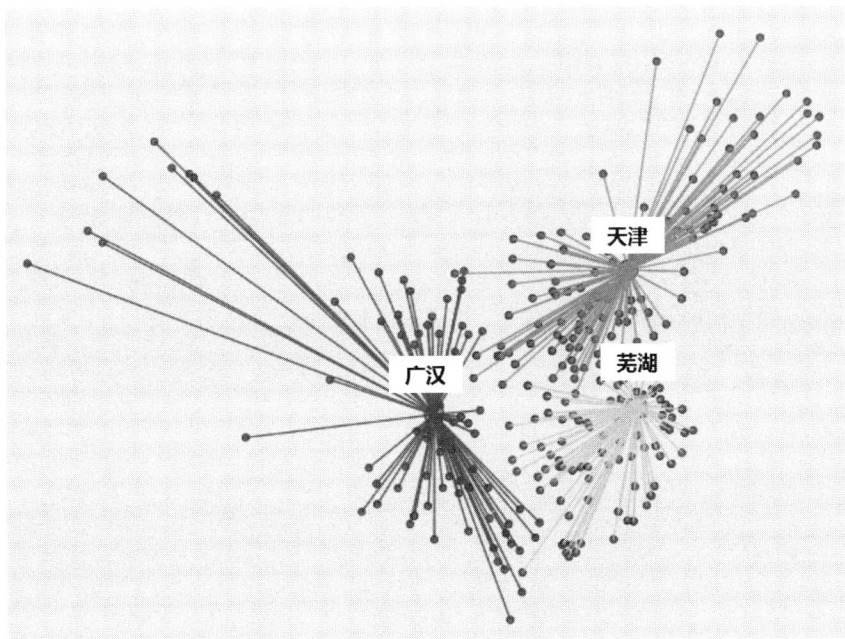

图 13-5　实际基线模型输出产品流

表 13-3 中详细列出了以 0.05 元 /(kg·km) 的统一运输费率建模并运行得到的运输成本数据，总运输成本为 1294 万元。比较现实场景（1400 万元）和实际基线模型的总运输成本，模型输出结果与实际成本相差占实际成本的比例约 7.6%。

表 13-3 基于统一运输费率的运输成本

场景	站点名称	总运输成本 / 万元
默认运输距离	DC_天津	554
默认运输距离	DC_芜湖	414
默认运输距离	DC_广汉	326
	共计	1294

这一差距明显较高。现在，我们将从运输成本的计算公式中进一步寻找优化空间：总运输成本 = 运输费率 × 总运输重量 × 总运输距离。当运输费率和运输重量不变时，考虑优化运输距离参数。由于软件中的运输距离是采用默认的经纬度换算方法得到的，其可能和实际的运输距离不符，因此我们采用实际的运输距离替换默认的运输距离，并保持模型中的其他参数设置不变。输入模型的运输矩阵（部分）如表 13-4 所示。

表 13-4 运输矩阵（部分）

始发地	目的地	运输方式	运输时间 / 天	运输距离 /km
DC_芜湖	CZ_Akesu_franchise	汽运零担	10	4315
DC_广汉	CZ_Akesu_franchise	汽运零担	9	3682
DC_芜湖	CZ_Alaer_franchise	汽运零担	10	4361
DC_广汉	CZ_Alaer_franchise	汽运零担	9	3728
DC_芜湖	CZ_Alashan_franchise	汽运零担	5	1847
DC_广汉	CZ_Alashan_franchise	汽运零担	4	1546
DC_芜湖	CZ_Ankang_franchise	汽运零担	4	1068
DC_广汉	CZ_Ankang_franchise	汽运零担	3	677
DC_芜湖	CZ_Anqing_franchise	汽运零担	2	200
DC_广汉	CZ_Anqing_franchise	汽运零担	4	1475
DC_芜湖	CZ_Anshan_franchise	汽运零担	5	1580
DC_广汉	CZ_Anshan_franchise	汽运零担	6	2487
DC_芜湖	CZ_Anshun_franchise	汽运零担	5	1640

调整运输距离后，输出的总运输成本与实际成本相差占实际成本的比例约1.4%，实际基线模型通过成本有效性检验，表明该模型与现实场景较为匹配，可作为后续优化场景的基准模型。表 13-5 所示为考虑实际运输距离的模型输出运输成本。

表 13-5　考虑实际运输距离的模型输出运输成本

场景	站点名称	总运输成本 / 万元
实际运输距离	DC_ 天津	569
实际运输距离	DC_ 芜湖	431
实际运输距离	DC_ 广汉	419
	共计	1419

调整运输距离后的实际基线模型输出产品流如图 13-6 所示。

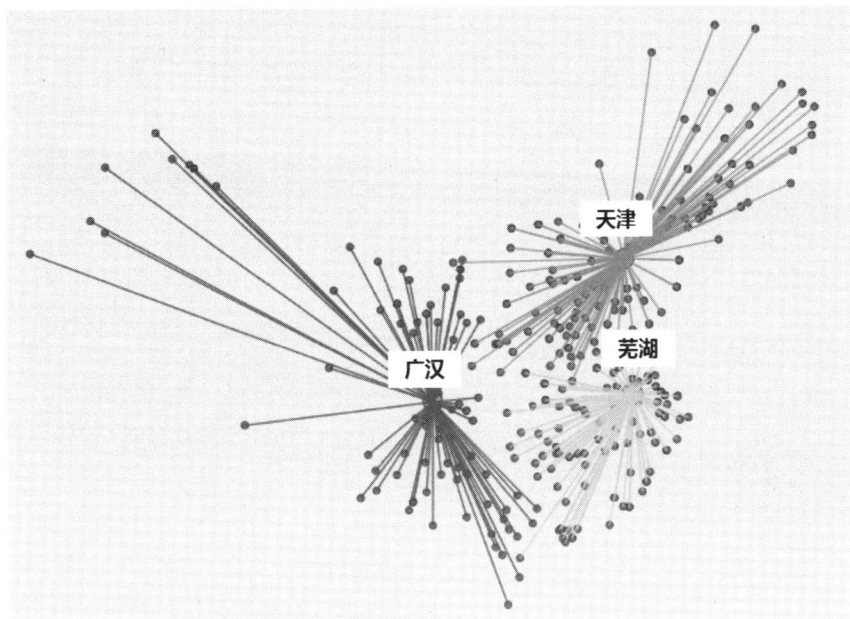

图 13-6　实际基线模型输出产品流（调整运输距离后）

2．建立优化基线模型

前面我们已经建立了一个成本有效的实际基线模型，下一步是创建并运行一个优化基线模型。此模型旨在显示当前供应链网络在网络结构既定、没有任何操作异常的前提下，以最佳方式运行时的情况。

因此，本案例提出以下优化基线：不改变客户订单分配情况，放宽运输流量限制。由于大多数例外都归因于指定仓库库存不足，运行该模型可以量化在正确的时间、正确的地点没有正确的库存所带来的财务影响。

运行优化基线模型后输出总运输成本如表 13-6 所示。优化基线模型输出产品流如图 13-7 所示

表 13-6 优化基线模型输出的总运输成本

情景	站点名称	总运输成本 / 元
优化基线	DC_天津	5466642
优化基线	DC_芜湖	4417481
优化基线	DC_广汉	3787431
	共计	13671554

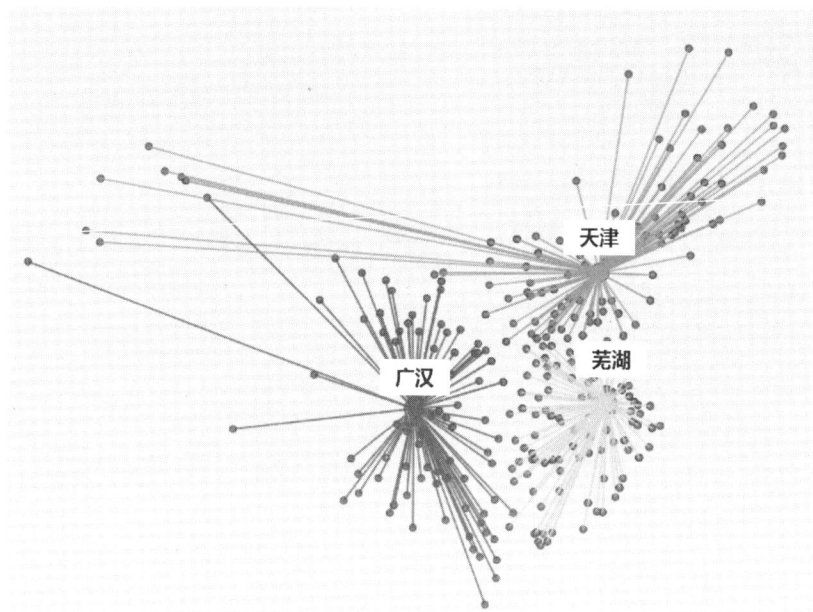

图 13-7 优化基线模型输出产品流

结果表明，根据区域划分结果分配客户订单，放宽运输流量限制，可节约运输成本约 33 万元。这意味着如果 MX 公司在每个仓库都有合适的库存，就可以节省约 33 万元。MX 公司可以通过权衡节省下来的成本和建设库存水平更高的仓库的成本来决策。

最后，对本节内容进行总结。

实际基线模型是对当前供应链及其过去运作方式的模拟，构建该模型是供应链

网络建模过程中重要的一步，因为这有助于检验供应链网络模型是否准确地描述了供应链网络运作现状。

实际基线模型被检验之后，运行优化基线模型是很重要的，优化后的基线可以有多种变化，例如将客户分配到特定的仓库。这个模型可以显示当前供应链网络中潜在的优化机会。基于此，企业无须对基础设施进行重新设计。精心设计和完善的实际基线模型及优化基线模型可以为假设场景的开发和运行奠定坚实的基础，前者对应的场景包含优化后的输出数据，便于与假设场景的优化输出数据进行比较。

13.2 供应链网络现状评价

供应链网络现状评价是对供应链网络整体运营现状的两大关键决策要素——成本和服务水平进行分析与评价。

13.2.1 供应链网络现状评价指标

供应链网络现状评价主要从成本和服务水平这两大关键决策要素出发，识别关键问题，对供应链网络中的点（设施）、线（关系）、面（结构）进行评价。评价指标可划分为两级指标，如图 13-8 所示。

一级指标是对目标的评价，涵盖成本和服务水平。成本包括设施成本和运输成本，服务水平包括距离和需求满足量两种衡量方式。

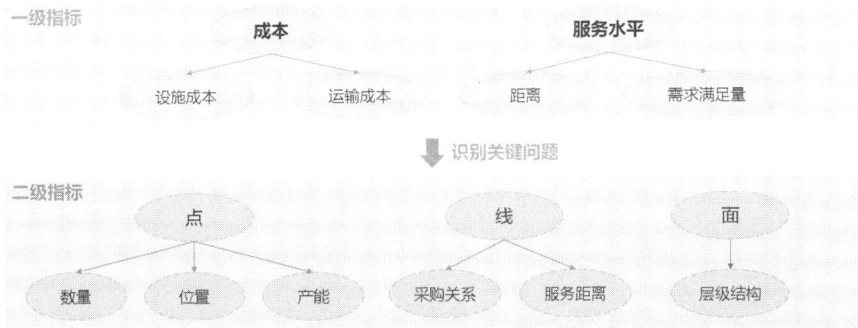

图 13-8 一级、二级指标

二级指标是对点、线、面的评价，点指的是供应链网络中设施的数量、位置、产能等要素，线指的是设施之间的采购关系和服务距离，面指的是供应链网络层级结构。

综合上述一级、二级指标，可构建供应链网络现状评价指标体系，如图 13-9 所示。

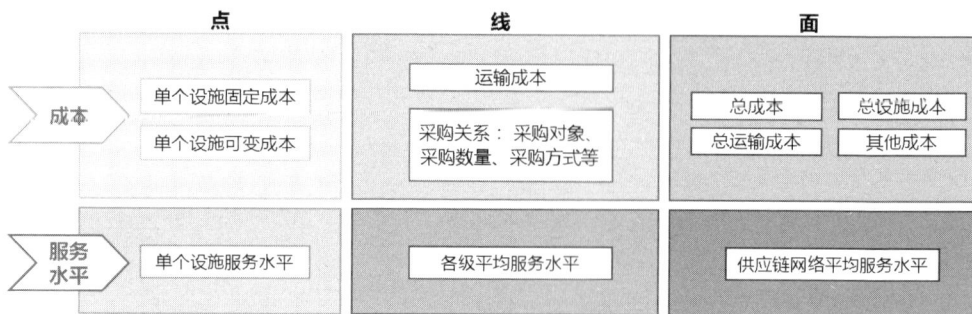

图 13-9　供应链网络现状评价指标体系

13.2.2　供应链网络成本评价

供应链网络成本评价分为总成本及各成本分项分析和点、线、面成本分析两个方面。

总成本及各成本分项分析：可以与行业翘楚、行业均值、企业历史运营数据、企业既定目标进行对比，以明确优化方向。

点、线、面成本分析如下。

点：设施固定成本高，考虑设施利用是否合理；设施可变成本高，考虑提高设施效率。

线：运输成本高，考虑设施位置选择是否合理；考虑采购关系（如采购对象、采购数量、单 / 多源采购等）是否合理。

面：设施成本和运输成本均高，可考虑供应链网络结构是否冗余，如设施数量多、层级多。